大 学 问

始 于 问 而 终 于 明

守望学术的视界

晚清中国城市的水与电

DANES IN TIANJIN, CHINA 1860—1912

生活在天津的丹麦人，1860—1912

[丹麦] 李来福 著
刘海岩、龚宁 译

广西师范大学出版社
·桂林·

晚清中国城市的水与电：生活在天津的丹麦人，1860—1912
WANQING ZHONGGUO CHENGSHI DE SHUI YU DIAN：
SHENGHUO ZAI TIANJIN DE DANMAIREN，1860—1912

© The author and University Press of Southern Denmark 2022
University of Southern Denmark Studies in History and Social Sciences Vol. 618
Printed by Specialtrykkeriet Arco
Cover by Dorthe Møller, Unisats Aps
著作权合同登记号桂图登字：20-2025-047 号

图书在版编目（CIP）数据

晚清中国城市的水与电：生活在天津的丹麦人：1860—1912 /（丹）李来福著；刘海岩，龚宁译. 桂林：广西师范大学出版社，2025.6. --（中国城市史研究系列）. -- ISBN 978-7-5598-7795-6

Ⅰ. K292.1

中国国家版本馆 CIP 数据核字第 2025KK0171 号

广西师范大学出版社出版发行
（广西桂林市五里店路 9 号　邮政编码：541004）
网址：http://www.bbtpress.com
出版人：黄轩庄
全国新华书店经销
广西广大印务有限责任公司印刷
（桂林市临桂区秧塘工业园西城大道北侧广西师范大学出版社集团有限公司创意产业园内　邮政编码：541199）
开本：880 mm × 1 240 mm　1/32
印张：8.375　　字数：215 千
2025 年 6 月第 1 版　2025 年 6 月第 1 次印刷
定价：79.00 元

如发现印装质量问题，影响阅读，请与出版社发行部门联系调换。

前　言

在中国,始于19世纪中叶的外国租界的历史,近十年来越来越受到中国与国际学术界的关注。对外国人而言,租界的发展是欧美对外扩张和殖民主义的结果;对中国人而言,租界的发展显然是中国屈辱的标志。而租界常常成为引进外国技术的地区,客观上对地区发展也起到一定的促进作用。

虽然丹麦在中国没有设立租界,但丹麦人几乎是从近代的开端就来到中国的外国人群体之一,本书的目的就是追溯这一历史过程:

一、阐明丹麦人在通商口岸天津的发展中所扮演的角色,以及其与中国人和其他外国人之间的互动和相互影响;讲述一些丹麦移民家庭的故事,在或长或短的一段时期内,天津成为这些丹麦人生活的家园。同时本书也会讲述这些丹麦人在丹麦的身世背景,以及20世纪上半叶他们的生活发生了哪些改变。

二、明确天津在来华丹麦人历史发展中应有的地位,以及常常被忽视的丹麦与中国的历史关系。

三、明确丹麦人和丹麦的档案资料是晚清天津租界国际化研究的一部分。

对于一位在中国历史许多领域从事研究工作长达50年的历史学家来说,能有机会如此深入地观察晚清,观察在天津这样的城市中的外国人个体及其生活,既是一种挑战,也是一种乐趣。为了向读者讲述这一历史过程,我在资料允许的情况下,着重提供了更多的细节,以便让我们能一窥当年那些侨居在天津的外国人和当地民众真实的生活场景。

中文版前言

本书是有关晚清中国城市的历史,尽管内容涉及的领域有限,但对于当时生活在天津的人们来说很重要。这本书也是关于19世纪后半期到20世纪初生活在海外的丹麦人的历史,具体来说是生活在天津及其相关联地区的丹麦人的历史。

天津——也包括大沽,曾是近150名丹麦人的家园,自1860年天津开埠到清朝灭亡,不少丹麦人曾在天津生活,其中有些人只待了一段时间,有些人则定居在此。他们在天津充当水手、工程师、商人,或从事其他职业。一些人受雇于中国政府或商业机构,许多人还举家迁至天津居住。虽然在相当长的时期里,丹麦在天津的领事事务是由俄罗斯驻天津领事和俄罗斯驻北京公使馆代理的,但丹麦公民还是要依靠丹麦领事为他们提供外交服务。

作者衷心感谢天津社会科学院刘海岩研究员和龚宁博士投入了大量精力和时间将全书翻译为中文,并积极联系出版事宜。感谢广西师范大学出版社支持并完成了本书中文版的出版发行。感谢南丹麦大学出版社允准出版中文译本,感谢丹中协会(Dansk-Kinesisk Forening af 1948)为本书出版提供的支持。

致 谢

2008年,我受邀参加欧洲汉学会(European Association for Chinese Studies)在瑞典隆德(Lund)举行的第十七届年会(两年一次),并在"与外国人合作:中欧互动,天津1860—1895"小组会议上,提交了一篇关于丹麦人的论文。该小组会议由法国国家科学研究中心(CNRS)和巴黎道德与政治科学院(Académie des sciences morales et politiques, Paris)的巴斯蒂夫人(Marianne Bastid-Bruguière)主持。

小组会议成员和其他多位与会学者向我提供了很多帮助,本书的注释提到了一些。在此,我想特别感谢中国台北的周京元(Chou Chingyuan)、哥本哈根的基尔斯滕·布龙(Kirsten Bruun)和路德米拉·魏尔(Ludmilla Weil)、天津的刘海岩,以及巴黎的史凌飞(Delphine Spicq)等学者。

丹麦国家档案馆馆长允许我使用了有关1860—1912年在天津的丹麦人的尚未开放的档案文件,档案馆的工作人员也给予了我热情的帮助和支持。大北电报公司的总经理允许我使用仍由该公司管理的文件。

在中国，天津市档案馆的工作人员给予了我极大的帮助。2009年，天津师范大学的侯建新教授帮助我联系查阅档案。2011年，天津社会科学院研究员、天津租界史研究专家刘海岩向我介绍了有关档案，并把我引荐到天津市图书馆，那里的工作人员热情地给我提供了帮助。

天津市档案馆公开的目录并不包括海关档案。编号W0001的档案来自曾就职于英国布里斯托大学、现在任职于英国伦敦大学皇家霍洛威学院（Royal Holloway University of London）的蔡维屏博士所编写的目录，她很慷慨地将目录寄给了我（Tsai 2005）。编号W0003的档案来自叶文静（Shirley Ye）博士，她非常热情地将她的论文寄给了我（Ye 2011）。

2012年，我访问了藏有海关档案的中国第二历史档案馆（位于南京）。可是，那里的档案不能被开放利用，档案馆工作人员告诉我档案不能利用的原因是正在做数字化处理，部分数字化档案已经于2017年出版。我尽管没有找到原本期待的丹麦人的个人档案，但是找到了有关1906年左右大沽沙航道的资料。

我还联系了中国电信股份有限公司上海分公司档案馆，试图寻找有关电报局和大北电报公司的资料。2012年6月4日，我收到了一份很客气但否定的答复。我非常怀疑在丹麦和中国的一些档案馆藏有更多的资料，甚至在欧洲和美国其他的一些档案馆也有相关资料，但是截至本书成稿，我没有找到更多的资料。

2015年，策伊·德·林德（Zoe de Linde）热情地将有关她曾祖父母阿尔伯特·德·林德和玛格丽特·德·林德的资料带到了哥本哈根,这些资料一直由她已故的父亲克里斯滕·托尔普·德·林德(Christen Thorpe de Linde)保存。通过丹麦国家档案馆馆长阿斯比约恩·贺鲁姆(Asbjørn Hellum)的安排,这些资料于2018年9月被存放到了该档案馆。

皇家骑士勋章分会(The Chapter of the Royal Orders of Chivalry)的档案管理员阿斯比约恩·蒂森·汉森(Asbjørn Thyssen Hansen),慷慨地将丹麦勋章获得者自传的复印件寄给了我。哥本哈根大学萨克逊研究中心(Saxo Institute)图书馆的工作人员及皇家图书馆的工作人员,也都一如既往地向我提供了很多的帮助。朱梅(Mette Thunø)热心地阅读了手稿,并提出了一些修改建议。当然,本书所有内容均由作者本人负责。

目　录

第一章　璞尔生家族:天津丹麦家庭的一个典型　1
第二章　丹麦驻华外交官与领事　19
第三章　最早来天津的丹麦人　32
第四章　供职于海关、军界的丹麦人　41
第五章　丹麦大北电报公司在中国的经营　67
第六章　丹麦人的商业与社会活动　91
第七章　市政工程与丹麦工程师:水、电与交通　111
第八章　丹麦贸易的促进者　138
第九章　1900年的战争　148
第十章　战后新机遇:市政工程的恢复与推进　156
后继者　216

征引文献　219
译后记　254

第一章 璞尔生家族:天津丹麦家庭的一个典型

1952年11月28日,香港的《南华早报》(South China Morning Post,简称SCMP)刊登了一则很短的报道:

来自天津的消息:
现在,在天津的外国女士人数已所剩无几。最后到达这里(指香港)的一位是艾莉·璞尔生(Elly Poulsen)小姐,她在薄扶林(Pokfulum)与考埃尔(E. J. Cowell)夫妇住在一起,许多老朋友在周末聚会时会见到她。
不久,艾莉·璞尔生小姐要去日本拜访她的侄子埃里克·沃茨(Erik Watts)先生,他也是著名的璞尔生家族的一员,这个家族在远东的历史几乎与斯图尔特(Stewart)家族的一样久远。
该家族的第一位成员卡尔·璞尔生(Carl Herholdt Octavius Poulsen,1846—1907,以下简称璞尔生)于1871年来到远东地区。他出生于日德兰半岛(Jutland),因供职大北电报公司(Great Northern Telegraph Company,简称 GNTC)来到远东,先后在香港和上海驻留了几年,并在上海结了婚,然后于1881年来到天津。应大名鼎鼎的李鸿章的邀请,璞尔生在天津建立了一所电报学堂,并在短期内培训出了几名电报发报员。

璞尔生一到天津就致力于促进整个社区的福祉,特别是英租界。很大程度上正是由于璞尔生的推动,英租界才出现了油气灯照明,并建立起现代自来水厂。

在义和团围困期间,璞尔生的英勇行为和可贵的服务精神广受公众赞誉,特别是在维护城市照明和供水,以及恢复天津与大沽之间的通信等方面。

他是一位有很高天赋、个性鲜明的真正的丹麦人,但也有人说"他比英国人更像英国人"。早年在泰恩河畔纽卡斯尔(Newcastle-on-Tyne)的生活经历,使得璞尔生一直很敬佩英国的政治生活和体制。一位同代人评价他具有乔治时代高贵、典雅的风度,而且就像约翰逊博士本人一样,伴随着响亮的号角声大步向前。①

---

① Clipping pasted into the personal file of Carl Herholdt Octavius Poulsen in RA (Rigsarkivet/Danish National Archives,丹麦国家档案馆,下文简称 RA), GN Store Nord 10619-984 #39; Carl Poulsen. 璞尔生的讣告中也有类似描述,见 *Peking & Tianjin Times*《京津泰晤士报》(以下简称 PTT) 1907-08-26, clipping in RA UM (Udenrigsministeriet/Danish Foreign Ministry,丹麦国家档案馆藏丹麦外交部档案,以下简称 UM) 2-0426-3 #10: Fru Poulsens sag.

第一章　璞尔生家族：天津丹麦家庭的一个典型

艾莉·璞尔生于1888年在天津出生，是璞尔生和玛蒂尔德·璞尔生(Mathilde Poulsen,1845—1915)的小女儿。她一直生活在天津，直到中华人民共和国成立后才与其他外国居民一起从中国撤离。从1860年至1912年中华民国成立，在能被确认的近150名曾在天津及大沽港生活或长期居住的丹麦人中，她可能是最后一个离开的。

璞尔生是一位教区牧师和执事的儿子，在丹麦西北部靠近北海的一个村庄度过了他的童年。他在哥本哈根大学获得了预备学位后，便进入了大北电报公司，并于1871年3月前往东亚。他的弟弟埃米尔·奥古斯特(Emil August)生于1849年，也进入了大北电报公司，并于1873年到东亚工作，但在1885年又返回了欧洲。[①] 1876年6月，在上海生活了将近三年的璞尔生迎娶了一位哥本哈根商人的女儿玛蒂尔德·彼得森(Mathilde Petersen)，她在上海仅住了六个月。[②] 我们不知道她是怎么来到上海的，只知道她们一家经常在国外居住。她唯一的兄弟在阿根廷当货运经纪人并任圣达菲(Santa Fé)[③]的英国副领事，她的一个姐姐嫁给了巴西里约热内卢的一位丹麦人，但最终又回到丹麦。[④]

1881年夏天，璞尔生夫妇带着长女和小儿子移居天津。璞尔生被临时调派到大清电报总局(Imperial Chinese Telegraph

---

[①] RA GN Store Nord 10619-984 #42：Emil August Poulsen.
[②] RA UM 2-2035-27 Vielsesprotokol 1861-1892；1876-06-06；RA UM 0002 Sager til journal B #34：A-6176 <B-0554：Report 1876-11-09 on Danish subjects from the Shanghai consul lists thirty males but no spouses or children.
[③] 阿根廷东北部圣菲省的首府，位于潘帕斯草原东北部，萨拉多河与巴拉那河的汇合处。圣达菲始建于1573年，1651年迁至现址，是潘帕斯北部的经济中心和农产品重要输出港，世界最大河港之一。——译者注
[④] Klokker Ludvig Holger Kruse's Familielegat 1927：20.

3

Administration,简称 ICTA)管辖下的电报学堂。在天津的第一年,璞尔生就为中国学生编写了课本。① 他于 1885 年获颁御赐三等双龙宝星。直到 1894 年,璞尔生仍然是电报学堂的副督学兼教习,1899 年他才不再担任这些职务,在此后数年间,他对其他一些事物产生了兴趣并从事相关活动。②

1885 年 11 月 30 日,璞尔生从大北电报公司辞职,成为大清电报总局的副督办(Assistant Director)。大北电报公司对他在大清电报局任职表示支持,因为该电报局由天津地方当局掌管,璞尔生在那里工作对大北电报公司也有益处。但是,到 1886 年,璞尔生的工作已经明显不利于大北电报公司的在华利益,19 世纪 90 年代初的公司记录不止一次提到这个问题。③ 究其原因,部分是大北公司对电缆公司的定价不满意,部分是电缆公司为越南和俄罗斯铺设陆路电报线提供了机会。国际公约对市场有许多规定,这使这种生

---

① POULSEN Carl H. O.1884 *Electro-telegraphy*, *adapted for the use of Chinese students*. Shanghai: printed at Shanghai Mercury Office; Biggerstaff 1961:67-68; RA GN Store Nord 10619-984 #39: Carl Poulsen.

② RA UM 0002-236 A 9097/1885: Letter 1885-09-21 from Beijing legation; Directory 1894:95 and 1899:123.(The Directory & Chronicle of China, Japan, Korea, Indo-China, Straits Settlements, Malaya, Siam, Netherlands India, Borneo, The Philippines, etc./Hongkong 1863-1902; The Directory & Chronicle of China, Japan, Korea, Indo-China, Straits Settlements, Malaya, Siam, Netherlands India, Borneo, The Philippines, etc., with which are incorporated the China Directory and the HongKong Directory and Hong List for the Far East,1903-1941),《中国日本菲律宾等地行名纪事录》,以下简称《行名录》)由香港英文报纸《每日杂报》(The Hong Kong Daily Press, Ltd.)发行,内容包括东亚、南亚诸国商人、商行等名录,以及电报地址、外国居民、使馆、贸易统计等信息。——译者注

③ RA GN Store Nord 10619-57:1885-09 p.178;1885-11 p.199;10619-60:1892-04;10619-908: Clipping 1896-08-03 from the *China Gazette*(《捷报》)。

意的垄断经营很难被打破,但是当市场出现新的状况时,这些规定就有可能被打破,璞尔生显然是在做这种尝试。

他还花费了一些时间(可能还是相当长的时间)发明了一种新电码。之前使用的是19世纪80年代初引进的电码,其用四个数字代表一个汉字,璞尔生觉得这种方式太复杂,太容易出错。在他设计的新系统中,每个汉字(总共大约有一万个汉字)由一个不超过六位字母的简单英文单词表示。璞尔生设计的新方案于1888年春季发表,据说得到李鸿章和其他中国官员的赞赏,但是新电码似乎并没有对电报在中国的发展产生更进一步的影响。①

1884年末,天津海关联合天津电报局在天津海关与大沽之间安装了电话线。1885年春,电话线连通后,海关税务司尝试让其他用户分摊费用,第一个连通电话的是大沽水厂办公室与天津水厂办公室。1885年末,海关税务司称赞了璞尔生的工作。② 璞尔生还尝试使用一条电线同时进行电话和电报通信。1887年10月,他向一些中国高级官员演示了在天津和大沽之间使用"范·雷塞尔贝格(Van Rysselberghe)方法"进行通话。③ 当时璞尔生在天津,他

---

① CT(*Chinese Times*《中国时报》,以下简称 CT) 1887-04-02 p.340;1888-03-10 p.150. The title of the book:POULSEN Carl H.O. 1888 *Simplified Chinese telegraph code*, Tientsin:Tientsin Printing Company.
② 《天津电报局为电话通话事札德璀琳》光绪十年十一月初四日(1884年12月20日);《德璀琳为津沽电话线立杆事函天津电报局》光绪十一年四月十六日(1885年5月29日);《德璀琳为璞尔生接办电话事务函[天津电报局]》光绪十一年十月初一日(1885年11月7日),载《津海关秘档解译》,2006年,第30、32页。
③ 弗朗索瓦·范·雷塞尔贝格(François van Rysselberghe,1846—1893),比利时科学家,气象和电话领域多种设备的先驱发明者。他发明了一种允许多种电话信号通过电报电缆传输的系统,于1884年在比利时推广,随后又在其他国家推广,他因此成为长途电话通信的先驱者。——译者注

在电报学堂的丹麦同事卡尔·居尔姆塞(Carl V. Chr. Culmsee)在大沽,他们之间进行了大约一小时的通话,"双方不断地用清晰的语音交谈",同时同一线路还保持着正常的电报往来。不久后,璞尔生成为布鲁塞尔穆隆公司(Mourlon & Cie.)在中国的独家代理,该公司是范·雷塞尔贝格专利的所有者,公司于1889年在中国开展的第一宗实际业务就是利用政府的电报线为大沽驳船公司(Dagu Tug and Lighter Company)在天津与大沽等地之间建立电话联系。①

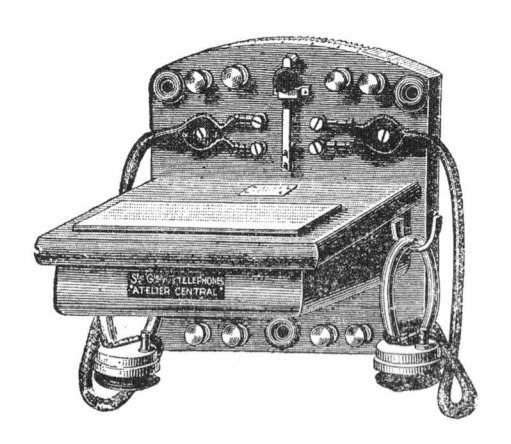

范·雷塞尔贝格(Van Rysselberghe)电话机

同年,璞尔生获得了比利时利奥波德勋章(Belgian Leopold

---

① CT 1887-11-05 p.875; CT 1887-11-19, cf. CCYDB(CHOU Chingyuan Databases, Freie Universität Berlin,柏林自由大学"周京元数据库",下文简称 CCYDB)#2; NCH(*North China Herald*《北华捷报》,下文简称 NCH)1887-11-16 p.543; 1889-08-24 p.240. Tucker 1978 介绍了"范·雷塞尔贝格(Van Rysselberghe)方法"(p.663),并提到"这种方法出现在中国",参见 *Electrical Engineer* 4 (1889-10-18): 301。

Order),并于两年后得到丹麦国王的特许佩戴该勋章。1891年8月,他被授予三等第一双龙宝星,并在某年成为英国电气工程师协会(IEE)的成员。① 大约从1889年开始,他参与到各种技术和商业企业中。(详后)1897年,璞尔生一直使用电报总局的信笺进行商务通信往来。1899年的《行名录》仍然将他列为北洋电报官局(Imperial Northern Government Telegraph)的副常务董事(Assistant Managing Director)和北洋德来风公司(Imperial Northern Government Telephone)的副董事(Assistant Director)。十年前,此两家公司均由佘昌宇(Shê Ch'ang-yü)担任常务董事(Managing Director)。1900年义和团运动爆发时,璞尔生所担任的这些职务似乎均告终止。② 1900年6月,大清电报总局的谢尔恩(H. C. Schiern)在丹麦休假时,称他为"商人璞尔生"(Kjøbmand Poulsen)。③

1889年,璞尔生协助美国驻华公使田贝(Charles Denby)考察了铺设跨太平洋电报电缆的可能性,并向美国国务卿提交了一份报告。④ 在天津,他在电力方面的知识和技术也得到了展示,1893年5月20日,他在自己的住所展示了朋友送给他的直径约3.5米的电力铁路模型。当时的报道说:

---

① RA UM 0002-237: Letter 1891-02-28 from Danish mission in Beijing.《李文忠公全集》(三),《奏稿》72,第30—32页,1891年8月26日,1965年台北重印版,第512—513页。他的签名为:"Chevalier de l'ordre Leopold / Candidatus Philosophiae / m.Inst. E.E./ Managing Director / The Electric Engineering & Fitting Co.",参见 RA UM 2-2189-10, #84 C. Poulsen。

② RA UM 2-2035-82: Letter 1897-07-29 from Carl Poulsen; Directory 1889: 480; 1899: 123.

③ Nationaltidende(《国民日报》,丹麦)1900-06-21 p.1.

④ Ahvenainen 1981:159.

在轨道上运行的是由手摇转动的磁感应电机产生的电力驱动的机车和客车的完美仿制品。这些模型运行得非常顺畅,观看者无不交口称赞,并且也让当时在场的几名颇具威望的中国高官大为惊讶。①

1893年9月下旬,盛宣怀庆祝父亲80岁大寿,他的衙门被电灯照亮。这是临时通知璞尔生安装的,他使用了锅炉和10匹马力发动机驱动西门子发电机。②

19世纪90年代,璞尔生更多地参与到天津租界的社会和政治活动中。1894年4月,他当选为天津俱乐部委员会委员;1896年底,他又担任了新的和谐俱乐部(Harmony Club)的主席,该俱乐部设在法国租界的裕泰酒店(Yu-tai Hotel)。1896年12月26日,璞尔生在和谐俱乐部成立典礼上致辞,同时他还向另外两家俱乐部——天津俱乐部和德国康科迪亚俱乐部致意。不久之后,他又与林德(Albert de Linde,1857—1934)一起当选为北戴河避暑胜地乡村俱乐部建设委员会的已婚成员。③

1896年3月初,璞尔生亲自参与了当地的政治活动:

> 周四的晚上,在戈登堂(Gordon Hall)举行的一次工部局

---

① NCH 1893-06-02 p. 785.
② NCH 1893-09-29,pp.484-485.
③ PTT 1894-04-07 p.18;1896-12-12 p.163;1897-01-01 pp.175-176;1897-01-09 p.179.

第一章　璞尔生家族:天津丹麦家庭的一个典型

董事会会议上,全体一致决定为即将作为特使启程前往俄罗斯宫廷访问的李鸿章阁下举办一次宴会。出席宴会的将有下列诸位:德璀琳、斯塔塞夫(Startseff)、丁家立(C. D. Tenney)、璞尔生及克森士(E. Cousins)(各自代表五个不同的国家)。昨天早上,他们得到了李鸿章阁下的回复:同意接受他们的邀请,同时还邀请了王文韶阁下。

几天后,宴会如期举行,璞尔生是宴会组织委员会的14名成员之一。①

1901年10月,璞尔生要求(在英国领事馆)注册登记,以便能够在即将举行的英租界扩展界租地人会议上拥有投票权。他曾经有一两年是英租界董事会成员,并在其后每年都出席租地人年会。②

璞尔生在世时,他们一家可能一直住在英租界内。在最初几年,他们一家的活动范围可能非常有限。据1913年格奥尔格·包尔(Georg Baur)的回忆,璞尔生的一个女儿在14岁之前就没有离开过天津,当她到了距离天津大约50公里(或者说顺海河航行90公里)、靠近海滨的大沽时,她对这个世界感到格外惊奇。③ 19世纪90年代后期,北戴河成为一个国际避暑胜地。游客可以乘坐火

---

① PTT 1896-03-07 & 1896-03-14.
② RA UM 2-2189-9 #21 Damon = Arthur St. Clair Christophersen: Letter 1901-10-26 from C. Poulsen; *Directory* 1902: 152; NCH 1902-02-19 p. 330; PTT 1902-05-03; 1904-03-01; 1905-03-02.
③ Baur 2005: 644: "我不得不想起璞尔生家的一位小姑娘,我猜她14岁之前从未离开过天津。她曾去过大沽口,并说:我不知道世界如此美丽。"

9

车从天津直达山海关。1898年的夏天,璞尔生一家在北戴河度假,三个女儿在海里嬉戏,13岁的安娜在水中滑倒,被海浪卷进深水里。差不多与她同龄的詹姆斯·斯图尔特(James Stewart)救了她,他的哥哥罗伯特·斯图尔特(Robert Stewart)和另外三位美国人也参与了救助,即天津的丁家立,以及北京的霍普金斯(N. S. Hopkins)和芳泰瑞(C. H. Fenn)。

媒体详细报道了这一事件。① 一周后,璞尔生写信给丹麦驻天津领事,讲述了他的女儿是如何得救的。他要求将他的信转交给有关当局,并提出斯图尔特两兄弟应当因救人获得最高奖赏,三位参与救助的美国人也应得到应有的感谢。同一天,璞尔生写信给英国驻天津领事,提出将斯图尔特两兄弟推荐给"英国溺水者营救会"(Royal Humane Society)。1898年8、9月间,丹麦领事将璞尔生的申请转交给驻上海的领事,宣称他对这一事件的描述已得到许多目击者的证实。② 1899年1月,斯图尔特两兄弟获得了"英国溺水者营救会"颁发的"拯救生命奖章"(Medal for Saving Life),这一奖章只能被授予英国公民,但是三位美国人协助救人的行为也得到了高度赞扬。③ 同一天,璞尔生把《京津泰晤士报》(*Peking & Tientsin Times*)上刊登的颁奖仪式的剪报寄给丹麦驻上海领事,并要求丹麦政府有所表示。丹麦领事将剪报寄给了丹麦外交部,

---

① PTT 1898-07-16 pp. 79-80; NCH 1899-01-16 p. 60.
② RA UM 2-2035-83: Letters 1898-07-20 from C. Poulsen to the Danish and British consulates in Tianjin; Letters 1898-08-25 and 1898-09-20 from Danish Consulate in Tianjin.
③ PTT 1899-01-14 p. 184.

1899年2月9日,丹麦政府对斯图尔特兄弟表达了感谢之意。① 这一事件并没有阻止璞尔生一家再去北戴河,1902年9月,他们花了648.7两银购买了9.98亩(0.6公顷)土地并建造了一所房子。1907年,这处房产在璞尔生去世后作为遗产估价为5325两银。②

19世纪80年代后期,两名路过天津或在天津短暂住过一段时间的丹麦人各自的表述,都证实了璞尔生在天津丹麦人社群中的地位,③当时的报纸也报道了人们对璞尔生一家积极参与天津社会生活的赞誉。④ 格奥尔格·包尔曾对1890年12月16日出席德国领事馆舞会的11位女士(同时大约有50位男士出席)每个人都进行了描述,其中谈到玛蒂尔德·璞尔生,说她"讲着一口非常流利的德语。体型丰满而非苗条,年纪稍长不年轻,但在整个晚会上跳起舞来就像一个少女,而且是那样的谦和有礼"⑤。

璞尔生自1871年抵达中国后,再也没有回过丹麦。⑥ 在他去

---

① RA UM 2-2035-83：Letter 1899-01-14 from Carl Poulsen；2-2035-7：1898-12-21 #118；2-2035-4：Letter 1899-04-18 to Consul in Tianjin.

② RA UM 2-2189-10 #84 C. Poulsen：买卖契约的副本注明日期是光绪二十八年八月十六日(1902年9月17日),卖方是刘汝谭。1915年,玛蒂尔德·璞尔生去世,这成为她的遗产;而1907年10月8日,玛蒂尔德·璞尔生声明从璞尔生那里继承了这项遗产。

③ Münter 1915：2：66；Lindholm 1930：21.

④ 有很多报道提到这一点,包括 CT 1886-12-04 p.64；1887-03-05 p.275；PTT 1895-01-12；1898-01-20 p.190。

⑤ Baur 2005：158：7. 玛蒂尔德·璞尔生是丹麦人,德语说得非常好。她丈夫是一名电报工程师。璞尔生夫人体型圆润而非苗条,年长而非年轻,整个晚上都像少女般翩翩起舞,除此之外,她并不太张扬自己。

⑥ RA UM 2-0426-3 #10：Fru POULSENs sag；Clipping from *The China Critic*《中国评论周报》1907-08-24 p.5,报纸上刊登了一则关于他的死亡的简短讣告。

世一年后,玛蒂尔德·璞尔生带着她的两个未婚女儿,分别是 26 岁和 21 岁,回到了丹麦并打算在那里定居。玛蒂尔德把她的居住地作为永久的邮寄地址给了她未婚的姐姐——一位已经退休的教师。与至亲的重聚本是一件非常快乐的事,但是玛蒂尔德很快就意识到她的女儿们再也无法适应在丹麦的生活,尤其是艾莉,离开中国后她日夜想念她已婚的姐姐和她姐姐的孩子。璞尔生的两个女儿学了一门打字课程,她们认为可能会有用。1909 年 5 月,她们全家从德国不来梅上船,先是回到并待在北戴河,在那里她们有房子可以随时居住,直到在天津找到新家。此后,她们住在天津德租界威廉街(今解放南路)8 号,直至 1915 年玛蒂尔德·璞尔生去世。①

让成年女儿回到丹麦的计划表明,孩子们可以比较熟练地说丹麦语,也许她们童年时在家里就使用丹麦语。他们也学会了汉语。大女儿弗朗西丝·莱考夫(Frances Leykauff)写到她从小就非常熟悉中国的语言和习俗——这对外国人而言是难能可贵的,而且她对中国人也怀有极大的同情心。② 1902 年 7 月末,巴斯先生③雇用的李书保(Li Shubao 音译)申诉说,他在天津火车站受到

---

① RA UM 2-0426-3 #10: Fru Poulsens sag; Letter 1908-09-28 to Countess Ahlefeldt-Laurvig; Letters 1909-01-07 & 1909-02-08 to Count Ahlefeldt-Laurvig; clipping from *The China Critic* 1907-08-24 p. 5; RA UM 2-2189-10 #84 C. Poulsen: Letter 1908-09-24 from K.W. Mounsey, and 1915-03-15 from K.W. Mounsey, solicitor(律师孟堪师)提到他的岳母于前一天夜里去世; RA Folketælinger 1906: København Blegdamsvej 78-1: Mariane Christiane Petersen。

② Mara 1922: 5.

③ 这里所提到的"巴斯先生"可能是路德维希·巴斯(Ludwig Basse, 1867—1913),天津海关的德国籍工程师,参见 CCYDB#1; Directory 1902: 148。

第一章　璞尔生家族:天津丹麦家庭的一个典型

尼尔斯·璞尔生(Niels Poulsen)的骚扰,他伤害了李书保的两匹马。他们之间的谈话使用的是汉语。此案以尼尔斯·璞尔生向巴斯先生道歉而了结。丹麦领事要求尼尔斯·璞尔生向李书保先生支付5元的赔偿金,尼尔斯照做了,但李书保拒绝接受赔偿,并把钱还给了尼尔斯。① 尼尔斯·璞尔生当时(也许是后来练成)可能是一名熟练的骑手。1907年春季赛马的评论说他"精湛的骑术一如既往,同时作为一名优秀的驯马师也获得了良好的声誉"②。至少作为一个年轻人,他可能有点随心所欲,对待钱财也是如此。1907年夏天,父亲璞尔生罹患重病,并住院治疗。"由于他的精神状况,已经无法处理商业事务或管理公司事务",他的儿子尼尔斯·璞尔生便被领事指定担任公司的管理者,并经上海领事批准,但在财务方面要接受领事的严格监督。③

从1900年7月到1902年8月,天津由外国军队代表组成的天津都统衙门(TPG)控制。④ 都统衙门有自己的警察组织(当时称"巡捕"),华人巡捕由斯图尔特(H. R. Stewart)指挥,瓦茨(Arnhold

---

① RA UM 2-2189-10 #86: Niels Peter Thorvald Poulsen: Complaint 1902-07-29 from Li Shubao and following to 1902-08-05.
② PTT 1907-05-18: Navan's Review of Spring Races.
③ RA UM 2-2189-10 #84: C. Poulsen: 1907-07-17: Certificat from Drs. David Brown & L.D. Shan, and later correspondence with Mounsey and the consulate in Shanghai.
④ 都统衙门(Tianjin Provisional Government,下文简称 TPG)的简介可见 Morse 1910: 3: 291-328 & 357 & 364-365, Rasmussen 1925: 221-230, and Bernstein 2007 (based on chapter 5 of Bernstein 1988)。Singaravélou 2017 基于都统衙门会议纪要(Proces-verbaux des seances du Gouvernement Provisoire de Tientsin/Minutes of the meetings of TPG,下文简称 PVTPG)对都统衙门进行了专题研究,同样使用都统衙门会议纪要进行研究的还有 Morse 1910 and Spicq 2012。对辛加拉维鲁一书(Singaravélou 2017)的相关评价,也可见 Spicq 2017。

13

B. Watts)作为助手。① 尼尔斯·璞尔生1900年开始担任巡捕。当1901年7月瓦茨被调到河上巡捕队后,他接任了都统衙门华人巡捕房的副巡捕长,而且可能一直担任到1902年8月都统衙门撤销时为止。② 其后,他在天津的外国洋行工作,偶尔会在华北地区出差:1904—1906年,为开滦矿务局(Chinese Engineering & Mining Co. Ltd)工作;1907—1909年,为德国鲁道夫·伯特伦洋行(Rudolph Bertram)工作;1909年,为莱考夫洋行(Leykauff & Co)工作,至迟从1912年开始,担任该公司山东济南分公司的经理。③ 1915年,莱考夫因破产被清算,并企图让尼尔斯·璞尔生偿还贷款,但遭到拒绝。当时,尼尔斯·璞尔生在北京的仁记洋行(Forbes & Co)工作,在1915年3月13日,也就是他母亲去世的前一天,他写信给丹麦公使表示:他无法偿还贷款,"母亲璞尔生夫人已经做出了安排,在她死后我不会得到任何财产"④。后来,他在济南为费伦·丹尼尔洋行(Fearon, Daniel Co. Inc.)工作。1921年,他被授予中国"五等嘉禾勋章"。尼尔斯·璞尔生于1913年3月1日在

---

① PVTPG 1900-08-18/13/3 p. 16/14 & 1900-09-08/31/3 p. 31/27. 他们不一定认识彼此,但可能是本地不同家庭出生的成员。关于都统衙门巡捕组织的具体情况可见 Singaravélou 2017: 137 ff。

② Klokker Ludvig Holger Kruse's Familielegat 1927:22;PVTPG 1901-07-08/168/3 p. 342/257;1902-04-30/285/9 p. 650/506。

③ RA UM 2-2189-10#87:W. Poulsen:Letters 1904-10-12 & 1905-06-05 about passports to travel in China. 几乎可以确定,此处为W. 璞尔生误当作了N. 璞尔生,with file #86;CCYDB#1;CCYDB#2;Directory 1908:663。

④ RA UM 2-2189-10 #86:Niels Peter Thorvald Poulsen:Letter 1915-02-26 from Tianjin consul to Minister in Beijing and Letter 1915-03-13 from Niels Poulsen to Minister.

济南结婚,母亲和妹妹出席了他的婚礼。他的配偶是英国人,出生在山东青州,父亲是一名浸信会传教士。尼尔斯·璞尔生夫妇和他们的三个儿子(分别出生于1914年、1916年和1921年)于20世纪20年代先后在天津领事馆注册登记并住在济南。① 他们一家可能在20世纪20年代末至30年代离开中国,他们的儿子在英国工作或学习时加入了英国国籍,年纪在16到19岁。②

都统衙门占用了三岔河口的直隶总督衙门

璞尔生有三个女儿嫁给了在天津的英国人。出生于1882年的米娜·克诺克尔(Minna Knocker)于1901年结婚,婚后在新加坡生

---

① RA UM 2-2189-10 #86;Niels Peter Thorvald Poulsen;Letter 1921-05-10 from Minister in Beijing to Consul in Tianjin; RA UM 2-2189-6 p. 14; NCH 1913-03-15 p. 806.
② *London Gazette*(《伦敦公报》)1933-10-06:6424,1935-03-05:1552,1937-11-05:6893.

活。1908年,她的母亲和两个姐妹曾去看望她。① 其他两个姐妹则一直生活在天津。出生于1884年的安娜(Anna)于1903年与亚瑟·霍华德·瓦茨(Arthur Howard Watts)结婚。瓦茨是当地一名领水员和酒店老板的儿子,并在开滦矿务局航运部工作。② 出生于1881年的阿尔维尔达(Alvilda,也叫黛西[Daisy]),于1913年在英国总领事馆与家庭律师孟堪师(K.W. Mounsey)结婚,新娘由丹麦驻北京公使交给了新郎。③ 孟堪师一家可能在20世纪20年代后期离开中国,④但瓦茨一家留了下来。1941年12月,埃里克·瓦茨(Erik Watts)从天津逃到了战时首都重庆,⑤但他的父母留在了天津并在第二次世界大战期间被日本人拘禁。⑥

艾莉·璞尔生一直没有结婚。她在天津的外国洋行做速记员,可能是由于她丹麦公民的身份,她才得以安全地在天津度过战争年代。⑦

---

① PTT 1901-11-09 p. 115,此处有一段较长的叙述,也重复刊登在 NCH 1901-11-13 pp. 939-940; RA UM 2-0426-3: #10 Fru POULSENs sag: Letter 1908-11-02 from Mathilde Poulsen to Ahlefeldt-Laurvig。
② Klokker Ludvig Holger Kruse's Familielegat 1927: 22; Hong List 1882: 58; Directory 1899: 125; Directory 1902: 146 & 159; 1905: 161.
③ NCH 1913-02-22 p. 571; Klokker Ludvig Holger Kruse's Familielegat 1927: 22.
④ Kimble One-Place Study 1929年记录他们的住址在 EImbrook, Marsh, Buckinghamshire, UK,参见 http://kimble.info/getperson.php?personID=I5115&tree=tree1。
⑤ Wasserstein 1998: 167; CCYDB#1。
⑥ 潍县集中营囚犯名单。
⑦ Directory 1922: 662; CCYDB#1; Schmith 1989: 62,这些资料表明,丹麦领事将他的结婚日期从1941年12月倒填为10月,即在1941年12月7日之前,这样他的英国妻子和家人都避免了被拘禁。

1906年5月,璞尔生的大女儿弗朗西丝(Frances)嫁给了德国商人罗伯特·莱考夫(Robert Leykauff),后者在1907年接管了拔维晏洋行(E. Bavier)的进口部,并担任该公司的出口代表人。他们有一个儿子,出生于1907年。① 很可能是因为战争,莱考夫的生意遭受了挫折,他们不得不搬到一处更简陋的房子里,只留下了三个仆人,辞退了其他仆人。由于是德国人,当1917年8月14日中国对德国宣战时,他们成了敌侨,有可能被拘禁或驱逐出境。然而,中国当局选择对他们实行登记和监视,所以他们可以留在天津,直到1919年2月才与其他在中国的德国人和奥匈国人一起被驱逐出境。② 一些中国人对于将这些人驱逐出境表示不满,并提出要把他们藏匿起来,但莱考夫一家还是乘火车南下,准备从上海登上英国轮船前往欧洲。可是,弗朗西丝·莱考夫(Frances Leykauff)接受了一位丹麦官方代表的建议:由于她的父母是丹麦人,可以安排她和儿子一起留在中国。③ 她先是住在一个朋友的家里,后来和妹妹住在天津,但最后她还是想和丈夫在一起。1920年3月下旬,她和儿子开始了一段痛苦的旅程,免费乘坐德国政府包租的轮船回到欧洲,这艘轮船是用来运送在日本囚禁的战俘回欧

---

① RA UM 2-2189-10 #85: Frances Marie Cecilie Poulsen-Robert Arthur Heinrich Leykauff: Letter 1906-05-14 from acting German Consul; Klokker Ludvig Holger Kruse's Familielegat 1927: 22; PTT 1907-04-02. See also CCYDB#1 & #2.
② Mara 1922: 5; Xu 2005: 198; Schmitt-Englert 2012: 329–330; Leutner 2006: 120, 123–124, 164; NCH 1917-08-18 pp. 363–365.
③ Wang 2015: 314 列出了1919年年初三艘载有德国人的英国船只从上海前往马赛,根据Ratenhof 1987: 269 记载,在中国友人的帮助下,船上大约1/4的德国人成功留在了中国。

17

洲的。她到达德国后不久就病了,1920年10月她被送进了精神病院。① 这时,璞尔生家的人积极活动。1921年初,在天津的妹夫(指孟堪师)向上海的圣三一教堂索要了一份弗朗西丝·莱考夫的出生证明。4月,在伦敦度假的妹妹来看望了弗朗西丝·莱考夫,并说服罗伯特·莱考夫让她出院。她出院后在德国度过了一个夏天,但仍在接受医疗护理。7月底,她去了北欧的斯堪的纳维亚,她的儿子也从精神失常中康复并去看望了她。1921年11月,她回到了丹麦,登记居住在哥本哈根,一人独居,但仍然是已婚状态,仍然是德国公民。②

据我所知,这个家族在丹麦最后的遗物是彼得森(I. C. Petersen,1873—1944)和范妮·赫德维格·彼得森(Fanny Hedvig Petersen,1875—1952)在哥本哈根第5/85区弗雷德里克斯堡(Frederiksberg)古老公墓的墓碑。墓碑上,他们名字的侧面是朋友的名字,有三个人的名字在右边,弗朗西丝的名字单独在左边:弗朗西丝·莱考夫(1878—1934)。1934年1月30日,她的骨灰被装在骨灰瓮中埋葬在那里。③

---

① Mara 1922:6-14.
② RA UM 2-2035-154 1921 #43:Letter 1921-01-05 from K. Mounsey;Mara 1922 25-29;KS(Københavns Stadsarkiv 哥本哈根市档案馆,下文简称 KS)Politiets Registerblade:1921 - 11 - 01, Station 3. Filmrulle 0029. Registerblad 863;RA Folketællinger 1925-11-05:Store Kongensgade 1:Hotel Cosmopolite;Klokker Ludvig Holger Kruse's Familielegat 1927:22.
③ Frederiksberg Municipal Archives:A 1402 Gravstedsprotokollen for Frederiksberg AEldre Kirkegärd 5. Afd. 1918-1985:#208 and #231. 感谢档案馆 Tove Kistrup 给予的帮助。

第二章 丹麦驻华外交官与领事

丹麦与中国建立在(不平等)条约制度下的关系,是从1845年夏天在广州相互交换公函时开始的,这赋予了丹麦可以与英国、法国和美国等缔约国相提并论的地位。① 第二年,"加拉西娅号"(Galathea)护卫舰抵达中国沿海。这艘以斯蒂恩·比尔(Steen Bille,1797—1883)为舰长的护卫舰以科学、政治和商业为目的而环游世界,其中就包括根据1845年商定的协议在中国建立领事机构。②

中丹两国之间的第一个(不平等)条约是1863年7月13日在天津签订的,即《中丹友好通商通航条约》,条约内容模仿英国与中

---

① Lange 1971:83-84 包括1845年6月28日丹麦文照会的英文文本和1845年7月3日中文声明的英文译本,两者皆可从丹麦国家档案馆找到。1845年7月3日中文声明的原始文本,可见 Nationalmuseet #UB.647。
② 包括广州、上海还有香港。Bille 1849:22, 1850:227-234, 361; Kirkebæk 2001:52-58。

国的条约,但至少有一些条款适用于丹麦这样规模的国家。拉斯勒福(Valdemar Rudolph von Raasløff,1815—1883)代表丹麦与代表中国的恒祺(1802—1867)、崇厚(1826—1893)在条约上签字。① 条约的批准文书要在一年内在天津交换,斯蒂恩·比尔于1864年7月7日按期到达。他拜访了三口通商大臣崇厚,后者也回访了他,可是中国代表去了上海,最终双方于1864年7月29日在上海交换了批准文书。②

直到1912年丹麦才在中国设立了常驻使馆。1875年,在拉斯勒福的率领下,一个丹麦外交使团访问了中国,其任务是说服中国政府让俄罗斯代理丹麦的外交事务。③ 驻厦门的领事——一名丹麦人报告说,外交使团指示他与作为丹麦代理外交代表的俄罗斯公使布策(M. de Bützow)取得联系,④但他也要求指定上海的领事或外交代理人作为司法领事。⑤ 而就在两年前,丹麦外交部长还曾在写给驻上海丹麦领事——一位英国商人的一封信中,指示他如何处理一年前发生的一宗案件中剩余的资金,并明确表示丹麦还没有制定监管海外司法领事的法律。由于拥有治外法权的国家涉

---

① Venskabs-, Handels-, og Skibsfarttractat mellem Danmark og China, dat. Tientsin, d. 13de Juli 1963, med tilhørende Chinesisk Told-Tarif in *Danske Tractater*, pp. 310-325.
② Bille 1865: 93 ff.
③ Bramsen 2008: 60; RA UM 0002-236 A 6065 a-d/1876: Raasløff to Foreign Ministry 1876-06-05.
④ Evgenii Karlovich Biutsov, cf. Lensen 1968: 22, 108.(从1876年至1911年,丹麦驻华公使职务均由俄国公使代办。——译者注)
⑤ RA UM 0002 Sager til journal B #34 A-6176 < B-0554: Letter 1876-01-14 from Amoy/Xiamen Consul reporting on activities the last two years. 他是唯一一位用丹麦文书写公文的领事。

及丹麦人的案件很少,因此丹麦没有迫切需要改变这一状况的计划,故而希望领事像以前一样根据当地的习惯尽可能妥善地解决此类案件。① 直到 1895 年,丹麦议会才通过了一项关于在实行治外法权的国家设立领事法庭的法律,此时在这些国家的多数丹麦人都表示这样的做法是合理的。②

1888 年版的《丹麦官方手册》(*Hof & Stat*)首次提到了丹麦在中国的外交使团,其就是由俄国使团代理的。③ 从 1908 年 7 月起,丹麦外交官阿列斐(Count Preben Ahlefeldt-Laurvig,1878—1946)被派驻俄国驻北京公使馆。他的配偶玛丽·艾米利(Marie Emilie,父姓冯·戈尔[von Gohr],1874—1954)在尼古拉耶夫(Nikolayev)的德国路德教会接受了洗礼,即现在乌克兰的米科莱夫(Mikolaiv),位置靠近黑海,她的父亲曾是那里的一名海军军官,后来还多年担任俄国驻哥本哈根总领事。④ 阿列斐从 1904 年起担任丹麦驻伦敦副领事,直到不久后被调派中国。⑤ 他肯定认识林德,后者作为丹

---

① RA UM 2-2035-27 Vielsesprotokol 1861-1892 #45; Letter 1873-06-07 in French from Rosenörn-Lehn to Consul du Roi à Shanghai; #41,这是一份英译文的草稿,可能是在上海拟就的,但地址未被提及。上海怡和洋行的庄纯(F. B. Johnson)是代理领事,见 *Directory* 1873: 269 和 1874: 2J。

② *Lovtidende*, pp. 73-76 Lov 35 af 1895-02-15:"Lov om danske Konsulers Doms-og Øvrighedsmyndighed paa Steder, hvor Danske ikke ere undergivne Landets Jurisdiktion, m. v." Udfærdiget gennem Justitsministeriet. *Rigsdagstidende* for 1894 – 1895: Landstingstidende Sp. 27-28; Tillæg B.Sp. 1.

③ *Hof & Stat* 1888: 251. 该手册首次提到丹麦在日本和土耳其的外交使团,也是分别由荷兰和瑞典-挪威使团代理的。

④ UM 2-0426-4 1909 #8; Korrespondance 1909 with Poul Steuer, Danish Vice Consul in Nicolajeff; *Hof & Stat* 1888: XLV-1903:LIV; KS Politiets Registerblade, Station 3 Filmrulle 0006. Registerblad 3211.

⑤ *Kraks Blaa Bog* 1939: 40; *Dansk biografisk leksikon* 1979:1: 96.

麦人中的杰出人士在天津生活了大约15年,并于1905年与家人一起迁居伦敦。这就是为什么玛蒂尔德·璞尔生在写给在北京的阿列斐的信中会经常谈到林德。①

之后林德当选为伦敦丹麦协会的主席,1907年6月8日丹麦国王与王后访问伦敦时,林德和阿列斐双双获颁丹麦国旗勋章(Order of Dannebrog)。② 我们后来得知,林德在欧洲定居后仍与天津保持着密切的联系,因此阿列斐很有可能是先通过林德得到有关中国及他可能会在中国遇到的丹麦人的第一手信息的。

1908年夏季,阿列斐到北戴河度假时,在璞尔生家的丹麦式海滨度假屋阳台上与其他人的愉快交谈,使阿列斐与天津的丹麦人逐步建立了联系。8月底,阿列斐和他的妻子还曾到天津看望即将离开天津前往丹麦的璞尔生家人,并一起享用了一顿美妙的告别晚餐。从1912年起直到1920年,他一直担任丹麦首任驻华公使。③ 1918年,北京的官方允许玛丽·阿列斐(Marie Ahlefeldt-Laurvig)全权管理当时死亡率很高的孤儿院,在其他外国女士和华

---

① RA UM 2-0426-3 #10: Fru POULSENs sag: Letter 1909-02-08 from Mathilde Poulsen to Ahlefeldt-Laurvig; TD-W3-1-1525 #1733 Letter 1905-07-12 from Mr. de Linde.(TD:天津档案馆馆藏档案,下文相关注释均简为TD。作者引用档案的编号格式与该档案馆编号格式有所区别,个别档案号还出现错误。本文相关注释中保留作者编号格式,档案馆编号见参考文献。——译者注)

② Ordenskapitlet: Albert de Linde Autobiography 1907-11-11. Printed in Graugaard 1994: 67-69; Hof & Stat 1908: 149.(该勋章丹麦文为:Dannebrogordenen;另一中译名为:丹纳拔落宝星,见[清]戴鸿慈《出使九国日记》,湖南人民出版社,1982年,第184页。——译者注)

③ RA UM 2-0426-3 #10: Fru Poulsens sag: Letter 1908-09-28 to Countess Ahlefeldt-Laurvig; Bramsen 2008: 64.

人董事会的帮助下,她使孤儿院的状况逐渐得到了改善。① 在波兰华沙待了很短一段时间之后,阿列斐又在伦敦担任丹麦公使多年。1925年,在伦敦的拉迪亚·吉卜林(Rudyard Kipling)曾称玛丽·阿列斐为"狂热的亲华者"。②

英国领事通常会代理丹麦领事,并在交换批准书后由斯蒂恩·比尔发布代理任命。可是在天津,代理任命无法执行,因为英国领事拒绝担任首任丹麦领事。1861年,英国商人密妥士(John A. T. Meadows)放弃了英国领事的职务,③改而担任斯蒂恩·比尔的翻译。密妥士是密迪乐(Thomas Meadows)的兄弟,密迪乐在1846年被斯蒂恩·比尔聘用为翻译,在1864年斯蒂恩·比尔从天津前往上海途中访问辽宁营口(当时称牛庄)时,他曾陪同前往。密妥士娶了一位中国妻子,不想离开中国,于是被斯蒂恩·比尔正式任命为代理丹麦驻天津领事。④ 英国外交官威妥玛(Thomas Wade)曾建议不要让商人担任领事,但是这次他没有反对任命他所熟悉的密妥士担任丹麦驻天津领事。1867年7月25日,密妥士被丹麦国王正式任命为丹麦驻天津、大沽和烟台(当时称芝罘)领事。⑤

密妥士一直为《字林西报》(*North China Daily News*)匿名撰写

---

① Gamble 1921:285-287.
② Kipling 2004:239-241.
③ Gregory 1966:438.
④ Bille 1865:102-103,180-187.
⑤ RA UM 0002-430 A-3991a-c: Letter 1867-06-27 from Raasløff to the Foreign Ministry; Letter 1867-07-13 from Copenhagen Chamber of Commerce; the recommendation 1867-07-18 of the Foreign Ministry, and the consent of the King 1867-07-25; Letter 1868-01-01 from J. A. T. Meadows. See also Bramsen 2008:54.

文章,1870年,他因在谈到"天津骚乱"①时表现出支持中国的态度而遭到激烈批评。密妥士驳斥了对他的指控,他谈道,"这里的人们已经看到,我对6月21日事件②的阐述是真诚的,判断是正确的"。他同时也担任美国和荷兰驻津领事,以及天津机器局和开平煤矿的督办。③ 1873年10月,吉罗福(Peter Arnt Kierulff,1838—1909)向丹麦外交部抱怨说,密妥士已经被中国政府解职,各国当局都不会再关注他了。作为领事,密妥士什么也干不了,有两次吉罗福需要领事帮助时,他不得不求助于其他国家的领事。④

1875年密妥士去世,1875—1876年间,拉斯勒福率领丹麦使团前往中国和日本,他在考虑是指定美国领事还是俄国领事作为丹麦的代理领事。⑤ 拉斯勒福认为,由俄国人代理领事最为适宜,因为在北京时就是由俄国人代表丹麦与中国政府打交道的。此外,天津是俄国在中国最重要的贸易港口,所以其派驻的领事很有可能是职业外交官。而且,俄国外交官很看重荣誉,对成功的渴望会激励他们努力做事,这种动力在英国领事那里很少能看到,英国领

---

① 即天津教案。——译者注
② 指天津教案。——译者注
③ RA UM 0002-430. A-3991: Letter 1870-07-20 from George J. Helland, Consul in Hong Kong, enclosed an article *China Overland Trade Report* 1870-07-21; A-3991: Copy of Report No. 1 1870-12-13 from the Danish Consulate Tianjin. See also Rasmussen 1925: 46.
④ RA UM 0002-430 A-3991: Letter 1873-10-03 from P. Kierulff.
⑤ RA UM 0002-430 A-3991: Telegram 1875-08-15 from Raasløff in Yokohama.

事往往认为这份工作是件麻烦事。①

丹麦领事这个职位是由韦贝(C. Waeber)或称卡尔·伊凡诺维奇·韦伯(Karl Ivanovich Veber)代理的,他是一位俄罗斯职业外交官和东亚问题专家,于1874年就已经担任驻天津的俄国代理总领事和德国代理领事,1895—1896年因在朝鲜事件(指乙未事变)中的影响而闻名。② 1881年6月,作为丹麦代理领事的韦贝现场确认了大北电报公司与中国当局之间协议的译本及李鸿章作为北洋通商大臣等的封印。③ 在同一时期,还可以看到他对其他协议所做的类似认证。直到1887年,《丹麦官方手册》的名录上还列有担任驻天津领事的韦贝,到1888年,就仅列有俄国驻天津领事馆,同年还列有俄国驻北京公使馆。④

1876年,丹麦外交部要求丹麦驻中国(和日本)的领事和副领事提交他们的工作报告,包括居住在当地的丹麦公民姓名。在档案中保存有12份来自驻中国的丹麦领事和副领事的回复,却没有看到驻天津领事的回复,其中7个领事馆的报告列出了丹麦公民姓名。除了天津,上海以北的两个城市——烟台和营口的丹麦领事馆提供了报告。驻烟台的丹麦副领事报告,施罗德(Schröder)一

---

① RA UM 0002-236. Kina. Danmarks rep. samt Store Nord telegraf 1876-: A 6065/1876; Letter 1876-06-05 from Raasløff in Dresden to the Foreign Ministry; Letter 1876-09-11 from Raasløff to M. de Bützov, Ministre de Russie à Pekin.

② Directory 1874: P1; *Hof & Stat* 1877: 230; Duus 1998: 120-122; Karl Ivanovich Veber, Russian Consul in Tianjin 1876-1884 and Chargé d'affaires in Seoul 1885-1895, cf. Lensen 1968: 53, 135, 203.

③ RA GN Store Nord 10619-55: 1881-07 pp. 249-253.

④ *Hof & Stat* 1887: 249 & 1888: 253.

家包括丈夫、妻子和一个儿子,他本人在一家德国贸易公司和船具公司工作。驻营口的丹麦副领事的报告记录了于1875年11月开业、从事零售贸易的舒尔茨洋行(Schultze & Co.)的两名经理。这两名经理都是1840年前后出生于石勒苏益格(Schleswig)的,后来迁居丹麦,一位来自法诺(Fanø),有妻子和两个孩子,另一位则来自尼堡(Nyborg)。①

在驻中国丹麦领事的回复文件中,包括来自驻瑞典斯德哥尔摩的丹麦公使馆和来自挪威奥斯陆/克里斯蒂安尼亚(Oslo/Christiania)②总领事馆的信件。这两封信件都附寄了一份瑞典-挪威委员会印制的报告副本,内容是他们对领事事务提出的建议。这可能暗示,来自驻华领事馆的信息表明,他们有意在可能的情况下重组领事事务。③

新的规则和丹麦领事事务的重组于1893年开始实施,但是天津并没有直接受到影响。④ 在上海,人们对由怡和洋行(Jardine

---

① RA UM 0002 Sager til journal B #34 A-6176 < B-0554: Reports from the Consuls or Vice Consuls as follows: Jiujiang 1876-10-18; Ningbo 1876-10-18; Zhenjiang 1876-10-18; Hankou 1876-10-19; Yantai 1876-10-20; Guangzhou 1876-10-24; Xiamen 1876-10-24, Fuzhou 1876-10-31; Shantou 1876-10-31; Taiwan 1876-11-08; Shanghai 1876-11-09; Yingkou 1877-01-06.

② 1314年,挪威首都被命名为"奥斯陆"。1624年,一场大火吞噬了整个城市,当时的丹麦-挪威国王克里斯蒂安四世决定在西侧重建首都,并命名为"克里斯蒂安尼亚"。1925年,奥斯陆恢复为挪威首都,克里斯蒂安尼亚成为郊区,被称为"旧奥斯陆"。——译者注

③ RA UM 0002 Sager til journal B #34A-6176<B-0554: Letters 1876-09-07 from Stockholm legation and 1877-01-03 from Christiania consulate-general. The report dated 1876-11-04, see Mende 1971:119.

④ *Rigsdagstidende* 1892–1893. Tillæg C: 807–812; Mende 1971: 120–122.

Matheson)代理丹麦领事事务愈加不满。当1884年上海领事一职出现空缺时,大北电报公司——也许还有其他人,向外交部提议,与由李格宪(O. de Lagerheim)为总领事的瑞典-挪威①总领事馆一起设立一个联合领事馆。当时,怡和洋行的老板被视为临时丹麦领事,但1893年,丹麦和瑞典-挪威同意在上海设立一个联合领事馆。柏固(Carl Alfred von Bock)担任瑞典-挪威总领事已有多年,1893年9月5日,他又被任命为丹麦领事。② 因为1895年通过并开始实施的一项对1893年法律的修正案,上海被列为从丹麦直接派驻领事的27个城市之一。雷施麦斯(A. Leigh-Smith)于1896年夏天抵达上海,开设了丹麦驻上海领事馆,并接任整个中国的丹麦司法领事。③ 他常被称为总领事,但上海领事馆正式升格为总领事馆要到1908年12月23日。④

1893年,丹麦政府也免除了英国驻华领事的代理丹麦在华领事事务,由俄国领事或其外交代表负责代理丹麦在中国各地的利

---

① "瑞典-挪威"是指瑞典和挪威两个王国曾于1814年至1905年成立的共主邦联联盟。1905年6月7日,挪威议会宣告瑞典-挪威联盟解体,瑞典于同年10月26日承认挪威为独立的君主立宪国,从此两国各自成为独立的国家。——译者注

② RA GN Store Nord 10619-56: 1884-11 p. 611; 10619-908 b): Newspaper cutting 1893-09-05. 此份剪报中有一份代理领事约翰·麦格雷戈(John MacGregor)的声明,报纸原版未找到; Newspaper cutting from *Shanghai Mercury*(《文汇报》)1893-07-17,此份剪报有一篇关于柏固的很长且颇具批判性的文章; *Hof & Stat* 1896: 294。

③ *Rigsdagstidende* 1895-1896. Tillæg C: 37; Bramsen 2008: 68; Department of State 1926: 121. 安东尼奥·古斯塔夫·戈特利布·雷·施麦斯(Antonio Gustav Gottlieb Leigh Smith,1848—1905)通常写作雷施麦斯(Leigh-Smith),他是拉斯勒福的侄子,并跟随其来到中国,详见 *Dansk biografisk leksikon* 1902: 16-134。

④ RA UM 2-0426-4 #14: Letter 1909-01-09 from the Foreign Ministry to the Danish/Russian minister in Beijing requesting that the Chinese authorities are properly informed.

益,只有上海、厦门和广州除外,因为这三个城市都已经任命丹麦代理领事。天津、烟台、汉口和福州,也均由俄国领事代理丹麦领事事务。①

然而,1896年丹麦驻天津领事发生了变化,柏固在1895年11月提出辞去丹麦领事的信中提到司徒麟(Karl Ståhlgren)最近到了中国,且有意留在中国并促进丹麦在华利益的发展。司徒麟也写信给北京的公使馆介绍他自己。他已经在天津安家。1896年3月,司徒麟在短暂去丹麦处理商业问题后返回天津,柏固直接提议由他担任领事。② 1896年5月27日,丹麦国王任命司徒麟为丹麦驻天津领事,1896年9月3日,他从俄罗斯代理领事格罗思(Victor Grosse)手中,接管了代办丹麦驻天津领事馆事务。③ 1896年10月,《京津泰晤士报》两次刊登领事广告,通知领事管辖区的丹麦臣民在1896年11月15日之前去领事馆登记,否则将不能确保他们有获得领事援助的资格。广告是用丹麦语写的,希望不懂丹麦语的

---

① RA UM 2-0426-2: Letter 1893-11-02 from Foreign Minister to Beijing Legation; RA GN Store Nord 10619-61: 1893-06 with a letter to the Danish Foreign Ministry, mentions that consulates will be abolished in Jilong, Xiamen, Guangzhou, Shantou, Zhenjiang, Jiujiang, Yingkou, Ningbo and Qiongkou.
② RA UM 2-2035-4: Letters from Consul in Shanghai 1895-11-12 and 1896-03-02 to Foreign Ministry in Copenhagen; 2-0426-2: Letter 1895-11-25 from Ståhlgren to Legation.
③ RA UM 2-0426-2: Letter 1896-09-05 from Ståhlgren to Legation; 0002-430. B-4004(ligger i A-3991): Letter 1896-09-03 from Victor Grosse, acting Russian consul in Tianjin and Chargé d'affaires at the Danish Consulate in Tianjin. Viktor Fedorovich Grosse, Secretary at the Tianjin Consulate, cf. Lensen 1968: 29, 136; NCH 1896-08-14 p. 261.

人也能得到帮助。① 1897年1月,根据丹麦领事得到的指示,上海的领事法官要求所有驻中国的丹麦领事提交丹麦公民名单。司徒麟为此寄给了他一份从1865年开始登记的《天津丹麦臣民注册簿》副本。多少年来,这份注册簿显然没有被精心地坚持登记,因此遗漏了很多人,但它仍然能提供有价值的信息。② 司徒麟担任丹麦驻天津领事,只持续到1897年的夏天,当地媒体报道他于1897年7月23日意外地离开天津。一周后,他的家具被拍卖。③

司徒麟结束其领事职务不到一年,就有天津的丹麦人明确表示希望领事职位由一名外交官担任,但丹麦政府还没有认识到天津对丹麦贸易的重要性,反而再次安排俄国领事代理丹麦的领事事务。④ 1900年8月15日,俄国领事报告说,他在天津的房子在该城市遭受炮击时被炸毁,领事馆的所有档案都丢失了。1896年9月3日俄国领事格罗思的信提供了一份领事档案的目录清单,其中包括一些对研究天津丹麦人社会有帮助的文件。⑤

在正常的情况下,住在天津的丹麦人似乎并不认为让俄国人

---

① PTT 1896-10-10 p. 125; 1896-10-17 p. 129; 1896-10-24 p. 133.
② RA UM 2-2035-4: Letter 1897-01-25 to Danish Consuls; 2-2035-82: Letter 1897-02-17 from Consul in Tianjin with copy of Register Book.
③ PTT 1897-07-24 pp. 85-86; 1897-07-31 p. 89.
④ RA UM 2-2035-82: Letter 1897-06-25 #78 from P.A. Kierulff, C. Poulsen, F.B. Petersen, E.G. Lindberg & H.C. Schiern; Letter 1897-09-01 from Foreign Ministry; 2-2035-4: Letters 1897-11-23 to Russian Legation in Beijing and Russian Consulate in Tianjin; *Hof & Stat* 1898: 297.
⑤ RA UM 0002-430. B-4004 (ligger i A-3991): Handwritten note from the Danish Consulate in Shanghai 1900-08-25. PTT 1900-08-25 p. 62,其中列出"严重被毁建筑"23座,"轻微毁坏建筑"15座,被炮火"完全摧毁的建筑"14座,包括俄国领事馆。

代理领事是一个问题。但是有时也会出现一些复杂的情况,比如1902年夏天发生的一件事。(详后)事后不久,就有一种说法,可能要由一名丹麦人担任副领事,但实际上没有人被任命。① 1909年,天津的丹麦人向丹麦外交部递交了一份申请,请求授予领事珀佩(Nicholai Poppe)②丹麦国旗勋章。义和团运动平息后,他以极大的热情为丹麦人的利益服务,使得情况没过几年就恢复了正常。丹麦外交部拒绝了这一请求,但答应日后会考虑。③

体德满(P.H. Tiedemann)④是最后一位代理丹麦驻天津领事的俄罗斯人,1920年9月当中国当局收回天津俄国租界时,⑤他放弃了这一职位,一名丹麦居民被任命为驻天津领事。1949年,英国总领事馆接管了丹麦领事馆,直到1952年英国领事馆关闭。丹麦领事馆档案藏于丹麦国家档案馆,卷宗号为401,文件命名从1903年到1948年。档案中大约四分之一的文件来自俄国代理丹麦领事时期,有的文件可以追溯到1900年底,甚至还有少数文件是1890年代末形成的。在其他领事档案的附件中,也可以发现一些驻天津丹麦领事馆的文件,例如处理前天津丹麦居民遗产的文件等。

---

① RA UM 2-2189-9 #5:A. Kriger Andersen:Extract from letter 1903-02-15 from Shanghai Consul.
② Nikolai Gotfriedovich (or Maksimovich) Poppe, cf. Lensen 1968:42, 137.
③ RA UM 2-0426-3 1909 #01:Forwarded 1909-02-15 by the Danish Legation Secretary;2-0426-4 #12:The application dated 1909-01-25;Letter 1909-03-22 from the Ministry.
④ Petr Genrikhovich Tideman, cf. Lensen 1968:49 & 137.
⑤ 尚克强 2008:161。

这些文件分别用中文、丹麦文、英文、法文、德文和俄文书写。①

原丹麦驻天津领事馆,建于 20 世纪初期,1928 年左右曾作为丹麦领事馆

---

① 我非常感谢基尔斯滕·布龙和路德米拉·魏尔,他们慷慨地将俄文资料翻译成丹麦文供我使用,这些俄文资料有的还是难以辨认的手写体。俄文文件多为俄罗斯驻北京公使馆与俄罗斯外交部之间来往的信函,要提交丹麦外交部的文件则使用法文或英文书写。

第三章　最早来天津的丹麦人

根据第二次鸦片战争后于1860年签订的《北京条约》,英、法在天津设立租界。首批来到天津的丹麦人中,有西奥多·洛温斯坦(Theodor Løwenstein,1839—1913),他是霍森斯(Horsens)一个屠夫的儿子,这位屠夫是来自德国南部的移民,他的妻子来自哥本哈根。①

14岁时,西奥多·洛温斯坦出海当了水手。后来,他尝试在澳大利亚开采金矿但没有成功,于是回到海上,在一艘运送马和羊去新西兰的船上当大副。他可能是在19世纪50年代后期加入英国军队去了印度,1860年又跟随英军到了中国。他的女儿后来曾写道,中国人为生存而战,因为他们预感到城市被攻占后,所有的人都会被杀死。在攻打筑有防御工事的城市时,首先越过城墙的两

---

① 在人口统计资料中,他的出生地有的被记为美茵兹(Mainz),有的被记为拜仁(Bayern)。RA Folketællinger 1845 Horsens Købstad, Hestedamsgade, Baghuset, 76; 1850 Horsens Købstad, Grønland 156–157.

第三章　最早来天津的丹麦人

个人中就有"沃尔西(Wollsey)将军,当时他是一名中尉,也是一位父亲"。① 她继续写道:

> 过了几年,父亲已经结婚并定居下来,有一个中国屠夫每个月都来结账(账单总是装在他裤子的膝盖以下部位)。在上面提到的攻城战中,他是城里的一名中国士兵,身高体壮,勇敢地参加了守城之战。一天,父亲提到了那次攻城战役,屠夫告诉父亲,像那样从后面袭击而不是迎着枪炮进攻的攻击战任何人都可以做到。"你们是从海上来的吧? 对你们来说真不容易,但从后面攻打是不公平的,任何人都可以做到。"②

斯蒂恩·比尔在给丹麦外交部的报告中提到1864年天津的航运,"从海上到河流中的航道,按吃水深度每英尺花费5元就可以雇到可靠的领水员——包括一名丹麦人"③。这名领水员叫汉斯·彼得·杰特鲁姆(Hans Peter Jertrum),来自石勒苏益格公国(Duchy of Schleswig)的奥本罗(Aabenraa),于1861年春天来到中国,与妻子和家人住在大沽。他是第一个被写入丹麦领事登记簿

---

① 这里提到的可能是约瑟夫·加内特·沃尔斯利(Joseph Garnet Wolseley,1833—1913)的误拼,就是后来成为陆军元帅的沃尔斯利子爵。1860年他作为一名中校,以在华英印军队需官副助理的身份来到中国。他发表的记述(Wolseley 1862、1903)都没有确证这一事件的发生。首先越过城墙冲到最前面的似乎是一名中尉,而沃尔斯利紧随其后,所以他们在战斗中可能曾在一起。
② Løwenstein 1960: 1. 洛温斯坦回忆的片段是由他的女儿记录下来的,显然是她从父亲那里听到的回忆,而不是她父亲直接的口述。
③ Udenrigsministeriet 1865: 18.

33

的人，他们的名字之后是另外两名领水员，分别是来自石勒苏益格公国的斯莱斯维格(Slesvig)的乌尔德鲁普(A. P. Ulderup)和来自波恩霍尔姆(Bornholm)的彼得·汉森(Peter Hansen)，后者工作大约一年后去世。西奥多·洛温斯坦——当地人都称他利文斯顿(Livingston)，于1868年5月登记为海员。几个月后，来自奥本罗的安达生(J. H. Andersen)来到天津并嫁给了乌尔德鲁普。他们有两个儿子，分别出生于1872年和1873年。① 1873年和1874年的《行名录》中列有乌尔德鲁普和利文斯顿，他们都在大沽当领水员，此外再也找不到关于乌尔德鲁普一家的任何记录。②

西奥多·洛温斯坦于1875年5月回到霍森斯，并与原姓弗兰德森(Frandsen)的安娜(Anna Sabine Gæde; 1848 [约]—1910)结婚。安娜是一个寡妇，带有一个女儿，出生于1871年，这也是他们家里唯一的孩子。他们一起到了天津，但在1880年又回到霍森斯。③ 在丹麦驻天津领事馆的54份文件中，只有1份以人名命名的文件，就是利文斯顿先生(洛温斯坦)案卷，可见领事馆对他们一家的重视程度。可是，由于所有的文件都已丢失，我们找不到更多的信息。④ 在中国，他们一家通过以前的投资存下了足够的钱用于

---

① RA UM 2-2035-82：Letter 1897-01-17 from consul in Tianjin with copy of Consular Register；Bille 1865：83；Jespersen 2014：212.
② Directory 1873：308；1874：01.
③ Marriage Register：Horsens Vor Frelser 1869-1882：58. 这份文件将他标注为"单身引水员"("Ungkarl Lods" [Bachelor Pilot])；Jørgensen 1942：268 提到他于19世纪60年代末回国结婚。这里可能记载有误，也可能是他的第一次婚姻。
④ RA UM 0002-430. B-4004(ligger i A-3991)：Letter 1896-09-03 from Victor Grosse with "Inventory of public documents, papers etc. in the Danish Consulate at Tianjin 3 September 1896", file #26："Papers of Mr. Livingstone(alias Löwenstein)".

生活,并按照西奥多·洛温斯坦的意愿,用相当大的一笔款项捐建霍森斯博物馆(Horsens Museum),其中三分之二用于在他所拥有的土地上建造博物馆,三分之一用于博物馆的日常开支。博物馆于1915年开放,大约在1960年,博物馆又从1958年去世的他女儿的遗产中获得了中国文物的捐赠。① 这些收藏品中包括一幅她女儿小时候的画像,很明显是根据他们回到霍森斯时拍摄的一张照片在中国画的。②

进入天津和大沽码头的航道被"大沽沙阻碍,使得吃水深度超过138英寸(3.5米)的船舶在驶入大沽锚地时很危险"。有经验的领水员能赚很多钱,1861年对丹麦吃水浅的小型帆船来说,情况还不错。可是,到了1862年,在天津的英国人更喜欢小型轮船,所以丹麦和其他欧洲大陆国家的帆船减少了。在1864年普丹战争(Prusso-Danish War)③丹麦战败后,丹麦王国超过三分之一的土地和人口被割让给了普鲁士和奥匈帝国,导致丹麦驶往中国的船舶减少到原来的约三分之二。④

---

① Jørgensen 1942: 268; Løvenstein 1960: 1–2; RA Folketællinger 1890: Horsens, Nørregade 11; Horsens Museum 1915–1940 p. V.
② 作者在2009年1月8日与霍森斯市档案馆(Horsens City Archives)的博迪尔·默勒·克努森(Bodil Møller Knudsen)女士交谈,她提到丹麦国家博物馆的琼·霍恩比(Joan Hornby)曾表示这幅肖像画有可能是在中国绘制的。
③ 亦称第二次石勒苏益格战争,是围绕石勒苏益格-荷尔斯泰因的主权引起的战争,由丹麦王国对抗整个德意志邦联,最终德意志联军获胜。在丹麦,因其发生的年份又被称为1864年战争。
④ Report on the Trade of the Consular District of Tientsin/Tianjin, for the year 1863. In *London Gazette* 1864-11-04: 5188–5206, pp. 5188 (quotation) and 5206; Lange 1971: 98 and App. Ⅲ.

1866年,有112名外国人在天津注册登记,其中包括一名丹麦人。① 这名丹麦人叫皮特·基鲁夫(Peter Arnt Kierulff,1838—1909),出生在斯劳厄尔瑟(Slagelse)一个具有创业精神的商人家庭。他接受经商培训后,携带斯蒂恩·比尔给丹麦驻华领事的推荐信,于1866年3月抵达天津,这些信息在领事馆登记簿和1893年他撰写的简短自传中都可以看到。直到1873年秋天,他一直为丹麦驻天津领事工作,在最后三四年里,他也是一名独立的商人。② 根据他去世几年后出版的家谱,1862—1893年间他在北京经商,有些资料甚至说他于1859年首次来到中国。这一传闻的真实性不能令人信服,也没有可靠的证据能证明他在1866年以前到过中国。③ 1872年5月,他和其他三个人一起,包括密妥士,被选为1872—1873年度天津英租界工部局董事会成员。④ 1873年10月初,他还在天津,不久后,他便离开天津去欧洲待了大约一年。1873年和1874年,他在天津登记为"商人和商务代理人",1874年

---

① 吴弘明 2006:24,转引自尚克强 2008:29。
② Ordenskapitlet: Peter Kierulff Autobiography 1893-04-15. Krak 1915:587,此处对他的家族企业(始于1785年)有一段简短描述。丹麦国家博物馆的琼·霍恩比(Joan Hornby)热情地提供了基鲁夫(Kierulff)兄弟和家谱的信息。
③ Klitgaard 1914-1918:268-270; Bramsen 2008:62; Bramsen 2001:91 (Danish version 1993:122); Danish Trade Council 2005:6; Hornby 2012:11. 根据后一项资料的记载,1892年至1900年,基鲁夫夫妇将他们收藏的中国画和工艺品捐献给了丹麦国家博物馆。根据克利特加德(Klitgaard)对捐献品的认定,1893年2月16日基鲁夫被授予丹麦国旗勋章。1860年人口普查显示,他于1860年2月1日登记居住在斯劳厄尔瑟,参见 RA Folketællinger 1860 Slagelse #38。
④ NCH 1872-05-04 p. 342; RA UM 0002-430 A-3991: Letter 1873-10-03 from P. Kierulff.

他在密妥士担任领事的丹麦领事馆任翻译。① 1874年秋天他从欧洲回到中国,1875年在北京的使馆区开设了自己的商店,据传闻,他的商店尽管遭到中国政府的反对,但满足了外国使馆的需求。据说他因与德国使馆保持着良好的关系而获益匪浅。1881年5月,他娶了安娜·弗雷德里克·威廉明妮·弗兰克(Anna Frederikke [Frieda] Wilhemine Franke)为妻。安娜于1853年出生在汉堡,从1875年起一直被中国海关总税务司赫德的夫人聘为"家庭教师"。1893年,基鲁夫的商店雇用了两名欧洲人和三名中国人做店员。②

基鲁夫谈到过一名丹麦机械师/工程师(Mecanikus),即在天津机器局工作的巴兹(Budtz)先生。1871年的一个晚上,巴兹先生从一个中国人那里租了一匹马,但那匹马被偷了。密妥士领事判他罚款25元,赔偿给马主,他只付了14元,按照基鲁夫的说法,这已经足够,不用再赔了。巴兹全名卡尔·巴兹(Carl Budtz, 1847—1905),出生在一个乡村牧师家庭,1860年他寄宿在斯劳厄尔瑟的一个家庭,在当地的一所文法学校(realskole)读书并于1863年毕业。③

1875年4月,霍斯基尔(Valdemar Hoskiær, 1829—1895)访问

---

① RA UM 0002-430 A-3991: Letter 1873-10-03 from P. Kierulff; NCH 1872-05-04 p. 342; Directory 1873: 310; 1874: P1 & P3.

② Münter 1915: 2: 19; Fairbank 1975: 187, 353, 359, 370; NCH 1881-06-01 p. 521.

③ RA UM 0002-430 A-3991: Letter 1873-10-03 from P. Kierulff; RA Folketællinger 1860 Sorø Amt Slagelse and 1850 Svendborg Amt Avernakø; Schouw 1864: 27. 卡尔·巴兹的曾孙女安妮·埃格德·巴兹(Anne Egede Budtz)确认当时他在中国,并且家中还存有他从中国带回的工艺品。Letter 2008-12-17 to Anne Egede Budtz and telephone conversation 2009-01-06 with Humberto G. Budtz。巴兹家族的其他成员也热情地回答了我的询问。

了天津机器局,他提到有两个丹麦人在那里工作,其中一个人已经返回欧洲,另一个人那时还在一艘中国轮船上工作。① 这个人就是克里斯蒂安·弗雷德里克·格莱恩(Christian Frederik Glahn, 1846—1927),卡尔·巴兹的远房表弟。他们都出生在富宁(Funen/Fyn)以南的一个小岛上,他们的父亲都是当地村庄里的牧师,按照家族的传统,格莱恩也在斯劳厄尔瑟上学,但是毕业生名册中没有列入他的名字。后来他在哥本哈根的伯迈斯特韦恩造船公司(Burmeister & Wain)学习机械修理,然后在丹麦海军的一艘船上服役。在斯劳厄尔瑟的时候,巴兹和格莱恩可能结识了基鲁夫家族,并利用这个关系离开丹麦闯荡世界,于1869年一起到了东亚。格莱恩曾在马来西亚沙捞越(Sarawak)和越南西贡(Saigon)做过短期的工程师,后来和巴兹一起到天津机器局工作。②

霍斯基尔提到中国工匠每月获得的报酬是6—16元,而欧洲人每月的报酬是300—400元,所以当巴兹1874年5月离开中国回到马赛时,他可能已经是一个有钱人了。③ 第二年,他在丹麦结婚并定居在斯劳厄尔瑟。1872年,巴兹在那里成立了一家联盟机械厂(Alliance Machine Factory),工厂所生产的产品中有供丹麦乳品厂使用的蒸汽机。在1875年初该厂改为合伙制企业时,巴兹可能用他在中国的积蓄投资了该企业。④ 他在公司任职,头衔显示是公司所有人和管理者,他最后的职务是董事总经理和工程师。根据

---

① Hoskiær 1880: 129.
② Grandjean 1907: 53.
③ NCH 1874-05-09 p. 401.
④ Bruun 1876: 35-37; *Krak* 1940: 18.

教区登记簿记载,他因患有精神疾病而自杀身亡。①

对于巴兹和格莱恩这对表兄弟,我们在天津领事登记簿上只找到了格莱恩的名字,他于1876年10月登记,当时他可能已经在天津住了一段时间。不久后,他去了日本横滨从事造船业,并在那里与国田吉(Kushida Yoshi)结婚。他们有两个女儿,分别出生于1882年和1900年。格莱恩于1927年在日本去世,丹麦驻日本临时代办在他的葬礼上致辞以示悼念。②

克劳斯·劳里茨·安德森(Claus Laurits Andersen,1849—1928)在哥本哈根的一个木匠家庭中长大,在哥本哈根和英国苏格兰的伦弗鲁(Renfrew)接受过轮机工程师的培训,并于1875年在香港通过了初级工程师的考试。③ 他从1871年开始生活在上海,在中国沿海和河流上航行的船舶上工作,1876年又在海河(白河)④上来往于大沽和天津之间的船舶上工作。1876年6月,他和他的兄弟、领水员罗伯特·安德森(Robert Andersen)参加了璞尔生的婚礼。1876年11月,他仍然被列在丹麦领事提交的在上海的丹

---

① E-mail 2008-11-12 from Gitte Strange-Hansen, Archivist, Slagelse Stads-og Lokalarkiv; Grandjean 1907:98; *Kraks Blaa Bog* 1949:217; RA Folketællinger 1880 Slagelse Købstad, Nytorv 249, forhuset, 1. sal; Carl Budtz, 32, Gift, Fabriksbestyrer; 1890 Nygade (6) Fabrikken Alliancen:1. sal; Carl Budtz Maskinfabrikant; RA Kirkebøger Slagelse Skt. Mikkel Døde 1892-1909 #73.
② Glahn 1978:38 & 57; RA UM 2-2035-82; Letter 1897-02-17 from consul in Tianjin with copy of register.
③ Ordenskapitlet:Claus Laurits Andersen Autobiography 1922-05-06. Harmsen 2020 是关于劳里茨·安德森(Laurits Andersen)最新和最完整的传记。
④ 外国人常常称海河为白河(Peihe,Pei-ho),本文中统一使用"海河"这一提法。

麦人名单上。① 1876年底,劳里茨·安德森在天津开设了一家机械厂,从事建造和维修,还曾负责在大沽海军造船厂建造一座干船坞。他通过翻译与李鸿章协商。工作完成后,李鸿章竖起拇指说了一声"好!"对他的工作质量表示称赞,劳里茨·安德森知道是"Good"的意思。中国政府买下了他在天津的工厂,他在海军造船厂担任主管工程师达四年之久,直到1884年辞职回了一趟丹麦。1879—1880年,他在天津时见过美国总统尤利西斯·格兰特(Ulysses. S. Grant)及戈登(Charles George Gordon)将军,当时他们都到天津拜会过李鸿章。② 1882年,他奉命前往旅顺,一个位于辽东半岛南端的渔村。他的任务是在港湾通过钻探看看是否可以通过疏浚达到建造海军造船厂干船坞所需的深度。他的报告将决定工程能否开展,在1918年的一次访问中,他很高兴地看到他的建议得到实现。1884年回到中国后,安德森开始在上海担任顾问工程师,但仍在天津开展一些业务。1889年,他参加了大沽驳船公司的一次特别股东大会。1890年开始,安德森又进入了烟草行业,并于1927年在上海以一个富豪的身份去世。他的财产大部分遗赠给了劳里茨·安德森基金会,"用以促进丹麦的工业和贸易发展,并帮助国内外患病和贫穷的丹麦人"。③

---

① RA UM 2-2035-27 Vielsesprotokol 1861-1892;1876-06-06; 0002 Sager til journal B #4 A-6176<B-0554;Report 1876-11-09. 更多关于罗伯特·安德森的资料,参见 Linck 1927:41-42。
② Bieler 2004: 8; Morse 1910: 2: 335; Hsu 1964: 155-158, 161-163.
③ CT 1889-06-29 p. 409; *Dansk biografisk leksikon* 1979: 1: 20; Glahn 1949: 12-13;劳里茨·安德森基金会(Laurits Andersens Fond)的克劳斯·埃勒斯(Claus Ehlers)将很多有用的资料寄给了我。

第四章　供职于海关、军界的丹麦人

海关

　　1876年,天津也出现了第一个供职于大清海关的丹麦人。这名丹麦人叫葛灵霓(Albert Detlefsen Kliene,1844—1905),出生在法诺岛(Fanø)的森德霍(Sønderho),他的父亲是那里的乡村牧师和教师。1848年,他的父亲去世,他的母亲带着两个孩子住到了在奥本罗经商的父母家中。① 奥本罗是石勒苏益格地区出海航行前往中国的主要城市。葛灵霓可能是从那里乘船出海来到中国的,1863年8月,他入职大清海关。② 1872年,他与澳门的梁梅(Léang

---

① RA Folketællinger 1855 Aabenraa Fiskergade 38; Halk Sogn Kontraministerialbog 1874 #221: Parish register with death notice for Clara Marie Kliene 1878-09-01.
② Danish Staff of the Chinese Maritime Customs, 1854-1949; Jespersen 2014 是研究当时奥本罗(Aabenraa)帆船航行的常用参考资料,驶往中国的帆船的资料可见第153—214页。

A. Mei,1848—1920)结婚。① 从葛灵霓于1903年夏天就艾米·克利恩(Amy Kliene,即梁梅)国籍问题写给天津领事馆的信件来看,她出生时是中国公民身份,本姓梁,嫁给葛灵霓后成为丹麦公民。②

根据家族史的记录,1866年葛灵霓在隶属于两江总督的长江炮艇"孤星号"(Lone Star)上担任船长。他当时的妻子,名叫阿米莉亚·里贝罗(Amelia Ribeiro),陪他一起到了船上。1867年,他们的儿子葛麟瑞(Charles Kliene,1867—1952)出生在大同;1869年,第二个儿子罗伯特(Robert)出生在九江。③ 两个儿子都在16岁时进入大清海关工作。罗伯特在工作大约8个月后辞职,葛麟瑞的海关职业生涯则较长,直到1927年他60岁时才辞职或被解雇。④

1869年,葛灵霓职务获得提升,调到陆上海关工作,先是在九江,不久之后又调到上海,1873年在浙江宁波任总巡(tide surveyor)。⑤ 同年,葛灵霓的第三个儿子埃德温·沃尔特(Edwin Walter)出生。埃德温成年后,在海关邮局工作了大约8个月,1900

---

① RA UM 2-2035-27 Vielsesprotokol 1861-1892:1872-04-17.
② RA UM 2-2189-9 #50:Amy Kliene:Correspondence 1903 between the lawyer Dr. P. S. Denhard and the consulate.
③ Kliene 2000一书讲述了其家族的历史。关于葛灵霓和葛麟瑞的信息,只能从其家族历史中,或从依据其家族历史编写的 Horsnæs 2000一书中获得,还有部分是在丹麦国家博物馆与罗纳尔德·克利恩(Ronald Kliene)联系时获得的。在丹麦国家博物馆的皇家钱币和奖章收藏(the Royal Collection of Coins and Medals)中有 Kliene 2000一书,博物馆的米夏埃尔·马赫尔(Michael Märcher)为本书作者提供了该书的复印件。书中并未提到船舶"孤星号"。
④ Danish Staff of the Chinese Maritime Customs, 1854-1949;2008年8月7日毕可思(Robert Bickers)提到葛麟瑞因账目违规行为被解雇或要求辞职。毕可思在中国第二历史档案馆获得了有关该案件的档案复印件。
⑤ *Customs Gazette* 1869-07/09:97;1872-01/03:100;1874-04/06:108 ff.

年辞职,1901 年在厦门去世。① 1876—1880 年,葛灵霓在天津任总巡,也有可能是任理船厅(Harbour Master)②,其后他又回到宁波任同样职务。③ 他与他的母亲一直保持着联系,当他的母亲 1878 年 9 月去世时,教区记事簿的死亡通知上提到葛灵霓是她唯一在世的孩子,并注明葛灵霓是一名天津海关官员,育有四子。葛灵霓的第四个儿子哈拉尔德(Harald)于 1878 年 2 月出生在天津,他长大后成了一名商人,但 1907 年他也去了海关邮局工作。④

天津海关成员(1877 年或 1878 年)

在详细谈葛麟瑞之前,我们先要看看这一时期在天津海关工

---

① *Customs Gazette* 1899-10/12:217 and 1900-07/09:225;PTT 1901-08-17 p. 59.
② 清代港口港务长称理船厅。——译者注
③ 孙修福 2004:470—471;*Customs Gazette* 1880-10/12:163.
④ RA Kirkebøger Halk Sogn 1874-1925 #221;UM 2-2189-9 #52:H. Kliene:Letter 1904-01-29 from Harald Kliene, merchant in Qingdao moving to Jinan;*Customs Gazette* 1907-01/03:267.

43

作的其他丹麦人。1860年至1950年期间，大约有260名丹麦人曾先后在中国海关工作，其中在1910年之前进入海关工作的大约有150人。在1912年之前，有15到20人在天津海关工作过一段时间，包括在海事局和海关邮局工作。[1] 继葛灵霓之后的第二位丹麦人是詹姆斯·弗雷德里克·欧森（James Frederick Oiesen,1857—1928）。他的父母从波恩霍尔姆[2]移民到美国，当时欧森只有13岁。1877年，他进入大清海关工作，成为第一个在海关内勤工作的丹麦人，据说是得到他母亲的兄弟莫勒（L.P.Møller）的帮助。莫勒从1863年开始就在大清海关工作，直到1878年辞职。欧森在烟台海关工作了一年后，被调到天津海关，从1878年一直工作到1881年。1889年到1900年间，他在朝鲜海关工作；1911年到1914年，他在天津（和秦皇岛）海关担任税务司，是第一位担任该职位的丹麦人。从海关辞职后，他继续留在中国，担任第二任丹麦驻华公使（1920—1923）。[3] 1909年，他获颁丹麦国旗勋章时，供职于电报总局的弗雷德里克·德雷辛（Frederik Dresing,1867—1912）写道，欧森在中国海关工作期间，尽管没有为丹麦人做过多少事，但也会遇到不少难题，因为常常要为不值得的事情争斗一番。如他所写的，"换句话说，你在中国比在世界其他任何地方都更容易成为自我中

---

[1] Sources consulted: Danish Staff of the Chinese Maritime Customs, 1854-1949, gives the "Port of withdrawal"; 孙修福2004:470—494(Tianjin: 1861-1948)列出了高级职员的信息，而 Customs Gazette 列出了所有调动人员的名单。

[2] 他将从中国和日本带来的工艺品捐献给了波恩霍尔姆博物馆（Bornholm Museum），该博物馆展出了这些工艺品，cf. Vensild 1976。

[3] 孙修福2004:476—477; Dansk biografisk leksikon 1939: 364-366 & 1982: 651-652; Customs Gazette 1878-IV: 156 and 1882-01/01: 152; Danish Staff of the Chinese Maritime Customs, 1854-1949。

心者!"欧森的通信都使用丹麦文,所以他在离开丹麦后肯定一直坚持使用自己的母语。①

在中国海关任职的其他丹麦人,大都只在天津海关或海关船上工作三年左右的时间,这段经历似乎对他们在天津的生活没有产生显著的影响。也许只有毕德生(Peter Petersen)除外,②1892年他在天津为德国人创办的博斯洋行(F. Boos)工作,1894年他在天津海关担任海关监察员。1899年,他被调到海关邮局工作并一直留在天津,但时常会临时调换工作,直到1905年被转调到北京。我没有找到关于他在天津时所属国籍的直接证据,但是在中国西北邮局工作过一段时间之后,毕德生因为他的丹麦公民身份得到一个好机会,于1920年担任安徽省邮政局局长,直至1925年去世。③

---

① RA UM 2-0426-4 #13 Ridderkors for Herr Øjesen: Correspondance about the Dannebrog Order; Letter 1909-03-04 from Dresing; Store Nord 10619-984 #254 Frederik Michael Nicolai Dresing.

② 除了文中提到的丹麦人,*Customs Gazette* 中还提到了以下丹麦人,以及他们在海关服务的时间:Hakon Julius Hannibal Kirchhoff(1881); C. P. C. Lynborg(1883—1886); H. A. Frandsen(1883—1885); Rasmus Peder Hansen(1892—1897); I. Trojel(1897—); E. Nielsen(1899—1901,1909—); G. G. Thøgersen(1900—); Hans Emil Karl Borck(1901—); Olaf Hanbury Andersen(1904—); H. C. C. Halberg(—1906); Bernt Alfred Andersen(1906—); E. J. J. Elmquist(1907—1908); Anders Hjalmar Hansen(1907—); Axel Hopstock Haslund(1909—); J. T. Jespersen(1911—)。

③ Directory 1892: 85; 1917: 246; 1922: 873; *Customs Gazette* 1894-07/09: 169; 1899-01/03 p. 202; 1899-07/09; 1901-04/06 p. 243; 1902-04/06 p. 230; 1902-10/12 p. 227; 1903-07/09 p. 253; 1903-10/12 p. 253; 1905-01/03 p. 231; Anhuisheng 1993: 1.2.1 here called Pidesheng(毕德生); Kamp 1950: 302, here called N.P. Petersen(毕德生)。

津海关道台梁孟亭与同僚

葛麟瑞七岁时开始在上海新建立的圣芳济书院(St. Francis Xavier College)①读书,住在朋友的家中。三年后,他回到宁波父母家中,并在那里继续接受教育。他精通好几种语言,包括汉语,但从未学过丹麦语,好像也从未到过丹麦。② 1884年3月,他被委派到伦敦担任大清海关总税务司署驻伦敦办事处书记员,同时还是伦敦国际健康博览会中国委员会成员,可能还担任译员。1885年2月,他被指派为广州海关书记员,同年4月,又成为天津海关书记

---

① 是1874年建于上海的一所教会中学,由天主教耶稣会主办,校址在公馆马路孟斗班路(Rue Montauban)路口(今金陵东路四川南路)。1875年由法国圣母小昆仲会接办,建校十周年时迁至虹口区南浔路。1950年,天主教修士被一律驱逐出境,改而在香港成立圣芳济书院。

② Kliene 1935; Kliene 2000; Horsnæs 2000.

员。1897年10月,他从书记员晋升为"三等帮办中班"(assistant-3-B),1899年4月晋升为"三等帮办前班"(assistant-3-A),1900年12月又晋升为"二等帮办后班"(assistant-2-C)。① 当1902年3月离开天津时,他已经在天津生活了17年。作为一个海关官员,竟然在一个口岸的海关工作了如此长的时间,有报道说他"为海关委员会提供了颇具价值的公共服务工作"②。

1892年,葛麟瑞与来自苏格兰的简·戈登·加德纳(Jane Gordon Gardner,1870—1948)结婚,他们有五个孩子,都出生在天津。义和团运动爆发时,他们正在天津,只是把孩子送到在上海的祖父母那里。他们最小的儿子是1900年初出生的。③

葛麟瑞在天津积极参加社区公共活动,包括在一些音乐会及1890年建立的吸烟者协会上演奏小提琴和中提琴。④ 1892年12月,他在文学与辩论协会发表了以"法国大革命中的罗兰夫人"为题的演讲。我们在报纸上读到如下信息:

> 这是他第一次以这样公开的方式露面,当然他的演讲颇受赞誉。最后,他对那些只是想要拓展她们的影响范围而不是关注家庭责任的女士表达了强烈的不满。我们认为这是极

---

① *Customs Gazette* 1884-04/06:72;1885-01/03:165 & 188;1897-10/12:191;1899-04/06:200/217;1901-01/03:227;1902-01/03:212.

② PTT:1902-03-15, p. 189.

③ Kliene 2000;RA UM 2-2189-9 #50;Chas Kliene;Letter 1915-06-19 from Mrs. Chas Kliene to the consul,该信函中附有葛灵霓的出生证明,并提到其他三个孩子及他们的出生日期,显然他们的出生证明和领事馆档案都遗失了。1897年葛麟瑞的第五个孩子艾米(Amy)夭折,年仅两岁。

④ CT 1890-02-08 p. 86, and a number of later references in PTT.

大的错误,破坏了人们对本报纸的良好印象。①

他还积极参加国际象棋俱乐部和天津业余戏剧俱乐部委员会的活动,同时也是天津英租界工部局图书馆的司库。②

葛麟瑞对步枪射击很感兴趣,而且显然是一个不错的射手,他是步枪俱乐部的名誉秘书和司库。1892年该俱乐部停止活动,但他一直保存着俱乐部的文件,直到1897年10月俱乐部恢复活动。当时,英租界工部局对步枪俱乐部重新恢复正常活动表现出浓厚的兴趣,葛麟瑞则继续担任名誉秘书和司库。1898年1月底,步枪俱乐部委员会召开了一次公开会议,商讨成立一支"义勇团"。提议获得了通过,大约有30名体格健壮的男子报名参加,其中可能包括葛麟瑞,此后他积极参加"义勇团"的会议。③ 他在天津有一处房产,地址是英租界维多利亚道④ 78号;他在北戴河的庙山(Temple Hill)还有一处房产。1899年11月,他在天津马场道买了一块5.04亩(0.33公顷)的土地,并于1914年5月卖给了法国天主教遣使会(French Lazarists)。⑤

1902年12月,他在上海海关担任"二等帮办后班",1903年

---

① NCH 1893-01-13 p. 44.

② PTT 1895-09-07; 1897-01-23 p. 186; 1897-04-16; 1897-11-20 p. 154; 1897-11-13 p. 150; 1901-01-12, p. 143.

③ CT 1890-01-25, p. 51; PTT 1897-10-16, p. 134; 1898-01-29, p. 194; 1898-03-05, p. 41; 1898-11-19, p. 152.

④ 今称解放北路。——译者注

⑤ RA UM 2-2189-9 #52: H. Kliene:中文地契副本,日期为光绪二十四年四月二十八日(1898年6月16日),以及1914年5月14日信函。

12月到1908年,在海南琼州海关担任"头等帮办前班"(assistant-1-A)。1908年起,他定居上海,有一处档案说他一直担任"头等帮办前班",直到1919年。① 1927年,他以译员的身份退休,此后一直住在上海。退休后,他曾担任上海租界工部局学校的考官,后来又成为上海公共租界中国研究中心理事。

葛麟瑞的孩子们被送到苏格兰上学,他则于1898年左右成为一名共济会会员,据说他是在苏格兰接受共济会训练的。② 他是一个中国文物收藏家,并编写出版过一本有关中国历法和一本有关中国象棋的书,似乎还得到了专家的认可。③ 第一次世界大战期间,他家有两个儿子在法国的英国军队中服役,一位是加文(Gavin)或称盖伊(Guy),生于1897年,在战争早期入伍,当时可能还在苏格兰上学,在战壕里度过了三个冬天,最后成为一名一等兵。1918年3月,他被报失踪,但最终在一年后回到上海。④ 另一位是长子艾伯特·德特勒夫(Albert Detlef),他出生于1893年,曾在中国劳工旅(Chinese Labour Corps)担任少尉。⑤ 他在法国北部战区圣瓦萨特的纳维尔(Neuville, St. Vaast)与费尔南德·勒夫隆(Fernande Leflon)结婚。1920年,他们的长子阿尔贝特(Albert)在

---

① 孙修福 2004:357, 251, 366—382。
② Sims 1931:71; Lobingier 1918:134(原文中没有页码,此处是文件的页数)。
③ KLIENE Charles, comp. 1905 *An Anglo-Chinese calendar for 250 years. 1751-2000*. London: Probsthain & Co. and KLIENE Charles 1916 *Seven Stars: A Chinese Chess Ending with Three Hundred Variations*, Shanghai: Commercial Press.
④ NCH 1918-06-01 p. 19; 1919-03-29 p. 817.
⑤ The National Archives of the United Kingdom, War Office: Service Medal and Award Rolls Index, First World War: WO 372/11/193432: Medal card of Kliene, Albert Detlef, Chinese Labour Corps(digitized).

那里出生。艾伯特·德特勒夫在1920年初率领一支中国劳工旅小分队回到上海,但随后又返回欧洲。两年后,艾伯特·德特勒夫全家搬到了上海,并且又有了两个儿子,丹尼斯(Denis)和罗纳尔德(Ronald)。长子阿尔贝特于1945年在丹麦总领事馆登记结婚。①

1947年,丹麦国家博物馆收到了葛麟瑞收藏的中国硬币,但目录原件的副本已经遗失。2000年,丹麦国家博物馆从住在英国的罗纳尔德·克利恩(Ronald Kliene,1927—2009,葛麟瑞的孙子)那里得到了有关他祖父的信息,还有他一直保存着的硬币目录的复印件。②

1903年的天津海关税务司署

葛麟瑞住在上海的一幢别墅里,并以他父亲的出生地将别墅

---

① RA UM 2-2035-27 Vielsesprotokol 1938-1953: 1945-10-25; RA UM 2-2035-82 25.T. 53. Chas. Klienes Testamente: 1948-12-10; Kliene family; NCH 1920-01-20.
② Horsnæs 2000.

命名为"森德霍"。1952年,葛麟瑞在别墅中去世,享年84岁,当时他仅和一位中国仆人住在别墅。他的妻子早在四年前就去世了。葛麟瑞去世时,他的四个孩子仍在丹麦驻上海领事馆被登记为丹麦公民,但他们都不住在中国。①

军界

巴尔塔扎尔·明特尔(Balthasar Münter,1837—1932)于1873年从丹麦海军退役,成为瑞典马尔默(Malmö)考库姆斯造船厂(Kockums Shipyard)的总经理。从1886年到1898年,他任阿姆斯特朗公司(W. G. Armstrong & Co)东亚地区代表,②驻在日本。从1887年的秋天到19世纪90年代初,他经常驻在天津,向中国出售军舰,同时也在天津水师学堂做过几年考官。他还曾与他在大清海关供职的儿子一起学习中文。③

1896年至1908年,清朝海军曾在天津聘用了两名丹麦皇家海军军官。一位是林德碑(Carl Emil Lindberg,1868—1901)④,他出生

---

① RA UM 2-2035-111 Dødsbo Charles Kliene: Note verbal 1952-03-14. 更多关于葛灵霓家族的人物传记,参见 *Guide to the Kliene Family Collection*, 1878-2012, Special Collections & Archives, Oviatt Library, California State University, see OAC Online Archive of California(digitized)。
② *Kraks Blaa Bog* 1930: 703.
③ Münter 1915: 2: 2ff, 54ff, 89ff, 109ff, 130ff, 140 and 165f. 特奥多尔·明特尔(Theodor Münter)于1888年4月被大清海关聘用,参见 Danish Staff of the Chinese Maritime Customs, 1854-1949。
④ 关于林德碑父母的生平,参见 RA C. F. Schiöpffes Samling #2035: Carl Emil Lindberg. Interview with his father in Middelfart 1924。

51

在米泽尔法特(Middelfart),父亲是一名染匠,也是企业主,创办了自己的毛纺厂。林德碑的父母都来自石勒苏益格北部,父亲于1864年普丹战争期间在丹麦海军服役。林德碑于1885年成为一名军校学员,1889年在海军任职少尉,1894年升任中尉。1891—1894年,他就读于英国格林威治皇家海军学院,据说是那里的第二位丹麦海军军官。他在物理、化学、发动机设计计算、实用工程和发动机设计等科目上都取得了令人满意的成绩。回到哥本哈根后,他在海军造船厂工作,并在那里学习了船舶制造与设计的专业课程。① 他在海军工程的许多方面都有较高的资质,所以1895年底,他通过海军部、外交部和俄罗斯驻北京使馆,提出加入大清海军。俄罗斯公使答复他说,大清海军在与日本海军作战后,状况实在太糟糕,无法让他加入。但迫于压力,清政府同意聘用他到天津水师学堂担任教习。他于1896年5月31日离开丹麦,6月10日,最后确认他将担任水师学堂薪水最高的教授。② 林德碑于1896年7月20日左右抵达天津,受聘担任水师学堂的教授,签署了聘任协议并签订了为期三年的合同,每月薪水250两银,外加50两银生活费,聘期从1896年7月1日开始。林德碑后来发现,他并没有像他们所承诺的那样,获得最高的薪水,他在水师学堂的一些同事实际得到的薪水要比他高得多。林德碑的工作是"指导中国学员按照

---

① RA UM 2-2035-78 Lindberg: Certificate 1892-06-30 from the Royal Naval College; Letter 1896-05-29 from the technical director of the Danish Naval Dockyard.
② RA UM 0002 Sager til journal B #323 A-9369<B-5638(Lindberg): Letter 1895-11-06 from Marineministeriet; Letter 1895-11-13 to Russian Minister in Beijing, Mr. Cassini; Letter 1896-06-06 from Cassini; Telegram 1896-06-10 to Cassini; Letter 1896-06-16 to Marineministeriet.

他的讲授,学习化学、物理、海军战术、射击、爆破、语言等方面的知识。简而言之,就是他能够,也可能是按照学堂督办的要求,为中国年轻军官讲授任何有益于他们的课程"①。1899年,有记载说,水师学堂有四名外国人,包括两名教授和两名教习,林德碑只是其中的一名教习。②

曾在1893—1897年担任俄国驻哥本哈根公使的俄罗斯外交大臣穆拉维约夫伯爵(Count Mouravieff)在1897年春天的一篇笔记中提到由于受到对林德碑中尉感兴趣的希腊乔治王子的鼓动,俄罗斯政府曾干预林德碑的事情。林德碑在中国表现出色,不仅引起了他直接上司的注意,也引起了清政府的关注。与此同时,他经常利用各种机会向俄罗斯驻华使馆"表达他一直致力于捍卫俄罗斯在中国的利益"。③

林德碑向俄罗斯/丹麦驻北京公使馆寄送过许多信件,其中至少包括两份给总理衙门备忘录的副本。总理衙门是清朝处理外交和其他相关事务的中央政府机构。林德碑对北洋水师学堂的状况没有太好的印象。学堂的教官没有多少海上的经历,学堂所在的

---

① RA UM 2-2035-78 Lindberg: Agreement between the Director of the Chinese Imperial Naval College and Lieut. C.E. Lindberg(no date, a copy is found in RA UM 2-0426-2 1897-1904: Lindberg filed on 1896-08-25); 2-0426-2: Letter 1898-11-09 from Lindberg to Legation; PTT 1896-07-25 p. 84.

② Directory 1899: 121.

③ "en manifestant des soins constants pour la défense des intérêts russes en Chine." RA UM 0002 Sager til journal B #323 A-9369<B-5638(Lindberg). Russian note of 1897-03-27 in letter 1897-03-31 from Russian Legation in Denmark. 俄外交大臣的全名是米哈伊尔·尼古拉耶维奇·穆拉维约夫(Mikhail Nikolayevich Muravyov/Muraviev)。

地点也不利于船舶驾驶技术等实际训练课程的教学。为了弥补这个缺陷,他曾建议在旅顺建造适用设施,增补一个为期两年的后续课程。林德碑曾去过旅顺,发现那里的炮兵学堂的训练非常好,而且清朝海军中有非常能干的军官。他进一步建议由清朝海军接管旅顺的海岸炮台及在沿海和偏远岛屿上建造的防御工事。这些工事可以由舰船上不当值的人员控制,以配合海军舰船训练和炮击训练。他还建议,派一些军官去外国海军中接受训练,最好是在中国水域,这会使俄罗斯太平洋海军更具影响力。最后,他建议在天津水师学堂开设物理和化学系,并配备必要的设备。总督对这一建议做出了积极的响应,1897年初,有报纸报道说,林德碑中尉将要在天津水师学堂开设这两个系。然而,到1898年底,他向公使馆报告说,由于经费问题,这些倡议无法实现。[1]

很快,林德碑又对海军活动产生了兴趣,因为这能使他的本领得到更好的发挥。他认为自己在水师学堂的工作是暂时的,要等待在清朝海军中获得更好的职位。1897年夏天,他建议总理衙门组成一个代表团,去欧洲接收军舰。当时,军舰正在德国和英国建造并即将在1898年交付,他建议由他担任技术顾问,因为没有中国人具备可与他相提并论的技能。如同他向丹麦使馆所建议的,这样做的一个有利之处在于,他可以雇用丹麦人来取代一些德国和英国人员,而这些丹麦人员会跟随这些舰船来到中国,并继续在清朝海军中任职。林德碑这样做会削弱英国对清朝海军的影响,进而对俄国人有利,他可能就是想用这一理由诱使俄国公使利用其

---

[1] RA UM 2-0426-2: Letter (pp. 18) 1896-12-23 to Zongli Yamen from Lindberg; Letter 1898-12-12 from Lindberg to legation; PTT 1897-01-30 p.187.

影响力使他能够离开水师学堂。①

在给使馆的信中,林德碑确实提供了通过其他渠道可能难以获得的有关清朝海军的信息,他的计划和建议都将被送到俄罗斯使馆,并在得到批准后再送交中国当局。毫无疑问,他的信件包含对俄罗斯人有用的信息,但从现有的资料还很难看出他是否背叛了他的中国雇主。然而,有一个很明显的例子:他默许了俄罗斯使馆的建议,不把在旅顺建造防御工事的计划呈送给中国当局,而俄国使馆却将该计划的副本送给了在旅顺指挥舰队的俄国海军将领。这件事发生的时间大约是俄国人1897年12月占领旅顺之前的一个月。②

林德碑企图在1897年离开水师学堂的计划并没有成功。然而,俄罗斯使馆临时代办巴布罗福(Alexandre Pavlow)③说服总理衙门让直隶总督为他找一个更合适的职位,但林德碑知道,这件事的决定权"实际掌握在这里的海军大臣手中,他一直反对我和其他欧洲人在中国海军中任职"。结果是,他们能提供的职位是在一艘清朝军舰上担任教官,享受教官的薪水但只有士官的军衔,因此即便得到的薪水再多,也没有军官会接受这样的职位。由于林德碑的合同将于1899年7月1日到期,他于1898年12月写信给刚到任的俄国公使格尔思(M. N. de Giers)④说明他的情况,并请求格尔

---

① RA UM 2-0426-2:Letters 1897-06-14 & 1897-08-19 from Lindberg to Legation; Letter 1897-08-28 from Lindberg to Zongli Yamen.
② RA UM 2-0426-2: Letter 1898-12-12 from Lindberg to Legation; 2-2035-83: Letter 1899-01-28 from Lindberg to Consulate; Paine 2010: 19-20.
③ 全名也写作 Aleksandr Ivanovich Pavlov, Lensen 1968: 40, 114。
④ 全名也写作 Mikhail Nikolaevich Girs, Lensen 1968: 28, 114。

思帮助他获得一个负责技术的海军秘书职位,类似于邓达斯(E. G. Dundas RN)上尉,他在林德碑之后三个月到达天津,获任海军秘书,薪水比林德碑高得多。林德碑从中国当局那里得知,他们对他的建议感到满意,但是接下去就没有音信了。林德碑还提醒俄国公使,前任公使在1896年曾向他保证,他可以从丹麦海军辞职,公使会利用自己的影响力确保他在水师学堂先工作一段时间,再在中国海军为他谋得一个好的职位。①

与此同时,林德碑以类似的理由联系了丹麦驻上海领事,要求领事出面联系北京公使馆,说服总督在水师学堂的职位之外,再授予他一个"技术顾问"的职位。② 领事确实联系了公使馆,请求他们帮助林德碑。1899年4月,他获得了海军秘书的职位,这个职位因邓达斯上尉的去世而出现了空缺。然而,他还是对给他的薪水比邓达斯上尉低而感到不满。北京公使劝他接受这一职位,考虑到与之前相比,中国政府正处于财政困难的状态,他获得的职位,包括薪水,总体上来说还是令人满意的。③ 从1899年7月1日起,林德碑被聘任为隶属于直隶总督辖下的天津北洋海军衙门的武官。聘任协议为期三年,月薪400两银,工作一年后可能会加薪50两银。④

---

① RA UM 2-0426-2: Letter 1898-12-12 from Lindberg to Legation; Directory 1899: 120.

② RA UM 2-2035-78: Letter 1899-01-28 from Lindberg to Consul; Directory 1899: 121.

③ RA UM 2-0426-2: Letter 1899-04-18 from Lindberg to Legation; Draft letter 1899-04-21 to Lindberg.

④ RA UM 2-2035-78 Lindberg: Agreement 1899-07-01 between the Naval Secretaries and Lieutenant C. E. Lindberg(Chinese and English).

尽管与海军当局签订的合同非常明确地规定,林德碑必须把他的所有时间都用在工作上,但他还是能抽出时间从事其他活动。1898年底,他将一位中国煤矿主或投资者崇有斑(Tsun You Pan)介绍给威尔士矿业投资者普里查德·摩根(W. Pritchard Morgan),他当时对中国的采矿业很感兴趣。他们所投资的是位于山东省的一处煤矿,当公司成立时,崇有斑持有股份价值150 000两银,他愿意支付股份的10%,即15 000两给林德碑,让他参与这个项目。①

这是一个大量外国资本进入中国煤矿业的时期。1899年1月,林德碑向上海领事简略介绍了他之所以要非常熟悉华北煤矿,就是为了在面对来自丹麦国内的有关咨询时能很快做出详尽的答复。② 他曾与弗雷德里克·贝内迪克特·佩特森(Frederik Benedict Petersen,1864—1902)有过一些合作,后者在1884年曾是在中国开平矿务局(Chinese Engineering and Mining Company)下属的开平煤矿学习采矿的学生。1890年,佩特森与安娜·荣格伦(Anna Junggren)结婚;1891年5月28日,他们的女儿英格博格(Ingeborg)在天津出生,同时他们在天津领事馆登记。③ 从1892年开始,最晚到1894年,佩特森担任采矿工程师,负责开平煤矿的采矿工作,但后来又转到了铁路系统,1899年在营口为中东铁路局(Eastern Chinese Railway)工作。④ 因此,林德碑在技术方面没有问题,他只是需要资金来支付购买设备和旅行的费用,以便调查有关

---

① RA UM 2-2035-78 Lindberg: Statement 1898-11-12 by Tsun You Pan.
② RA UM 2-2035-83: Letter 1899-01-28 from Lindberg.
③ Directory 1884: 62; CT 1886-12-04 p. 63; RA UM 2-2035-82: Letter 1897-02-17 fr om Consul in Tianjin.
④ Baur 2005: 472 & 742; Directory 1894: 88; 1899: 127.

采前景的矿山并做好准备计划,因为林德碑认为他与中国人已经建立非常密切的关系,完全可以获得总理衙门的批准。林德碑请领事为他在丹麦还有瑞典和挪威介绍可能有兴趣投资2万到3万丹麦克朗(大约7000—10 000两银)的人。[1] 关于林德碑在煤矿开采方面的活动经历,目前没有发现更多的资料。

林德碑还抽空在武器技术方面做过一些发明创造,1900年夏天爆发义和团运动时,林德碑在中国海军的工作实际上已经终止。他在遗嘱中提到过一个可以自动控制的水雷设计方案,还更详细地说明了一种他发明的步枪口径的机枪。[2] 1900年10月,林德碑把他的设计方案连同详细图纸和蓝图寄给了英国军火制造商阿姆斯特朗·惠特沃斯(Armstrong Whitworth)。对方于1900年12月14日给他的答复是令人沮丧的,设计方案的某些部分侵犯了他人的专利,因此不能在英国生产,而且机械部分必须做出一些改进,使用起来才能令人满意。[3] 林德碑在哥本哈根聘请了专利代理人,在丹麦、英国、德国、法国和美国注册了该项专利。他努力加快申请进程,专利申请于1901年1月15日提交给丹麦专利局,但没有证据表明他的专利申请在丹麦获得了批准。[4]

1897年5月12日,林德碑在上海与安娜·路易斯·卡米拉·

---

[1] RA UM 2-2035-78: Letter 1899-01-28 from Lindberg to Consul.
[2] RA UM 2-2035-84: Copy of Carl Lindberg's last will 1901-01-27.
[3] RA UM 2-2035-78 Lindberg: Letter 1900-12-14 to Lindberg from Elswick Works (Armstrong, Whitworth & Co.).
[4] RA GN Store Nord 10619-663: Telegram 1901-01-05 #9 from Lindberg to David Nathansen, Copenhagen; RA UM 2-2035-78 Lindberg: Letters 1901-01-09 & 1901-01-16 to Lindberg from Hoffman-Bang & Boutard, Copenhagen; *Dansk Patenttidende* with patents nos. 4001-5200.

阿尔曼(Anna Louise Kamilla Ahlmann,1875—1901)结婚。① 路易斯·阿尔曼的父亲来自石勒苏益格北部,先后担任过牧师、城镇书记员和船长。她的祖父是森诺堡(Sønderborg/Sonderburg)的一名教师,祖父还有一个哥哥,1849年移民美国并成为美国公民,19世纪60年代初又移居香港,并于1903年在香港去世。② 路易斯·阿尔曼的母亲来自瑞典的马尔默(Malmö)。路易斯·阿尔曼出生在哥本哈根的一个人口稠密的地区,来自外省的工人都在那里定居,但路易斯·阿尔曼一家显然不甘心于此。据记载,她的父亲当过警察和管家,她的哥哥曾在文法学校(grammar school)读书,1899年毕业后申请到中国海关工作但没有被录用,后成为哥本哈根电力公司的一名职员。他还是一位诗人和作家,在当时似乎有些知名度,但如今已经无人知晓。③

林德碑夫人在1900年义和团运动蔓延到天津之前回到丹麦度假,并与谢尔恩结伴旅行。他们于1900年11月底回到天津,同行的还有范妮·拉森(Fanny Larsen),她从1900年9月1日开始被林德碑夫人雇用为随行女伴(lady's companion)。④

1901年1月24日,被描述为拥有迷人外表的林德碑夫人与范

---

① RA UM 2-2035-25 pp. 96-97; NCH 1897-05-21 p. 933. Topsøe-Jensen 1935:100 此处资料误记为婚礼是1900年在北京举行的。

② Hall 1992:152-154; *China Directory* 1874:A23:Ahlmann J.A. Chief officer, Fort William (Peninsular and Oriental Steam Navigation Company). 森诺堡历史档案馆(Lokalhistorisk Arkiv, Sønderborg)的凯·维戈·约尔根森(Kai Viggo Jørgensen)慷慨地提供了阿尔曼家族(Ahlman Family)的资料。

③ Ahlmann 1914:343.

④ *Nationaltidende* 1900-06-21 p. 1; NCH 1900-11-21 p. 1118; RA UM 2-2189-10 # 57: Lieut. Lindberg: Letter 1901-02-16 from Fanny Larsen.

妮·拉森及英国(印度)远征军孟买骑兵团的德宁(Dening)中尉一起入住了北京的北方饭店(Hotel-du-Nord),租了三个房间。接下来的几天,德宁中尉领着林德碑夫人游览了北京的风景名胜。丈夫林德碑可能是从朋友那里得到了消息,1月28日他从天津到了北京,并在此前一天写好了遗嘱并指定他的朋友——挪威人诺尔加德(B. W. Nørregaard)作为他的遗嘱执行人。① 林德碑夫妇和德宁中尉及来自天津的朋友一起吃了饭,然后他们去了各自的房间,中尉进了林德碑夫妇的房间。他们争吵了一通,林德碑开枪射向了他的妻子和德宁中尉,然后开枪自杀。林德碑夫妇"倒在了地板上,虽然还活着,但已经濒临死亡,无法挽救,没过多久就停止了呼吸"②。他们的遗体被运回天津,于1901年1月31日埋葬在英国公墓。③ 德宁中尉受了重伤,后得以康复。他极力向英国军事当局表示,这件事不会有损于他的职业前程。④

根据新闻报道,林德碑的朋友"将犯罪的动机归于突发的妒忌导致一时的愤怒",而事件发生时也在餐厅的少将诺曼·斯图尔特(Norman Stewart)解释说:"我听说林德碑上尉在经济问题上遇到

---

① RA UM 2-2035-84: Copy of Carl Lindberg's last will 1901-01-27.
② Stewart 1908: 323.
③ RA UM 2-2189-10 #57: Lieut. Lindberg: Letter 1901-02-06 to Danish Consulate in Shanghai.
④ 刘易斯·伊尔斯·德宁中尉(Lieutenant Lewis Eales Dening, 1876—1958)服役于印度参谋团(Indian Staff Corps),并于1924年12月1日以中校军衔从印度陆军退役。*Hart's annual army list* 1901: 503; *London Gazette* 1899-10-17 p. 6266, 1924-12-05 p. 8867; The Peerage, 英国贵族和欧洲王室的谱系调查,参见个人网页58993 http://www.thepeerage.com/p58993.htm#i589930。

了很多麻烦,由于去年5月爆发的义和团运动,他被停职了。"①

林德碑死后不久,有人代表两名当地商人找到了驻北京公使馆。这两名商人分别姓陶(Tao)和秦(Tsin)(资料没有提供明确的身份信息),他们本来准备从林德碑那里购买盐并在北京及其周边地区销售。1900年12月18日,林德碑签署了一份声明,称他可以处理"由外国军事当局没收"的25万到30万包盐,并保证不会受到中国或外国政府的干预。他授权两位商人出售所有的盐,并设立必要的商号。售价是每包3.80两银,每包575—600斤(约合287—300公斤),具体包括每包进货价1.50两银,缴税1.15两银,林德碑的佣金0.50两银,以及陶和秦的佣金0.30两银,还有其他费用0.35两银。

虽然没有正式签订的合同,但他们确实提交了一份由林德碑签署的出售1万包盐的合同草案,日期为1901年1月,根据价格计算,林德碑可以净得5000两银。他们声称已经花了2000多两银用于建立商号。现在他们询问使馆的意见,如何对他们已经支付的费用进行赔偿,使馆建议他们联系在天津的领事。使馆的答复备忘录提到林德碑曾与法国驻天津总领事杜士兰(Count du Chaylard)就如何销售法国军事当局扣押的盐的问题举行过几次磋商。1900年12月4日,法国方面已经将出售法国盐的特许权授予

---

① RA UM 0002 Sager til journal B #323 A-9369<B-5638(Lindberg):Letter 1901-02-21 from Russian Legation in China; NCH 1901-02-06 p. 239; 1901-02-13 p. 323; 1901-02-27 p. 398(quotation); 1901-03-06 p. 428; Stewart 1908:322-323 (quotation).

了孙仲英(Sun Chung Ying,1864—1949)①,林德碑不可能与他们商定预付每包1.15两的盐税,况且这些盐还在俄国的控制下。答复备忘录最后的结论是,这些盐还在俄罗斯军事当局的控制下,且没有迹象表明林德碑被授权出售俄国控制下的盐,特别是法国不会授权他出售仅有1万包的小批盐。②

1900年夏天,外国军队控制了储存在天津的大量的盐,却一时不知如何处理。③ 经过非正式的调查,1900年11月28日,天津都统衙门同意法国总领事的建议,即以当时的市价加上中国政府的盐税将盐售出,然后把征得的税款上缴都统衙门。以这种方式销售的盐估计有100万包,每包600斤,当时被法国人和俄国人控制。④ 从以上材料可以看出,林德碑只是自以为获得了对俄国控制下的盐的特许经销权,就像孙仲英已经获得法国盐的特许经销权一样。没有证据表明,天津的盐商联系了驻天津的各国领事。

林德碑的遗产先是由驻天津的丹麦副领事珀佩管理,但是1902年3月,外交部要求由丹麦法官最终予以解决。1902年5月,案件被转交到上海领事法官,此外还有未付账单大约2900两银和

---

① 孙仲英,江苏南京人,初在上海钱庄供职,光绪十六年(1890年)到天津经商,在洋行担任买办,因结识李鸿章而经营军火生意,获利甚丰。光绪二十九年(1903年)在河北新区购地二百余亩(约133333.33平方米),建宅院和私家花园,时称"孙家花园"。光绪卅二年(1906年)该花园被转卖给曹锟,改称"曹家花园"。——译者注
② RA UM 2-0426-2: Legation memos of 1901-02-06 & 1901-02-08 with English texts of four documents from Carl Lindberg: Declaration 1900-12-18; Draft sales contract from January 1901; Notices 1901-01-04 & 1901-01-17.
③ Singaravélou 2017, Chapter 7 on the salt of the city, pp. 239-259.
④ PVTPG 1900-11-26/74/2 p. 96/none; 1900-11-28/75/7 p. 99/none. 会议纪要的上一条是在第56页,其中并没有关于出售盐的内容。

1800丹麦克朗,以及林德碑向谢尔恩和诺尔加德的借款。与此同时,他们通过资产拍卖等获得了2600两银。随后,珀佩通过处置林德碑的遗产又收到了172.50两银。①

1901年1月初,林德碑向诺尔加德借款600元;②1897年和1898年,又向谢尔恩借款2680两银和500元。按照他们当时的协议,其中1000两应该在1898年底偿还,其余借款没有商定归还期限,一般认为,林德碑一旦有能力就会立即偿还。到1902年,谢尔恩总共收到3321.55两银,其中2500两是1902年5月支付的,因为他当时需要这笔钱,但同时有附加条件,如果遗产处置出现了亏空,他要退还这笔钱。③

1897年底,林德碑在上海公平人寿保险公司(Equitable Life Insurance Society in Shanghai)购买了一份总额7000两银(沪两)的人寿保险,受益人是路易斯·林德碑,这样的话,一旦林德碑本人离世,路易斯就可以获得这笔养老金。路易斯父母和继承人的律师立刻去查询保险文件,并设法弄清林德碑夫妇是谁先离世

---

① RA UM 2-2035-84: Letter 1901-05-23 from Foreign Ministry; Letter 1902-03-30 from Legation in Beijing; Letter 1902-05-15 to Consulate in Tianjin; Letter 1902-11-24 to Russian Consulate-General in Shanghai; 2-2189-10 #57: Lieut. Lindberg: Handwritten note, probable draft to telegram: Danish Consul Shanghai 1902-05-01; 0002 Sager til journal B #323 A-9369<B-5638 (Lindberg): Letter 1902-05-21 from Russian Legation in Beijing.
② RA UM 2-2035-84: Letter 1902-05-05 from B. W. Nørregaard.
③ RA UM 2-2035-84: Letter and telegram 1902-02-12 from H.C. Schiern; 2-2189-10: Receipt 1902-05-04 from H.C. Schiern; 2-2035-5: Letter 1902-10-30 to H.C. Schiern.

的。① 六人对该事件的证词,包括德宁中尉、范妮·拉森及谢尔恩和诺尔加德的证词,都被送到了林德碑父母的律师那里,但结果是没有找到任何证据。直到 1901 年 4 月初,诺尔加德提供了证词并得到了谢尔恩的支持,证明路易斯很可能比丈夫林德碑多存活了几分钟。② 保险公司认为这是一个不寻常的案件,将其提交给了纽约的总部。他们需要"丹麦法院正式裁定林德碑究竟是先于他的妻子离世还是比他的妻子多存活了一会儿"。1901 年 11 月 30 日,上海丹麦领事法院裁定,林德碑比他的妻子早几分钟去世。1902 年 1 月初,保险公司将保险金支付给了丹麦驻上海领事。③ 在中国和丹麦方面支付了所有赔偿款项之后,剩余的遗产和相当于遗产的其他财产共计 6200 两银,其中包括 4120 两赔偿所得,这些钱都于 1903 年初被转回丹麦,双方父母之间达成了私下和解。④

1901 年 4 月,范妮·拉森获得了一年的薪水和返回丹麦的旅行费。⑤ 她显然与弗朗西丝·璞尔生(Frances Poulsen)有了亲戚关

---

① RA UM 2-2035-84: Will 1901-01-27 by C.E. Lindberg; 2-2189-10 # 57 Lieut. Lindberg: Letter 1901-02-09 from Mandal Bertelsen, Solicitor.

② RA UM 0002 Sager til journal B #323 A-9369<B-5638(Lindberg): Letter 1901-04-19 from Foreign Ministry to G. Höst; 2-2035-84: Statement 1901-04-09 from Nørregaard and Schiern; Letter 1902-01-06 from Equitable Life Assurance Society.

③ RA UM 2-2035-84: Letters 1901-04-29 & 1901-11-27(quotation) & 1902-01-06 fr om Equitable Life Assurance Society; 2-2035-5: Court Ruling 1901-11-30 and Letter 1902-01-06 to the Equitable Life Assurance Society.

④ RA Justitsministeriet 1. Exp. Ktr. 0005 Journalsager 1848-1967 #3024: B2407 & # 3282 D1452: Letters 1903-02-06 and 1903-04-11 from Foreign Ministry, and letter 1903-03-12 to Probate Court.

⑤ RA UM 2-2189-10 #57: Lieut. Lindberg: 1901-04: Receipt from Fanny Larsen, witnessed by C. Poulsen.

系,几年后,弗朗西丝·璞尔生嫁给了罗伯特·莱考夫。范妮·拉森回到哥本哈根与父母住在一起,她的父亲是那里的一名店主。1906年,她搬了家,不久注册成为一名按摩师,尽管她并没有读过很专业的课程。当时哥本哈根附近有几家从事短期讲座的学校,她可能报名参加了其中一所学校的课程。① 她后来嫁给了彼得森(I.C. Petersen),彼得森从1915年到1944年一直担任现在被称为"埃格蒙特媒体集团"(Egmont Media Group)的总经理。他们没有孩子,仅存的记载让人得出一个印象,他们对家人和朋友都非常的慷慨仁慈。②

另一位被大清海军聘用的丹麦皇家海军军官是安德烈亚斯·奥古斯特·金希(Andreas August Kinch,1861—1929)。1903年,安德烈亚斯·金希达到丹麦海军中尉法定退役年龄。在退役前不久,他去了中国,于1903年底到了天津并被任命为直隶总督外国参谋部的海军顾问。他出生在石勒苏益格北部,父亲是一个乡村大教区的牧师。教区的另外一位牧师也有一个儿子,名叫路易斯·奥古斯特·杜普莱西·德·黎塞留(Louis August du Plessis de

---

① RA Folketællinger 1906 København Adelgade 29 #62; KS Politiets Registerblade: 1892-05-01, Station 5, Rulle 0028, Registerblad 4087; Teilmann 1916: 13; Wormslev 2010: 24; Petersen 2002: 8.
② 关于彼得森和范妮·赫德维格·彼得森公开的私人信息非常少,汉斯·埃格蒙特·彼得森(Hans Egmont-Petersen)通过邮件提供了他和他兄长儿时的回忆(email 2009-08-13),埃格蒙特传媒集团(Egmont Media Group)的卡尔·斯科夫·彼得森(Karl Skovbæch Pedersen)通过邮件(email 2009-08-14)提供了关于范妮·赫德维格·彼得森房产文件可供使用的复印件,née Larsen: Testamente for Fanny Hedvig Petersen, født 1875-10-25, dateret 1947-06-13, med codicil 1951-06-19. Regnskab og repartition i boet Fanny Hedvig Petersen, f. Larsen, afgået ved døden 1952-07-21, afsluttet 1953-02。

Richelieu，1852—1932），他在暹罗①皇家海军服役，1903年任海军中将，后退役回到丹麦。② 安德烈亚斯·金希的哥哥是一名土木工程师，1886年去往暹罗（泰国）工作，在那里他可能遇到了林德。他和两个弟弟于1896年一起加入了在暹罗创建宝隆洋行（East Asiatic Company，简称EAC），其中一个兄弟成为董事总经理。另一个弟弟，弗雷德里克·金希（Frederik Kinch），在1900年被派往上海，为该公司在中国开设了一个分公司，他的首要任务是安排运货公司船只运送俄罗斯军队和补给以便与义和团作战。该公司非常关注在满洲的俄国人，弗雷德里克·金希大多时间都待在大连。③ 他们兄弟选择到亚洲可能是受到了安德烈亚斯·金希去往中国的激励，同时还有皇室关系和俄国外交等因素的影响。1908年，安德烈亚斯·金希离开了天津，究其原因，一是健康出了问题，二是他提出的海军改革方案由于缺乏资金而无法实施。④

---

① 暹罗是历史上对泰国的称呼。19世纪中期拉玛四世王在位期间，"暹"被确定为正式国号。1939年，国号改为"泰王国"，1945年一度改回"暹王国"，至1949年5月11日又改为"泰王国"并沿用至今。——译者注
② 这里可能误为他的哥哥安德烈亚斯·杜普莱西斯·德·黎塞留（Andreas du Plessis de Richelieu）。参见 https://da.wikipedia.org/wiki/Andreas_du_Plessis_de_richelieu。——译者注
③ Rasmussen 1986：100-102；Lange 1986：74-76。
④ RA C. F. Schiöpffes Samling #165：Andreas August Kinch；RA UM 2-2189-10：#248：A. A. Kinch：Letters 1903-06-12 and 1903-06-13, and draft telegram 1904-03-13, all in Russian；*Kraks Blaa Bog* 1911：249；Ordenskapitlet：Andreas Kinch Autobiography 1917-02-03；NCH 1908-01-31 p. 272.

第五章　丹麦大北电报公司在中国的经营

大北电报公司及其在东亚活动的历史几乎世人皆知。为了与代表英国利益的大东电报公司(Eastern Extension Australasia and China Telegraph Company,简称EETC)展开竞争,这家丹麦公司于1869年10月23日获得了俄国政府授予的特许权,将符拉迪沃斯托克(Vladivostok)[①]的陆路电报线与中国和日本的连接起来。做法是通过敷设海底电缆,从符拉迪沃斯托克连接到日本长崎再连接到上海海岸外的大戢山岛(Gutzlaff Island)。这些海底电缆于1871年夏天敷设。在俄罗斯的陆路电报线架设完工之后,1872年1月1日通往欧洲的通信线路正式开通。大北电报公司与大东电报公司之间的竞争也通过一项协议得以解决,即大北电报公司运营从香港到大戢山岛之间的电缆,并于1871年4月4日开通。海底电缆在敷设到中国大陆沿海后,于1870年12月8日在夜幕的掩

---

① 海参崴。——译者注

护下连接到外国租界。之所以要在夜里施工,是因为无法确定中国当局是否会批准开展电报业务,实际上他们确实不予批准。①

大北电报公司的资本大部分来自英国投资者,一小部分来自法国投资者,但公司仍在丹麦人的控制下,包括董事会和管理层。公司的运营范围包括英国、法国、丹麦、瑞典-挪威、俄罗斯(包括芬兰大公国在内)及日本和中国。公司雇用当地人员,但丹麦人也在其他国家的电报站工作。在中国的外国人员,大多数是丹麦人,正常情况下有20—30人。当地的工作人员大多是中国人和来自中国澳门或中国香港的葡萄牙人。

丹麦员工借调到大清电报局是从1881年开始的。从1882年开始,在东亚工作的大北电报公司员工都有义务服从这种调动。② 1885年,在大清电报局工作的外国员工中有10多名丹麦人,一直到1912年,大约有25名丹麦人在大清电报局任职,其中一些人是从大北电报公司临时离职的,而另一些人是从大北电报公司长期辞职的。③ 大北电报公司愿意让丹麦人和前公司雇员成为大清电报局的外国员工,只要他们不公开违背大北电报公司的利益,事实上这也是令公司明显感到担忧的事。1886年,博来(Henrik Bohr)筹划让大清电报局雇用不属于大北电报公司的丹麦报务员,

---

① Ahvenainen 1981: 43-45; Jacobsen 2009一文提供了最新和最清晰的历史梗概,并使用了俄罗斯档案馆的资料。关于其早期历史,可参见第122页及以后各页。

② RA GN Store Nord 10619-810: Tillæg I til Særlige bestemmelser. 香港科技大学的埃里克·巴克(Erik Baark)和哥本哈根商学院(Copenhagen Business School)的库尔特·雅各布森(Kurt Jakobsen)分别就他们先前对大北电报公司档案所做的研究回答了本书作者的问题。

③ From RA GN Store Nord 10619-984/986 Personaleprotokol I-III lb. nr. 3-1171, 1869-1913.

据报道有3名丹麦人就是以这种方式被招雇到大清电报局的。① 他们在应聘时不会提到曾在天津工作。

大北电报公司向拉斯勒福使团(1874—1876年)提供了部分资助,使团的意图之一就是推动丹麦电报业在中国获得更大的利益。拉斯勒福从中国政府那里获得了对海底电缆及其安全性的认可,他认为这样就可以充分保证未来电报业在中国的运行。大北电报公司还准备在福建省架设陆路电报线,以连接通往台湾的海底电缆,但中国政府态度非常坚决,认为外国公司不可以在中国拥有电报线。②

拉斯勒福使团的成员霍斯基尔上尉是一名丹麦陆军工兵军官,被暂调到大北电报公司,1875年春天他在天津非常活跃。与他在一起的还有两名大北电报公司的雇员,弗雷德里克·霍尔斯特(Frederik Holst, 1850—1889)和奥斯卡·莫勒(Oscar Møller, 1855—1936)。③ 他们的任务重点就是发展电报业,为此他们不仅带来了设备,甚至还可能运来电线杆架以便架设电报线。李鸿章对此很感兴趣,而大沽的清军指挥官们还把电报的发报键安放在自己家里,加紧练习如何拍发电报。④

在拉斯勒福使团启程前往中国之前,大北电报公司收到了一份报告说,李鸿章表示希望在天津展示一下丹麦的鱼雷技术。使

---

① RA GN Store Nord 10619-57:1886-02 p. 231.
② Baark 1997:120ff.
③ RA GN Store Nord 10619-984 #102:Frederik Julius Christian Meincke Holst;#105:Oscar Mathias Rønne Møller.
④ Hoskiær 1880:125;NCH 1875-05-08, p. 456.

团将装有炸药的鱼雷带到了天津，1875年4月21日，霍斯基尔和两名丹麦海军专家莫勒(Møller)、拉森(Larsen)[1]将鱼雷安装好，在天气非常恶劣的一天，在大沽岸上用电力控制引爆了鱼雷。从描述来看，他们很有可能引爆的是水雷而不是鱼雷。第二天，他们又引爆了一些小型爆炸装置。[2]

此时，由于发生了马嘉理事件，中国和英国之间正经历着不断加剧的危机，所以丹麦对中国的军事援助，包括电报和水雷，被当地的英文报纸披露了出来。得知这一消息后，李鸿章向霍斯基尔表示，倘若英国进攻丹麦，他一旦得到通知，就会派一大支中国军队前往援助丹麦。[3] 我们没有看到任何报告说明电报设备是如何在1875年被运到天津使用的，但是到1877年6月，在李鸿章的总督衙门和天津机器局之间架设了大约有十公里长的电报线，鱼雷学堂的学生参加了包括实际操作训练在内的电报课程。[4] 根据李鸿章的报告，两年后，中国人在丹麦工程师的帮助下，在天津和大

---

[1] 他们可能是一级机械师克里斯蒂安·弗雷德里克·埃米尔·拉森(Christian Frederik [Emil] Larsen)和副机械师彼得·恩格尔·莫勒(Peter Engel Møller)，参见 Hof & Stat 1875：291。莫勒出生于1822年7月6日，参见 KS Politiets Registerblade：1892-03-28, Station 3, Filmrulle 0035, Registerblad 2025。

[2] Hoskiær 1880：126-127。

[3] Hoskiær 1880：157。在天津地方报纸上明显出现了舆论攻击。类似的报道(也可能是其中一篇)在天津发表的日期是1875年4月27日，在《北华捷报》上刊登的日期是1875年5月8日，刊登于第456页。

[4] 《李文忠公全集》(四)，《朋僚函稿》17，第11—12页；《致刘秉璋函》，1877年6月29日；《致丁日昌函》，1877年7月1日，1965年台北重印版，第369页。夏维奇(2009)：74引用《申报》1877年7月10日。

沽、北塘炮台之间架设了一条用于军事通信的电报线。①

克里斯蒂安·阿德里安·舒尔茨(Christian Adrian Schultz,1844—1889)是大北电报公司的一名杰出发报员,出生在石勒苏益格的伦兹堡(Rendsborg),他于1877年9月27日抵达天津,并一直待到1877年12月2日。从1872年10月到1873年11月,他一直在天津和北京,并于1873年出版了《电报节略》一书。此后他又在天津度过了一段较短的时间,然后在1875年1月到1876年1月,加入了拉斯勒福使团担任秘书。1876年底,他成为上海大北电报公司总部的秘书,并经常担任该公司的谈判代表,直至1880年。1881年3月,他有望成为大清电报局经理候选人,最后却不了了之。② 1883年,舒尔茨从大北电报公司辞职,去往马来亚霹雳州③的英国政府部门工作,并于1889年访问哥本哈根时去世。④

大北电报公司总部设在上海,可是由于关乎中国的利益,在中国建设的电报的所有权和控制权自然要归中国,只是利用外国的专业技术。这样一来,华北尤其是天津就成为与大北电报公司谈判和技术活动的中心。在1880年5月大北公司总经理的报告中,我们看到:

---

① 《李文忠公全集》(二),《奏稿》38,第16—17页,1965年台北重印版,第456—457页;Feuerwerker 1958:192, referring to Li Hongzhang Memorandum 1880-09-16. The Danish engineer(s) have not been identified。
② RA GN Store Nord 10619-55:1881-03 p.172;1881-04 p.181.
③ 霹雳州是马来西亚的一个州,旧称吡叻或卑力国,马来语为Perak,是"银"的意思。霹雳州以前主要的产品是矿产锡,Perak或许是指锡的颜色。——译者注
④ RA GN Store Nord 10619-984 #18:Christian Adrian Schultz; Madsen 1909:296.

根据来自上海的报告,中国政府显然倾向建立他们自己的电报系统,这可能是为了与俄国开战做准备。为此,已派舒尔茨秘书前往天津和北京,处理公司事宜。①

舒尔茨于1880年6月12日抵达天津,直到1881年12月11日返回上海,其间大部分时间都待在天津。② 1880年7月17日,他被商人和商务代理亨利·史密斯·比德维尔(Henry Smith Bidwell)介绍给了道台盛宣怀。几天后,他又拜会了李鸿章,李所谈的内容与盛宣怀和比德维尔之间的谈话好像没有什么关联。同月,李鸿章和大北电报公司一致同意,对津沪电报线进行一次勘测,该电报线将在1880年8月至10月由弗雷德里克·霍尔斯特负责施工。③ 比德维尔后来申述称,大北电报公司已经承诺他将获得中国所有电报线工程造价的5%。该案件被提交到上海丹麦领事法院,并于1883年1月25日得到裁定,比德维尔虽然无法获得这笔佣金,但他应当获得2000两银(沪两)的酬金外加他自己支付的350

---

① RA GN Store Nord 10619-55: 1880-05 p. 81: "Ifølge efterretninger fra Shanghai skal den kinesiske regering vise tilbøjelighed til at udføre eget telegrafanlæg, muligvis som krigsforberedelse mod Rusland. Sekretær Schultz er i den anledning beordret til Tianjin og Beijing for at varetage selskabets interesser."
② RA GN Store Nord 10619-984 #18: Christian Adrian Schultz.
③ RA GN Store Nord 10619-55: 1880-07 p. 106; 10619-984, #102: Frederik Julius Christian Meincke Holst.

两银。①

1880年9月16日,李鸿章上奏朝廷,请求用直隶省军费,修建一条从天津到上海的电报线。两天后,清政府予以批准。② 1880年12月,他们与大北电报公司签署了一项协议,由该公司为电报线的建设工程提供原材料和专业技术,工期为1881年6月至1881年12月。1881年12月24日,津沪电报线与国际通信线路连接并正式开通。③ 这条电报线的建造工程是从两端同时开始的,一端从天津开始架设,工程队由丹麦工程师霍尔斯特负责;另一端从上海开始架设,由卡尔·克里斯蒂安·博耶森(Carl Christian Bojesen, 1844—1902)负责,④与他在一起的还有两名丹麦人,其中一位是奥斯卡·莫勒。架设电报线所使用的经费是李鸿章掌控的资金,工程完成后,津沪电报线被新成立的股份公司——大清电报局控制。李鸿章和盛宣怀都对大清电报局有很大的影响力,盛宣怀任大清电报局总经理直到1902年,北洋大臣李鸿章更是对大清电报局拥有全面控制权。⑤

---

① RA UM 0002-236 Kina; Letter 1883-06-30 from the acting consul in Shanghai W. Paterson with the printed copy of the proceedings of the case heard in His Danish Majesty's Consular Court at Shanghai between Henry Bidwell and GNTC. The proceedings are printed in NCH 1883-01-23 pp. 104-105; 1883-01-31 pp. 130-135; 1883-03-21 p. 331; Lange 1980: 42-43.
② 《李文忠公全集》(二),《奏稿》38,第16—17页,1965年台北重印版,第456—457页;《大清德宗景皇帝实录》(二),光绪六年八月十四日(1880年9月19日),第1072页。
③ RA GN Store Nord 10619-55: 1881-12 p. 320.
④ RA GN Store Nord 10619-984, #37: Carl Christian Bojesen.
⑤ Ahvenainen 1981: 60-62.

1881年6月6日,大北电报公司的代表和李鸿章在天津签署了一项协议,这使大北电报公司几乎垄断了中国电报所有连接外国的业务,主要是海底电缆,对陆路电报线也有优先经营权。该协议需要得到中国政府的批准,但总理衙门否定了这项协议,原因之一是大东电报公司和英国都强烈表示反对。[1]

随着1881年12月中国陆路电报的开通,大北电报公司在天津的代理机构也暂时关闭了。然而,丹麦人仍然或暂时或长期地为大清电报局或天津电报学堂工作。8名丹麦人被借调到电报学堂,并在璞尔生手下工作了一年,而博耶森在天津负责维护大北电报公司的利益。[2] 后来,他被大清电报局聘为总工程师,可能继续住在天津,但也有可能在接下来的几年里,大部分时间都在从事架设电报线的工作。1884年,他在上海的大清电报总局担任总工程师,同时也在1882年上海开办的电报学堂担任教习。[3]

德璀琳(Gustav Detring)

在天津,大北电报公司首先要得到海关税务司德璀琳(Gustav Detring,1842—1913)的支持,他曾于1882年9月访问哥本哈根。德璀琳为大北电报公司与李鸿章之间关系的建立提供了重要帮助,他也支持公司的经营及其所获取的特许权。作为回报,大北电

---

[1] RA GN Store Nord 10619-55:1881-07 p. 244,手稿在第249页,印刷本在第253页并附有印章和签名。
[2] RA GN Store Nord 10619-55:1881-12 p. 320.
[3] RA GN Store Nord 10619- 984 #37 Carl Christian Bojesen;Hong List 1884:14;Baark 1997:162.

报公司也愿意支持其在天津开创的新闻报业,以温和的方式推动社会进步,首先就是要促进诸如电报、铁路、邮政和铸币等有利于社会快速交流方式的发展。公司在提交董事会的月度报告中明确地表示,这一方面必须要保守秘密。① 这里提到的报纸很可能就是《时报》(中文)和 Chinese Times(《中国时报》),这两份报纸从1886年到1891年分别以中文和英文发行,由德璀琳的朋友密吉(Alexander Michie)担任编辑。② 1882年10月11日,德璀琳被授予丹麦国旗勋章,以表彰他"在中国为大北电报公司所做的一切"。③ 1884年3月初,他回到中国,得知自己被任命为广州海关税务司,并于1884年4月重返天津,仍旧担任天津海关税务司,这更加引起了大北电报公司对他的关注。1885年,德璀琳似乎对璞尔生获得北洋电报总局帮办(assistant director)的职位提供了帮助。④

天津电报学堂

天津电报学堂成立于1880年10月6日。⑤ 从1881年起,璞尔生担任电报学堂的首席外国教习,另一位丹麦教习是克利钦生

---

① RA GN Store Nord 10619-55:1882-09 p.510.
② Mohr 1976:2:14:"Shih-pao 时报/(6)1886-1891 / in Verbindung mit Ausländern;(The CT)u.(G. Detring/ Seezollinsp.)";3:75-77显示了中文版摹本的前三页;Schmidt 1984:11。
③ RA GN Store Nord 10619-55:1882-10 p.518.
④ RA GN Store Nord 10619-56:1884-03 p.375;1884-04 p.421;10619-57:1885-09 p.178;Fairbank 1995:65.
⑤ Biggerstaff 1961:66.

(Balthasar F. Christiansen,1846—1892)。① 后者在 1886 年重新从事技术方面的工作,在天津至少又待了一年。在电报学堂,接替克利钦生的是卡姆西(Carl Vilhelm Christian Culmsee,1856—1929),他于 1889 年 3 月回国休假,并在此前不久获颁三等第一双龙宝星。1890 年,克利钦生回到大北电报公司,担任法国加来(Calais)电报局的经理。②

电报学堂每个年级有 20—30 名学员,一年级学员中有 21 名是 1881 年中国赴美留学中途撤回的学生(总数 120 人)。③ 1887 年,璞尔生似乎简单谈到过这些学生和他们的状况,1895 年又谈到过学堂的一般状况,但是好像没有述及学员和教习是如何在学堂里相互交流的,无论是一年级还是其他年级都没有涉及。外国教习的贡献当然得到了中国人的赞赏,但这些外国教习好像在 1900 年前不久就停止了学堂教学。④

璞尔生电报线及其与俄罗斯电报线的连接

1885 年,璞尔生被任命为北洋电报总局的帮办。在《行名录》

---

① RA. GN Store Nord 10619-984 #30:Balthasar Ferdinand Christiansen.
② Biggerstaff 1961:67-68;CT 1889-03-09;RA GN Store Nord 10619-985 #126:Carl Vilhelm Christian Culmsee.
③ 《李文忠公全集》(三),《奏稿》53,第 16 页,1965 年台北重印版,第 9 页;King 1911:15;Bieler 2004:12。
④ CT 1887-04-30 pp.401-402;Fryer 1895:85-86;夏维奇(2009):75;Directory 1899:123;Biggerstaff 1961:68.

中,这个机构是与大清电报局分列的。① 架设这些电报线是为了确保与边境地区快速和可靠的官方通信。1882年夏朝鲜的壬午兵变(事变同时涉及日本和中国)表明,一旦发生国际性危机,就需要不依赖外国线路的独立电报线。1883年春天,日本人与大北电报公司商定铺设一条从日本到朝鲜的海底电缆,正如一位中国官员指出的那样,是时中国政府与朝鲜之间的快速通信要依赖日本的电报线。② 1884年5月,李鸿章提议由清政府资助架设一条从天津和北塘经山海关通往满洲的电报线,其中只有一段通往营口的跨河线路需要敷设水下电缆。③ 璞尔生可能曾协助制订计划并参与电报线的早期建设,当他开始担任帮办时,通往朝鲜的电报线已经完成,通往旅顺新海军基地的电报线则在1886年完工。

关于璞尔生参与的电报线工程,当时有人做了如下描述:

> 军事电报线是由政府架设的,有的会有一家中国商业公司协助,线路不仅从北京经东北边境通往朝鲜,也会从北京通到所有重要的沿海城市,不久还将通到所有的省会城市。电报线的架设和运营是由一位名叫璞尔生的丹麦人控制的,所有的电报都用英语发送。他设计出了一套灵活的发报系统,

---

① Directory 1889:480;1894:95;1899:123. 中文称北洋电报官总局。孙修福2007:68,步平1985及贾熟村1997等文中的简要介绍是非常有用的参考资料。
② Yang 2010:30-31,47-48.
③ 《李文忠公全集》(二),《奏稿》49,第53—54页:《添设山海关电线折》,1965年台北重印版,第772页。

由三个数码组合,可以发送中文电报。①

1886年初,从吉林架设三条通往中俄边界的电报线获得批准,一条通往吉林东部的珲春②,一条通往黑龙江东部的依兰(又称三姓)③,还有一条通往黑河(又称黑龙江、瑷珲)④,再向北通到黑龙江省省会齐齐哈尔。⑤ 连接珲春和瑷珲的电报线已经架设好,在1892年8月25日中俄电报协议签订后,它们就可以从珲春连接到符拉迪沃斯托克,以及从瑷珲连接到布拉戈维申斯克(Blagoveshchensk)⑥,从而与俄罗斯电报线相连接。这几条电报线于1893年春天开通,被称作"璞尔生电报线"(Poulsen lines),成为

---

① Wilson 1888:423; see also RA GN Store Nord 10619-57 1886-05 p.313; 1886-09 p.407.
② 珲春地处中、朝、俄三国交界,其地名为满语音译而来,为"边地、边陲"之意。1714年(清康熙五十三年),清政府设珲春协领,是该地名首次在官方文件中出现。现为吉林省延边朝鲜族自治州所辖的县级市。——译者注
③ 依兰是黑龙江哈尔滨市下辖县,"依兰"为满语,汉译为"三姓"。1714年(清康熙五十三年),三姓筑城,设"三姓协领衙门"。1906年(清光绪三十二年)改三姓为依兰府,1913年改依兰县,隶属吉林省。1954年,黑龙江省和松江省两省合并,依兰县改归黑龙江省管辖。1985年依兰划入佳木斯市,1991年改为哈尔滨市下辖县。——译者注
④ 黑河系黑龙江省下辖地级市,旧称瑷珲。清康熙二十二年(1683年),黑龙江左岸瑷珲旧城设黑龙江将军衙门;康熙二十四年(1685年),黑龙江右岸新设瑷珲城;康熙二十九年(1690年)设瑷珲新城,管辖现黑河地区。1858年清朝和俄罗斯在该地签订《瑷珲条约》。1945年,黑河地区由嫩江省管辖,不久改由黑龙江省管辖。1980年设黑河市,爱辉县并入黑河市。1993年,黑河地区改为地级黑河市,原县级黑河市改设爱辉区。——译者注
⑤ 《大清德宗景皇帝实录》(二),光绪十一年十二月二日(1886年1月6日),第2039页。
⑥ 海兰泡。——译者注

国际电报系统的组成部分,用于商业和政府通信。①

1886年12月,大东电报公司和大北电报公司同意在一定的条件下合作,即1881年大北电报公司与中国人签订的协议中的规定大东电报公司同样适用。② 在接下来的几年里,通过与中国谈判,大东电报公司获得了政府对这些条件的批准。当涉及中国的电报线如何与俄罗斯的陆路电报线相连接时,中国人之间出现了不同的意见和利益关系,而且谈判方还包括俄罗斯人。天津一直是谈判的中心。当时盛宣怀有着多重身份,1884—1894年任上海大清电报局总部的总办,1889年又担任在天津的大清电报局和北洋电报总局的总办。③ 与此同时,盛宣怀在1886年到1892年期间,还兼任登莱青兵备道和东海关监督,④驻所在烟台。

1887年8月10日,大北和大东两家公司与大清电报局签订了协议,协议由盛宣怀签署,并加盖李鸿章的印章。⑤ 9月初,两家公司的代表前往北京,我们看到上海大北电报公司总公司发给哥本哈根公司总部的电报如下:

> 1887-09-21:"八十八:北京21日。博来今天来电报强烈建议我们立刻去天津见李(鸿章)。在与公使协商后,我们答复说,批准权在公使,在问题悬而未决时我们不能离开北京。

---

① Ahvenainen 1981:126; RA GN Store Nord 10619-61:1893-03;1893-07.
② RA GN Store Nord 10619-57:1886-11 p.424.
③ Hong List 1884:14;Directory 1889:432,480;1892:138;1894:142.
④ Feuerwerker 1958:64. 山东登莱青兵备道,辖山东半岛登州、莱州、青州三府,兼东海关监督。
⑤ RA GN Store Nord 10619-58:1887-08 p.167;1887-10 p.188.

如果去天津再次遇到争议问题,我们可能受到进一步的压力。"

1887-09-22:"北京 22 日。从博来那里得知盛(宣怀)的说法:不要听从自担风险的建议,外国公使和中国批准与否无关,事情必须让中国人去做。然而,盛(宣怀)本人要求我们通过公使将协议送交总理衙门,而李鸿章告诉俄国驻津领事,总理衙门的批准无关紧要。"

1887-09-28:"九十三,北京 28 日。李(鸿章)要我们去烟台,而盛(宣怀)建议去天津。我们都拒绝了……"

1887-12-05:"二十七。天津 5 日。昨晚在德璀琳家与李(鸿章)非正式会谈。他赞成我们的行动并承诺继续支持我们,相信总理衙门会给予批准。也许要做一些无关紧要的形式修改。会谈非常友好。我们明天离开天津去上海。"①

后来,大北电报公司代表在从上海总部到北京的途中也曾在烟台停留。②

1896 年 7 月 11 日,大北电报公司和中国的谈判结束,双方以大清电报局为一方,大北电报公司和大东电报公司为另一方,签订了一项协定。协定获得英国政府和丹麦政府的批准。1899 年 3

---

① RA GN Store Nord 10619-660;1887-04-02 to 1888-12-31.
② RA GN Store Nord 10619-59;1889-08 p.105;1889-10 p.125.

月,中国承认了大北电报公司对海洋电缆及其与中国陆路电报线的连接拥有垄断权。大东电报公司也感到满意,他们支付了应付给俄国人的那一份费用。此后,俄国人对公司垄断权产生了兴趣,并与日本发生了利益冲突。①

博来(Henrik Georg Christian Bohr)

有两名丹麦人曾在大北电报公司或大清电报局工作——博来和谢尔恩,他们好像都生活在天津,或至少在较长时期内将天津作为他们活动的中心。博来(Henrik Georg Christian Bohr, 1844—1904)来自哥本哈根的一个知识分子家庭。他参加过1864年的普奥战争,也曾作为法国的志愿者参加1870—1871年对普鲁士的战争。他曾在哥本哈根从事律师工作,后加入大北电报公司,于1873年成为该公司东亚地区的工程师。② 1881年,他中止了在欧洲的度假,返回中国与中国政府进行最终的谈判,同年晚些时候,他由于工作出色而被授予丹麦国旗勋章。他被任命为上海管理团队的一员,但在接下来的几年里,事情开始变糟,他于1884年7月辞职。大北电报公司支付完其薪水后将其解聘。③ 1885年8月1日,他在天津签订了一份合同,由盛宣怀连署,合同内容是:"(博来被)聘为

---

① RA GN Store Nord 10619-62:1896-07;10619-64:1898-06 p.4-5;10619-65:1899-05 p.50; MacMurray 1921:1:59-67,103.
② RA GN Store Nord 10619-984 #69: Henrik Georg Christian Bohr; biographical notes are in Hauch-Fausbøll 1930:53-54.
③ RA GN Store Nord 10619-55:1881-08 p.261;10619-56:1884-04 p.421, 1884-08 p.562.

(大清电报局)总局'总理电报洋匠',为期六年。"①但是1885年9月,大北电报公司的报告提到博来担任公司外国员工主管,而不是丹麦报纸提到的大清电报局总经理,驻在上海。报告还提到他"仍在从事危害公司的敌对活动,甚至在背后支持报纸上发表的诽谤文章"②。从1886年开始,博来一直在北方为大清电报局工作,他在满洲勘测电报线路,从沈阳到吉林再到黑河,在符拉迪沃斯托克曾几次与俄罗斯电报当局建立联系。1888年,明特尔在烟台会见了作为大清电报局负责人的博来,当时盛宣怀就驻在烟台。③

1891年有传言说,博来已被大清电报局解雇,去上海联络了大北电报公司,但最后他还是留在了大清电报局,1897年他被证实仍在大清电报局工作而且没有时间限制。④ 1890年11月,他被提名并获颁法国荣誉军团骑士勋章(Chevalier of the French Order of the Légion d'honneur)。⑤ 从19世纪90年代初开始,他与天津法租界的联系(或者说他就居住在法租界)似乎佐证了这种关系。1893年春,他代表大清电报局在天津与来自上海的大北电报公司代表举行谈判,当时盛宣怀不在天津。⑥ 1896年和1899年,博来都是天津

---

① 丹麦玻尔档案馆(Niels Bohr Archive)托普索特藏(Topsøe Collection):"大清电报局与博来的合同",该合同于1885年8月1日由博来和盛宣怀在天津签订,有中文和英文两个版本,博来被授予的头衔是"总理电报洋匠"。档案馆的菲利希提·波尔斯(Felicity Pors)提供了很大的帮助。
② RA GN Store Nord 10619-57;1885-09 p.178; *Jyllandsposten* 1885-09-27 p.1.
③ RA GN Store Nord 10619-60;1886-02 p.231;1886-04 p.247;1886-05 p.313; Münter 1915:2:69.
④ RA GN Store Nord 10619-60;1891-02;1891-09;10619-63;1897-01.
⑤ CT 1890-11-01p.691.
⑥ RA GN Store Nord 10619-61;1893-04.

法租界公议会的成员。①

19世纪90年代,博来与大北电报公司的关系得到改善。1898年在丹麦休假期间,他以友好的方式访问了大北电报公司总部。他给人们的印象是,他的身体非常虚弱。然而,当他于1904年7月去世时,大北电报公司总经理在每月给董事会的报告中写道,在中国工作时,"他一直在尽其所能设法损害大北电报公司的利益,但无论怎样他都没有获得成功"。也许他因虚弱的身体容易被原谅,因为"在1900年他已经不得不离开中国,最终身体完全垮掉,在家乡结束了自己的生命"②。

1891年,博来被授予二等第三双龙宝星,与此同时璞尔生和两名英国人获得了三等第一双龙宝星,这些都是为了表彰他们对中国电报教育做出的贡献。1893年,俄罗斯外交官因为将满洲的电报线与俄罗斯的电报线连接起来而被授予双龙宝星,同时博来还被授予中国官员的三品顶戴。③ 据报道,1895年9月,博来忙于建设从北京经外蒙古到俄罗斯恰克图(Kiakhta)的电报线,该线于1899年11月11日开通。1902年,仍然有资料提到他担任电报总局的"总理电报洋匠",但他在1900年底已经辞职,领取了养老金,并推荐卡尔·克里斯蒂安·索恩(Carl Christian Sonne, 1850—

---

① Directory 1899:120;CCYDB#1. 根据 Directory 1896 的记录,他在1896年就是法租界公议局的成员。
② RA GN Store Nord 10619-64;1898-05 p.6;10619-67;1904-07 p.266.
③ 《李文忠公全集》(三),《奏稿》72,第30—32页,1891年8月26日,1965年台北重印版,第512—513页;《奏稿》77,第16—17页,1893年9月25日,1965年台北重印版,第30—32页。

1908)作为他的继任者。①

在博来最后退休时,盛宣怀要他"致电谢尔恩,授权他以博来的名义处理在天津的一片属于电报局的土地,这片土地于1896年11月5日在丹麦领事馆注册在博来名下,请博来尽快将正式的授权委托书寄给谢尔恩"。② 以博来名义登记土地,可能与1895年对盛宣怀指控的调查有关,即他将地产转让给其他人,以表明财产不属于他。③ 授权委托书显然是根据这些指示签发的,而且只提到博来的部分财产,还以文字专门说明其中有部分土地属于大清电报局。然而这就产生了问题,因为1901年4月,谢尔恩从博来那里收到了经过修改的授权委托书"以管理我在天津已经获得或可能获得的所有不动产"④。

随后,谢尔恩在法租界扩展界注册了两块土地,土地是大清电报局转让给博来的。丁家立对此提出异议,经过与美国领事馆沟通,丹麦领事得出结论——"电报局无权将这块土地出售给博来先生"⑤。1902年10月,谢尔恩与上海领事谈到这件事,"博来是一个精明的人,似乎只是放弃以他名义登记的零散地产",他提到博

---

① RA GN Store Nord 10619-908:Clipping from *Shanghai Mercury* 1895-09-25;10619-65:1899-11 p.130; Directory 1902:154; RA GN Store Nord 10619-663; Telegrams 1900-06-06#130,1900-06-14#173、1900-12-08 #521 and 1900-12-18 #718.
② RA GN Store Nord 10619-663: Telegram 1900-12-05 #674.
③ RA GIN Store Nord 10619-908: Clipping from *North China Daily News* 1895-01-17.
④ RA UM 10619-663: Telegrams 1901-04-11 #259 and 1901-04-11 #155; 2-2189-9 #11; H. Bohr-H. C. Schiern; Power of attorney 1901-04-06.
⑤ RA UM 2-2189-9#11;H.Bohr-H.C.Schiern;Letter 1901-05-23 from C. W. Tenney; Letter 1901-06-27 from Ragsdale, US consul; Letter 1901-06-28 from Danish consul to US consul.

来现在已经与法租界当局就转让给他的所有中国不动产达成了和解。法国军方租赁的最大一宗地产,将于1903年到期,然后他们可以自由处置。此外还有超过18亩(1.2公顷)的土地,每亩价值大约3500两银。①

1904年博来去世后,授权委托书再次出现了。1905年,谢尔恩将离开天津很长一段时间,他把授权委托书转交给了另一位丹麦人,大清电报局在天津的总监尤利乌斯·沃尔德(Julius Wolder)。② 委托书共涉及4块土地的转让,面积分别为13亩、12.5亩、4亩和2亩,共计2.1公顷。其中最大的一块土地是"前某财团的地产,西界大法国路(Rue de France)③,东界铁道路(Rue du Chemin de Fer)④,北界葛公使路(Rue du Baron Gross)⑤,面积13.0397亩(约为0.869公顷),租给了大清电报局"。这块土地明显是天津电报局总部所在地址。另一块大片土地,也被称为"麦克莱地产"(McClay's Land),位于法租界河坝和七月十四日路(Rue du 14 Juillet)⑥之间。⑦ 1908年,谢尔恩又以博来的名义将他在法国领事馆注册所有土地的授权委托书转交给了同样任大清电报局总监

---

① RA UM 2-2035-78 Indk. breve 1902-1903; Letter 1902-10-05 from H. C. Schiern.
② RA GN Store Nord 10619-984#215 Henrik Christian Julius Wolder.
③ 今名解放北路。——译者注
④ 此路又称 Rue Henry Bourgeois,中文名"宝总领事路",今名合江路。——译者注
⑤ 今名滨江道。——译者注
⑥ 今名长春道(大沽路以东)。——译者注
⑦ RA UM 2-2189-9 #11; H. Bohr-H. C. Schiern; Letter from H.C. Schiern, signed in Tianjin on 1905-04-25.

的赫伯特·亨宁森(Herbert Henningsen)。[1]

谢尔恩(Hans Christian Schiern)

谢尔恩(Hans Christian Schiern,1853—1917)最初一度务农,后来在丹麦陆军工兵团当了9年少尉。1884年夏天,他跟随大北电报公司来到中国。在大北电报公司工作了仅9个月后,他进入大清电报局工作,并于1886年2月从大北电报公司长期辞职。此后,他专门从事架设电报线工作,在他的职业生涯中,架设的电报线总长度约达6000公里。谢尔恩的日记和笔记记录了他走遍中国的旅行经历,他经常去那些欧洲人从来没有到过或者只有少数欧洲人去过的地方。可惜的是他在丹麦度假时,正值义和团运动爆发和八国联军占领北京,他留在北京的日记和笔记被毁于战火。[2] 1904年9月初,谢尔恩和《贝林时报》(Berlingske Tidende)的战地记者丹尼尔·布龙(Daniel Bruun)在烟台海滩酒店的露台上度过了几个晚上,讲述了他的生活和经历。谢尔恩回到丹麦后,他们又再次相遇。根据谢尔恩的这些谈话记录和他给丹麦家人的信件,布龙在1925年发表了两篇关于谢尔恩生活的文章。[3]

1885年夏天,谢尔恩在天津时奉命去朝鲜架设电报线。1886

---

[1] RA UM 2-2189-9#93: H. C. Schiern: Letter from H. C. Schiern, signed in Copenhagen on 1908-06-22.
[2] Bruun 1925:581; *Dansk biografisk leksikon* 1941:124-125.
[3] Bruun 1925:580-581.

年,他在满洲架设电报线,并勘测了松花江。① 1893 年秋天,他在蒙古做调查,为日后架设通往恰克图的电报线做准备。1893—1894 年秋冬之际,他回到天津,正好可以参加各种娱乐活动,如"舞会、派对、戏剧、音乐会,等等"。② 在吉林待了几年后,谢尔恩从 1897 年开始常住天津,他还曾借钱给林德碑。③ 1898 年 1 月,谢尔恩获得了法国荣誉军团勋章(French Order of the Légion d'honneur),以表彰他"在满洲的法国国民陷入困境时给予大力帮助",还提到他是天津的"同胞居民"。1899 年 3 月,他应邀作为嘉宾出席了总督为"领事团、商人领袖、中国人聘用的外国人等"举行的宴会。④

1898—1899 年,他架设完成了从张家口经蒙古到恰克图的电报线,并使那里的电报线与俄罗斯的电报线相连接。俄国/丹麦驻天津领事馆于 1898 年 3 月 6 日给他颁发了护照,以便于他因工作而前往西伯利亚各地。⑤ 1899 年,有资料记载说他仍在吉林。⑥ 义和团运动爆发时,他在丹麦度假。1900 年 9 月初,大清电报局的盛宣怀指示他立即返回中国,但他因病正在接受治疗,不得不推迟到 10 月初才离开丹麦。⑦ 他于 11 月下旬回到中国,负责重新架设从大沽到北京的电报线。⑧ 1901 年 1 月下旬,他在北京,如第四章所

---

① Bruun 1925:581-586.
② Bruun 1925:590-592;635-642(quotation p.642).
③ NCH 1897-07-02 p.14.
④ PTT 1898-01-08 p.181;1899-03-25 p.16.
⑤ Bruun 1925:644-646; RA UM 2-2189-10 #93 H. C. Schiern: Passport issued on 1898-03-06 in Russian.
⑥ Directory 1899:123.
⑦ RA GN Store Nord 10619-663: Telegrams 1900-09-06#413 and 1900-09-07#329.
⑧ RA GN Store Nord 10619-663: Telegrams 1900-11-20 #643 and 1900-11-21 #641.

87

述,就林德碑夫妇死亡案向丹麦当局作证。1901年秋天,他去了张家口,修复了另一条通往蒙古和俄罗斯的电报线,长300公里。1901年12月,他为了家族生意去了旅顺。①

谢尔恩曾就如何将外国军队在中国暂时使用的电报站和电报线转给大清电报局的问题,与各外国使馆进行了协商,随后中国当局提出要他担任中国电报总工程师的职位,但他拒绝了这个提议。谢尔恩不再拥有早期推动他工作的力量和热情,他厌倦了,也畏惧中国南方的气候。接下来的几年里,谢尔恩仍在天津工作,据说1904年曾任总工程师,在1904—1905年日俄战争期间,他尽了最大努力保持电报线路的畅通,特别是通往蒙古线路的畅通。1905年,谢尔恩从大清电报局退休,一封驻天津领事写给俄罗斯军政当局的信提到要为他提供一切可能的帮助,信件注明的日期是1905年4月12日。②

通过1901—1905年博来的授权委托书及其财产的处理,谢尔恩也解决了在天津的不动产和其他财务问题。他在天津拥有自己的财产,还持有天津自来水公司(Tianjin Water Work Co.)的股票。1909年初,他是俄租界租地人年会的选举人,但不清楚他是否出席过会议。③ 在那一年和接下来的几年里,他曾寄送文件和授权委托书给亨宁森。1915年,他曾被要求为天津的7.56亩(约0.5公顷)

---

① RA GN Store Nord 10619-66;1901-09 p.118; UM 2-2189-10#93 H. C. Schiem; Letter of passage 1901-12-22 from consul in Russian.
② Bruun 1925:647-648;RA UM 2-2189-10 #93 H. C. Schiern; Letter 1905-04-12 from Tianjin consul in Russian.
③ PTT 1900-03-10 p.7;1909-02-16.

土地缴纳 26 460 文的税金。这封信寄到了谢尔恩在天津的住址，但是当时他不太可能在天津。在写给丹尼尔·布龙的信中，谢尔恩表示希望重访年轻时在中国生活过的许多地方，但战争阻止了他。①

博耶森(Carl Christian Bojesen)

1892 年,盛宣怀从烟台回到天津,担任津海关道台。与大北电报公司管理层的期望相反,他继续担任大清电报局的总办,或者如 1892 年的《行名录》中所称担任"官私电报管理局"的总办。② 不久后,两名来自上海的丹麦人加入了大清电报局,由博来担任总监,博耶森担任副总监。1899 年和 1902 年的资料中也提到了博耶森(Carl Christian Bojesen,1844—1902),当时他在天津的电报局担任首席教习,也许是在璞尔生离开电报学堂后,他接管了一些教育职务。③ 然而,1895 年,博耶森在上海丹麦领事馆将他的女管家杨细个(Yang See Kok)和四个非婚生子女登记为他的"受保护人"(protégées)。1897 年 5 月,玛莎·艾格尼丝·杨(Martha Agnes Yang)和博耶森在上海的大教堂举行了婚礼,不久之后,他们宣布生了三个孩子,最小的孩子不幸夭折,他们的家庭住址在上海。所

---

① RA UM 2-2189-10 #93 H. C. Schiern: Letters 1908-06-22 and 1909-10-21 from Schiem; Letter 1909-11-13 from H. F. Henningsen; Draft letter 1909-11-30 to H. F. Henningsen; Draft letter 1915-01-30 to Schiern; Bruun 1925:648.
② RA GN Store Nord 10619-55:1892-06; Directory 1889: 480; 1892: 91.
③ Directory 1894: 95; 1899: 123; 1902: 154.

以，即使博耶森与天津保持着某种联系，从19世纪80年代初以后，他们一家也不应该被算作在天津的丹麦人了。①

---

① RA UM 2-2035-25: pp.45-48,102-103;2-2035-82;Letters 1897-08-09 and 1897-11-14 from C. C. Bojesen in Shanghai; NCH 1897-05-07 p.805;1897-08-13 p.333;1898-11-21 p.975;1900-04-11 p.621; Kamp 1943:139.

第六章　丹麦人的商业与社会活动

汉尼巴尔·基鲁夫(Hannibal Kierulff)

我们看到,1885年左右开始,在天津的丹麦人的商业和社会活动越来越活跃。吉罗福的弟弟汉尼巴尔·基鲁夫(Hannibal Kierulff, 1854—1907),1885年向法国天主教遣使会(French Lazarist Order)租下了环球饭店(Globe Hotel)。这家饭店大约有12间客房,已经由遣使会重新装修,被认为是位于英租界河坝两家非常普通的饭店中比较好的一家。[①] 1889年春天,巴尔塔扎尔·明特尔在天津时可能就住在这家饭店,当时河面的冰刚刚融化,河上

[①] Marianne Bastid-Bruguiere "French missionaries, banking and industry in Tianjin: competition and strife for a position in Northern China, 1860-1895" Paper for EACS Conference, Lund 2008-08-07, p.13. The reference is AE, Nantes, Registre des actes notairés du consulat de Tianjin, 1882-1902, année 1885; Rasmussen 1925:61-62; PTT 1898-10-22 p.133;1899-01-21 p.185.

交通正在恢复。他曾提到他住的饭店："在天津的生活并不令人愉快，饭店非常简陋，房间又很潮湿，在屋子里就能听见青蛙呱呱的叫声。"1889年10月，他住到了利顺德酒店。①

1882年12月，汉尼巴尔·基鲁夫在天津与来自石勒苏益格哈泽斯莱乌(Haderslev)的伊达·基尔(Ida Kier)结婚。他们的第一个孩子于1883年10月出生在北京，1884年7月夭折。第二个孩子于1885年1月15日也出生在北京，另外四个孩子分别于1886年、1888年、1889年和1894年出生在天津。所有五个孩子于1897年8月16日在丹麦欧登塞(Odense)的大教堂一同接受了洗礼。②

1888年8月下旬，林德霍尔姆(K. H. von Lindholm)在前往北京的途中路过天津，他在大清海关税务司署谋得了第一个职位。他住在环球饭店，据他说，饭店的老板汉尼巴尔·基鲁夫帮他租了一艘小帆船，他乘船沿河而上，航行了三天到达通州：

> 当主人忙着为我准备旅行时，我还需要一名可靠的厨子和仆人，陪伴我四处游览。这次，我还拜访了著名的德璀琳先生(天津海关税务司)和他迷人的奥地利妻子。在他那里，我遇到了一位意大利王子和他年轻可爱的妻子，他们在经通州前往北京意大利使馆途中在天津短暂停留。后来在前往北京的路上，我还常常会想到他们：新来的人一到这里就会显露出他们对很多事情都不习惯！③

---

① Münter 1915：2：89.
② Klitgaard 1914-1918：268-270.
③ Lindholm 1930：19-20.

林德霍尔姆也被邀请与璞尔生一家共进晚餐,但由于生病,他不得不缩短了访问时间。他度过了一个难以忍受的夜晚,第二天汉尼巴尔·基鲁夫安排了一个医生为他诊病。身体刚一康复,他就离开天津经过三天的旅行前往通州。他坐在船上,看着六名中国船夫撑船、划船,当小船搁浅时他们常常跳进水里一起推船前行。①

基鲁夫一家在1897年3月离开了天津。1897年12月,环球饭店被卖给了一名德国海军军官汉斯·冯·布罗恩(Hans von Broen),改名为"天津客寓"(Tientsin Hotel, Ld.),并进行了一次大规模整修,以适应"一个一流饭店对各方面舒适的要求"②。我们不知道饭店出售时汉尼巴尔·基鲁夫是否在天津,但在1898年4月,他参加了利顺德饭店有限公司的第一届股东年会。③

将近1898年9月底,汉尼巴尔和伊达·基鲁夫夫妇回到了天津,10月1日,汉尼巴尔·基鲁夫恢复了对天津客寓的管理,因为布罗恩在两天前宣布破产。④ 在同年12月的一次公开拍卖中,基鲁夫以5000元的价格买下了这家饭店,但没有购买饭店的建筑,而是仍采取租用的方式。1899年1月,饭店宣布股份销售总额为12 000墨元。汉尼巴尔·基鲁夫有意雇用一名有能力的经理,但一直找不到合适的人选,他只能先自己负责饭店的经理事务。1899

---

① Lindholm 1930:21.
② PTT 1897-03-20;1897-12-18 p.167 and 169.
③ PTT 1898-04-16 p.28.
④ PTT 1898-10-01 p.121 and Supplement.

年2月,投资款全部还清。过了一个月,哈拉尔德·冯·迈尔恩(Harald von Meyeren)接任饭店的经理。据报道,1899年6月下旬汉尼巴尔·基鲁夫在北戴河作为新公司的股东参加了1900年4月举行的第一届股东年会。①

从1887年初开始,汉尼巴尔·基鲁夫还通过广告销售各种产品,他先是以饭店的名义,但很快就以他个人的名义开展销售业务。在19世纪90年代,我们经常能在报纸上看到饭店和他的商行各自刊登的广告,出售的产品通常是食品、饮料和烟草,偶尔也有垫子、地毯等。商行的生意是单独的,并不与饭店在一起,但其作为基鲁夫的商行,"建在饭店的隔壁"②。

在义和团运动后的几年里,该商行频繁发布广告,1901年,有时会改称"恒丰泰洋行"(H. Kierulff & Co.),这可能是因为托马斯(F. Thomas)成为商行的重要角色,当时他负责商行大部分的经营活动。③ 1902年,长期担任恒丰泰洋行买办的卢卿章(Lu Ch'ing Chang音译)在北戴河开设了一家商行。从报纸上刊登的广告中还无法看出他当时是否已经停止了在恒丰泰洋行的工作。④ 1905年,恒丰泰洋行搬到了一栋更大的建筑里,仍然是在维多利亚道上,而且"这家商行一直拥有大量库存商品,现在开始看到了其优势"⑤。

---

① PTT 1898-12-03 p.159;1899-01-21 p.185;1899-02-18 p.203;1899-03-18 p.9; 1899-06-24 p.67;1900-04-21 Supplement.

② PTT 1897-12-18 p.167 and 169. 汉尼巴尔·基鲁夫经营的商行中文名称是"恒丰泰",在外国洋行的标准中文名称表中,也可以看到使用"环球饭店"这个名称,有的甚至还称"天津饭店"。

③ PTT 1901-04-20 p.200; NCH 1901-11-13 p.18.

④ PTT 1902-08-09 Complement p.4;1902-08-16 p.6.

⑤ PTT 1905-03-08;1905-03-16.

第六章　丹麦人的商业与社会活动

从1902年初开始,恒丰泰洋行以"H. K."为品牌为丹麦雪茄做广告。他们显然获得了成功,以致天津的隆茂洋行(Mackenzie & Co. Ltd.)也用同样的品牌销售荷兰生产的雪茄,二者的广告设计也非常相似。1907年9月,在汉尼巴尔·基鲁夫去世五个月后,天津英国高等法庭审理了一宗案件:

> 原告,一位丹麦臣民,请求取得一项永久强制令,制止被告侵犯原告的雪茄特定品牌(H. K.)的商标;请求取得一项同样的强制令,制止被告进口或销售任何伪造的雪茄烟盒,即可能冒充和用作原告公司产品的雪茄烟盒;同时令被告偿还因出售伪造的"H. K."雪茄而赚取的利润或者赔偿造成的损失和支出。

强制令获得了批准,但法庭审理时透露出隆茂洋行所获得的利润非常低,他们支付的成本和损失共计13.53两银。①

汉尼巴尔·基鲁夫在1900年5月义和团运动发生之前离开了天津,但他在当年年底前又返回了天津,并在丹麦注册为移民。② 1901年10月,他负责为在天津的外国军队军官食堂提供餐饮,并由天津都统衙门支付少量费用。③ 1902年秋天他在哥本哈根时,就曾拜托在天津的商行经理联系领事馆,询问有关"向中国

---

① NHC 1907-09-20 pp.683-684.
② NCH 1900-05-16 p.894;1900-12-05 p.1218; Det Danske Udvandrerarkiv: Københavns Politis Udvandrerprotokoller. Registered 1900-10-01.
③ PVTPG1901-10-16/210/17p.453/348;1902-04-04/275/6 p.626/487. 这里提到他时,只提到他个人的名字而没有提他的公司的名字。

95

政府提出的1900年战争期间所遭受损失的赔偿要求"问题。他哥哥在北京的商行显然已经得到赔偿。我们没有获得有关这一问题的更多信息,但很可能在不久之后他的索赔要求大部分也得到了偿付。①

1904年4月,汉尼巴尔·基鲁夫回到中国。② 同年晚些时候,一名受过培训的店员奥卢夫·克里斯蒂安·克莱斯特·格德(Oluf Christian Kleist Gedde,1879年出生)从哥本哈根来到天津,并在商行工作了几年。1908年,他转到了天津的瑞丰洋行(Sander, Wieler & Co)工作。③ 1905年11月7日,汉尼巴尔·基鲁夫在北戴河购买了大约10亩土地(0.6公顷)。1908年初,地契呈交给领事馆注册,但好像被弄丢了。从1910年开始一直到1923年8月为止,领事馆存有大量有关出售土地的档案,但这些档案中只涉及大约6亩(0.4公顷)的土地,因为铺筑道路占用了一部分土地。④ 汉尼巴尔·基鲁夫于1907年4月18日在哥本哈根去世。⑤ 1908年1月1日,他在天津的商行被弗雷德里克·托马斯(Frederick Thomas)从遗孀伊达·基鲁夫手中接管。商行名称于1911—1917年间改为"F. Thomas & Co.",但中文名称仍然使用"恒丰泰"。⑥

---

① RA UM 2-2189-9 #49 H. Kierulff: Letter1902-12-28 from H. Kierulff & Co to the consul.
② NCH 1904 - 04 - 08; Det Danske Udvandrerarkiv: Københavns Politis Udvandrerprotokoller. Registered 1904-02-26.
③ Det Danske Udvandrerarkiv: Københavns Politis Udvandrerprotokoller. Registered 1904-07-11; Directory 1905: 166, 1906: 633 and 1908: 678.
④ RA UM 2-2189-9#49 H. Kierulff: 有关土地和店铺转让的各种文件和来往信函。
⑤ Klitgaard 1914-1918: 270.
⑥ PTT 1911-03-08; Directory 1917:728; Huang 1995: 517.

1909年初伊达·基鲁夫好像还在天津,1910年3月她离开中国,乘船前往美国华盛顿州的贝灵厄姆(Bellingham WA),可能是去看望她的儿子汉尼巴尔·约翰·基鲁夫(Hannibal Johan Kierulff,生于1886年),他于1909年1月移居美国。[1] 1912年,她回到哥本哈根,与长子卡尔·朱利叶斯·基鲁夫(Carl Julius Kierulff,生于1885年)合伙做生意,当时卡尔在哥本哈根开设了一家公司,经营来自中国、日本和印度的商品。[2]

迈尔恩(Harald von Meyeren)

哈拉尔德·维克多·尤金·冯·迈尔恩(Harald Victor Eugène von Meyeren, 1858—1904)出生于石勒苏益格的伦茨堡(Rendsburg)。1883年,他来到东亚,入职大北电报公司,1890年在该公司上海会计部工作。到达中国之前,在未经公司准许的情况下,他与1861年出生于英国伯明翰的艾米·珍妮特·冯·迈尔恩(Amy Janet von Meyeren)结婚。他们的第一个女儿于1886年6月出生。1895年9月下旬,他被大北电报公司停职,因为他违反了公司关于电报的保密规定,长期将公司的信息泄露给竞争对手。[3] 他们的第二个女儿出生于1895年底,当时迈尔恩已经去了烟台担任

---

[1] NCH 1910-03-18 p.644; Ellis Island Passenger Record: Passenger ID 101512150130 Frame 137 line Number 13. Around 1917 he lived in San Francisco and worked as an architect. See Klitgaard 1914-1918:270.

[2] *Samling af Anmeldelser* 1912 #10:270.

[3] RA GN Store Nord 10619-984 #196: Harald Victor Eugene von Meyeren; RA UM 2-2035-28 1881-1913 p.12.

一家家庭旅馆的经理。① 1899年3月,他们的第三个女儿出生在上海。同时,他接手了天津客寓的管理工作,他的经营似乎取得了一定成功,因为1900年的年会决定向股东支付15%的股息。②

在义和团围攻期间,天津客寓遭到严重的破坏。在1902年的《行名录》中,天津客寓名列其中,但没有经理的名字,显然迈尔恩的职位没有得到恢复。③ 他于1905年3月去世,④去世前他在增茂洋行(Hirschbrunner & Co.)担任会计师。他是共济会的高等级成员,他以这个身份访问唐山时不幸染病,并在回到天津几天后死于糖尿病。他的妻子艾米·珍妮特·冯·迈尔恩和三个女儿继续住在天津,丹麦领事根据丹麦的法律,指定大清电报局在天津的总监尤利乌斯·沃尔德作为遗孀和三个孩子的托管人。⑤ 1905年初,大女儿黛西·冯·迈尔恩(Daisy von Meyeren)嫁给了奥匈帝国海军上尉雨果·阿卡尔蒂(Hugo Accurti),他当时是天津奥租界工部局的行政人员。⑥ 迈尔恩家族在马场道拥有一块土地,艾米·冯·

---

① Directory 1899:131; Obituary in NCH 1904-04-08 p.694; RA UM 2-2035-28 1914-1960 p.56.
② PTT 1899-03-18 p.9; 1899-03-25 p.15; 1900-04-21 supplement.
③ PTT 1900-08-25 p.62; Directory 1902:155.
④ 前文称死于1904年。——译者注
⑤ RA UM 2-2189-10#254 A. von Meyeren, with cutting from CT 1904-03-31; Letters between the consuls in Tianjin and Shanghai 1904-05-25,1904-11-02 and 1904-11-22; PTT 1904-04-01;Sims 1931:72.
⑥ PTT 1904-04-01; 1905-01-26; K. U. K. Linienschiffsleutnant a. D. Hugo Accurti, (1874-), see Lehner 2002: 254ff; National Archives(UK) General Register Office: Miscellaneous Foreign Marriage Returns, RG 34, 4; Marriage Certificate 1905-02-07 between Hugo Italo Tiziano Accurti,31 years, and Maud Agnes Charlotte von Meyeren, 19 years, in All Saints' Church, Tianjin.(Kindly supplied by Mathieu Gotteland 2014-10-12).

迈尔恩于1912年10月以1万两银的价格将土地抵押给义品放款银行（Credit Foncier d'Extrême Orient），1914年又卖给了雨果·阿卡尔蒂。[①] 黛西和雨果·阿卡尔蒂在第一次世界大战期间住在奥租界。战后，尽管他们已经登记结婚，但还是各自去往美国，雨果·阿卡尔蒂1919年使用塞尔维亚公民的身份，1921年又改用匈牙利公民的身份；黛西·阿卡尔蒂1923年是阜姆自由邦（The Fiume Free Stat）[②]公民的身份，20世纪30年代改用意大利公民的身份。[③] 1935年，她和她的旅伴在天津开了一家商店，他们从1923年就在一起了。[④]

[①] RA UM 2-2189-10#63 Miss von Meyeren: Letter 1919-03-04 from Mabel von Meyeren;2-2189-19#254A. von Meyeren: Letters 1912-10-02、1912-10-10、1914-07-15.

[②] 阜姆自由邦是一个存在于1920年至1924年间独立的国家，包括阜姆市（现克罗地亚里耶卡）和周围的农村地区。西部有一条走廊连接意大利。1924年1月，根据意大利与塞尔维亚等签订的《罗马条约》，意大利兼并了阜姆。1947年《巴黎和平条约》签订，阜姆（现称里耶卡）成为南斯拉夫的一部分。——译者注

[③] E-mails 2014-10-12 and 2014-10-14 kindly sent by Mathieu Gotteland: Hugo Accurti's travels:1919-09-03 from Japan to Seattle: National Archives at Washington, D. C., Passenger and Crew Lists of Vessels Arriving at Seattle, Washington, 1890-1957, Microfilm Serial 1383;1921-06-29 from Franceto New York: National Archives at Washington, D. C., Arrivals in New York, Microfilm Serial T 715, Roll 2993.——Daisy Accurti's travels:1923-04-14 from France to New York and Tianjin: National Archives at Washington, D. C., Arrivals in New York, Microfilm Serial T 715, Roll 3281;1933-06-12 from Japan to San Francisco: National Archives at Washington, D. C.,Passenger Lists of Vessels Arriving at San Francisco,1893-1953, Microfilm Serial 1764, Roll 45; 1939-04-23 from Japan to San Francisco: National Archives at Washington, D. C., Passenger Lists of Vessels Arriving at San Francisco,1893-1953, Microfilm Serial 1410, Roll 353.——Hugo Accurti's travel 1921 and Daisy Accairti's 1923 travel can be found on The Statue of Liberty-Ellis Island Foundation.

[④] 黄光域 1995:145—146。

作为商人的璞尔生

1897年1月11日午夜刚过,位于维多利亚道北头的新福商义洋行(Tianjin Trading Company)大楼发生了一场大火。救援行动进展得很顺利,但是大楼连同楼内存放的外国账簿都被烧毁了。救援中出现的一个困难是,由于天气寒冷,消防水管的喷嘴被冻住了。住在楼上的两户人家都逃了出来。洋行大楼和库存货物都买了足够的保险,所以可以继续经营。① 璞尔生应该是该公司的创建人之一,1897年夏天,他作为总经理,联系了在哥本哈根成立不久的宝隆洋行(EAC),让他们将丹麦产品的样品运送到天津新福商义洋行进行售卖。宝隆洋行对出口贸易很感兴趣,也愿意接受中国的出口货物。璞尔生还写信给丹麦炼乳公司(Danish Milk Condensing Company),表示愿意推广他们的产品。这些主动行动的结果如何还不清楚,但在1898年9月,他对未能经销炼乳产品表示遗憾。②

作为一家股份制公司,天津新福商义洋行于1898年4月在香港注册为有限责任公司,由璞尔生担任董事总经理。第一届(法定)股东大会于1898年7月举行,璞尔生任大会主席。该洋行的百货商行被认为是在天津商行中库存最充足的,其大部分商品都

---

① PTT 1897-01-16 p.183.
② RA UM 2-2035-82: Letters 1897-07-29,1897-08-15,1897-11-03 and 1898-09-17 from C. Poulsen,这些信函,有的信笺抬头印有"大清电报局"(Chinese Telegraph Administration),有些则印有"新福商义洋行"(Tianjin Trading Co.)。

是各种季节的服装,但在 1898 年也出现了一则售卖水箱的广告。1898 年 6 月 1 日,该洋行在北戴河开设了一家分行,以供应夏季度假的顾客,该分行的经营状况一直不错。①

该洋行的第一次年度股东大会原定于 1899 年 9 月底举行,以提交 1897 年 1 月 12 日至 1899 年 4 月 30 日间的账目。但是不知出于什么原因,会议没有按期举行,直到 1900 年 3 月 23 日才召开。1899 年该洋行一直保持盈利,1897 年时却由于没有合适的经营场所而困难重重。

然而,就在年度会议准备召开的前两天,又发生了情况,一场大火再次烧毁了整座大楼和楼内存放的货物。这却为洋行创造了一个好机会。不论如何,大楼在 1900 年 6 月的轰炸中又被摧毁了。而它的邻居、维多利亚道 78 号葛麟瑞的房子,虽然在 3 月的火灾中幸免于难,却在 6 月的轰炸中被严重毁坏。这显然对新福商义洋行是有利的,因为保险公司可以立刻提供补偿,洋行不必等到 1901 年 9 月 7 日《辛丑条约》签订后再获取赔偿。为清偿洋行的财产而举行的第一次会议安排在 1900 年 5 月举行。1901 年 5 月,洋行的土地被拍卖。1908 年的一张地图显示,土地的所有者是横滨正金银行(Yokohama Specie Bank)。新福商义洋行的最后一次会议是

---

① PTT 1898-05-14 p.41;1898-05-21 p.45;1898-07-02 p.69;1898-07-23 p.84.

在1901年11月召开的。①

1898年,璞尔生还成立了裕通洋行(Electrical Engineering and Fitting Company,简称EEFC)②,主要从事各种电器和机械的安装与维修,也从事制造,特别是砖和其他建筑材料的制造,包括开办璞尔生感兴趣的天津制砖厂。③

两个边缘人

到目前为止我们谈到的丹麦人,多数至少都在天津居住过一段时间,可以被看作成功者,但也有一些资料可以让我们看到那些在丹麦人群体中评价不高的人。

阿图尔·圣·克莱尔·克里斯托费尔森(Arthur St. Clair Christophersen),也被简称为达蒙(Damon),曾多次引起天津的警方和其他当局的注意。1868年达蒙出生于哥本哈根,年轻时离开丹麦前往美国,并在那里待了几年。1891年7月,达蒙被广州海关

---

① PTT 1899-08-26 p.101;1900-03-10 p.5;1900-03-24 p.15;1900-03-24 Supplement;1900-03-31 Supplement p.1;1900-05-12 p.41;1900-06-01 p.52 and 55;1900-08-25 p.62;1900-09-15 p.75;1900-10-28 p.5;1900-11-03 p.101;1900-11-24 Supplement p.1;1900-12-01 p.117;1900-12-15 p.125;1900-12-22 p.131;1900-12-29 p.134;1901-04-13 p.193;1901-06-15 p.21;1901-10-19 p.101;1901-11-23 p.125;Lee 1908.

② 该公司的英文名曾先后在天津英租界、都统衙门注册。其注册中文名有多个,除裕通洋行外还有电铃公司、电报局。*The North China Desk Hong List*,Shanghai,1902,p.141即注明中文名称为"电报局"。本书全部采用"裕通洋行"一名。——译者注

③ PTT 1898-04-02 p.17;1898-04-08 p.21;1898-04-30 p.33;1899-03-31 p.19;1902-04-19 p.207.

雇用为看守人(Watcher),登记为丹麦人,但同月就被解雇了。① 后来,他声称自己是归化的美国公民,1892—1893年曾在美国海军帕洛斯号军舰(USS Palos)和兰开斯特号军舰(USS Lancaster)上服役。这两艘军舰当时都在东亚海上活动。② 1893年初,达蒙向上海英国巡捕法庭提告,说他"以前曾是美军的一名军需官",他从日本长崎来到上海找工作,在一次争斗中他的身体左侧被刺伤。他联系了巡捕,巡捕发现他"喝得晕头转向",现在已经脱离危险了。法院将此案判定为普通攻击,判处被告两个月劳役。③ 1898年,达蒙向美国驻天津领事馆寻求帮助。他乘坐一艘美国舰船到达天津,却被弃之不管。美国领事馆拒绝为他提供帮助,因为领事认为他是一个逃兵,还因为他说自己是丹麦人。丹麦驻天津领事给了他20元,让他去上海。他又向丹麦驻上海领事馆寻求帮助,声称他没有身份文件,也没有谋生手段。④ 过了一个月,达蒙被上海海关聘为河警(试用)。这个工作只持续到1899年2月。1900年春天,丹麦驻上海领事馆法庭以盗窃罪判处达蒙两个月监禁。⑤

1900年末,达蒙提出申请注册为美国公民,被美国驻天津领事拒绝。然而,1900年12月,一名叫达蒙的美国公民向天津都统衙

---

① Danish Staff of the Chinese Maritime Customs,1854–1949:Damon, A. S.
② RA UM 2-2035-84: Letter 1901-11-07 from Poppe to Shanghai consul with declaration from Damon; *Dictionary of American Naval Fighting Ships* http://webarchive.loc.gov/all/20100411125655/http%3A//www.history.navy.mil/danfs/.
③ NCH 1893-02-16 p.249.
④ RA UM 2-2189-9 #21 Damon: Letter 1901-10-26 from US consul; 2-2035-83: Letter 1898-09-26 from Tianjin consul; 2-2035-25 p.105.
⑤ Danish Staff of the Chinese Maritime Customs, 1854–1949: St. Clair, A.; *Customs Gazette* 1899-01/03 p. 200; RA UM 2-2035-25 pp.120 ff.

门的巡捕报告说,一些中国人在独流镇附近的黄村向他开枪。都统衙门要求巡捕传唤他,要他把该事件更多的细节提供给美军的福脱(Morris C. Foote)少校,即都统衙门委员会的委员。1901年8月,美国领事根据司法管辖权,指示将达蒙逮捕,指控他敲诈中国人,但随后又将他释放了,因为他不是美国公民。过了一个月,他请求都统衙门准许他开办一家职业介绍所,但按照巡捕局长的建议,他的请求遭到了拒绝。①

1901年10月21日,达蒙在法租界被宪兵逮捕,他被指控在大沽路开了两枪,但没有击中任何人。② 他们把他带到法国领事那里,但达蒙声称自己是美国人,于是他们又把他送到美国领事馆,但美国领事拒绝承认,又把他送交给都统衙门。都统衙门巡捕局长提议将他驱逐出境,但根据行政法规,都统衙门必须在24小时内将被逮捕的外国人移交给对他们拥有管辖权的领事馆。③ 都统衙门向各国领事馆发出征询,并在给俄罗斯/丹麦领事的信中建议将他驱逐出境。从1900年8月中旬开始,达蒙就引起了警方的注意,警方怀疑他是一个在独流镇附近村庄勒索钱财的欧洲冒险团伙的头目,但没有确凿的证据可以指控他。珀佩领事问璞尔生,得到的答复是他从来没有听说过叫圣·克莱尔(Saint Clair)的丹麦

---

① RA UM 2-2189-9 #21 Damon; Letter 1901-10-26 from US consul; Letter 1901-10-23 from the TPG Council; PVTPG 1900-12-12/81/5 p.110/65; 1901-10-02/204/30 p.436/335.

② RA UM 2-2189-9 #21 Damon; Letter 1901-10-28 from TPG with report 1901-10-21 from two French gendarmes.

③ PVTPG 1901-10-23/213/12 p.459/355. 天津都统衙门的行政条例在临时政府会议纪要的首页,有关仲裁的约定在第2页。该文本与1900年11月都统衙门通过的行政条例(修订稿)是一致的,参见1900-11-20/71/10 p.90/none.

人,这更像是苏格兰人的名字辛克莱(Sinclair)。①

九个国家的领事馆都无法证实他的国籍,但美国人认为他可能是丹麦人,所以都统衙门再次联系俄罗斯领事馆要求获得美国领事信件的副本。接着,珀佩领事发了一份电报给上海领事,大意是"达蒙也叫圣·克莱尔",建议上海领事要求都统衙门把达蒙送到上海,或者以其他方式通知珀佩。第二天,珀佩再次就此事致电上海领事,请求他核实达蒙究竟是不是丹麦人,如果是丹麦人,都统衙门就可以将他送到上海,费用由丹麦领事馆支付;如果上海领事不承认他是丹麦人,那么送他去上海的费用就要由都统衙门承担。珀佩还通知都统衙门,他已经致电上海总领事,都统衙门可以推迟做决定,等待上海领事的答复。② 珀佩随后又给上海发了一封电报,说达蒙已经引起都统衙门警方的注意达14个月之久,他涉嫌从事犯罪活动,适当的惩处就是监禁。然而,在天津的领事馆没有监狱,所以珀佩提出处置达蒙最好的办法就是把他送往国外。③

以丹麦驻上海领事和哥本哈根外交部为代表的丹麦当局显然认为这个案件不重要。雷施麦斯领事要求珀佩提供更多的信息,并获得证人证词,而丹麦外交部建议授权珀佩领事"给予适当的惩处,而不是把他送到上海"。他们要求珀佩等待进一步的指示。两

---

① RA UM 2-2189-9#21 Damon: Letter 1901-10-23 from the TPG Council; Letter 1901-10-26 from Carl Poulsen.

② RA UM 2-2189-9 #21 Damon: Letters 1901-10-28 from the TPG Council and 1901-10-26 from US consul; 2-2035-84: Telegram 1901-10-30 from Tianjin consul; 2-2035-84: Telegram 1901-11-01 from Tianjin consul; PVTPG 1901-11-01/217/3 p.470/362.

③ RA UM 2-2035-84: Telegram 1901-11-02 from Tianjin consul.

天后,丹麦外交部要求上海领事授权珀佩审查该案件并释放达蒙,同时将有关文件寄送上海领事法官以便做出裁决。这是传达给珀佩的指示。①

1901年11月6日,都统衙门巡捕确认了珀佩领事的请求,即第二天将达蒙送到他那里。在领事馆,达蒙发表了声明,由领事和两名丹麦人作证,在声明中他宣称自己是美国公民。该声明连同其他文件一起寄往上海。② 都统衙门警方知道丹麦当局已经调查过达蒙,但我们无从得知都统衙门是不是从丹麦的判决中得到了什么信息,从而使他们犹豫不决是否应该将达蒙驱逐出天津。1901年11月13日,都统衙门在与巡捕局长协商后决定,只要达蒙签署一份声明,表明他再也不会返回天津,就将他送往上海,在此期间他将被关在都统衙门的监狱,直到他被武装押送到塘沽登船。就在这前一天,珀佩领事收到上海领事法官的决定,判处达蒙罚款27元或13天监禁。③ 丹麦驻上海领事在给外交部的报告中提到他曾联系英国驻天津总领事,讨论如果有需要应如何使用他们监狱的问题。他还提到都统衙门警方希望将达蒙驱逐出境,因为现在是个好机会,否则的话他很有可能会在法律上惹出很大的麻烦。

---

① RA UM 2-2189-9#21 Damon: Telegram 1901-10-31 from Shanghai Konsul; 2-2035-5: Telegram 1901-11-02 from foreign ministry (quotation); 2-2189-9 #21 Damon: Tele-grams 1901-11-02 and 1901-11-03 from Shanghai consul; 2-2189-9 #21 Damon: Telegram 1901-11-05 from Shanghai Konsul.

② RA UM 2-2189-9 #21 Damon: Letter 1901-11-06 from TPG police; 2-2035-5: Letter 1091-11-07 from Tianjin consul. 这两名丹麦人是弗雷德里克·佩特森(Frederik Benedict Petersen)和兰义(Johannes Lange)。

③ PVTPG 1901-11-13/221/1 p.483/376;1901-11-20/224/6 p.488/381; RA UM 2-2189-9 #21 Damon: Ruling 1901-11-18 by Shanghai consul.

他常常酗酒,喝醉时便会失去控制。达蒙到达上海后曾被领事传唤,但这个案子最终是如何裁决的,我们就不得而知了。①

将近1901年年底,达蒙在江西九江,他要求丹麦驻上海领事给他寄一本护照。1902年2月,英国驻九江领事作为那里唯一的领事官员,向丹麦驻上海领事报告说,达蒙向一所房子开了两枪,造成了轻微的物质损失。他传唤了达蒙,达蒙对他的司法管辖权提出了异议。领事自愿支付了4元,这一私下和解似乎使索赔人感到满意。达蒙又向领事申请护照,以便他可以前往位于九江西南大约150公里的义宁州,即现在的修水县,还要去江西的其他地方。达蒙说,他已经向丹麦驻上海领事提出了申请,他们应该会签发护照给他,但他必须在收到护照之前出发。九江领事拒绝了他的请求,并将他的要求转给海关税务司和当地的中国当局。前者也拒绝为他提供护照,但九江同知(贰府)为他提供了帮助。据说,达蒙要去那些地方是为了向中国人追讨债款。他在九江好像一直待到了1902年10月。②

1902年12月初,达蒙回到天津,花了128.53元从起利成商行(Chi Lee-Tong)买了家具,并在《中国时报》申请了一份工作。由于他没有推荐人,因此他只能做些临时性的试用工作,比如招揽广告、联系拖欠付款的个人和商行,等等。他被明确告知不能经手任

---

① RA UM 2-2035-5; Letter 1901-11-19 to foreign ministry; Summons 1901-12-22 to St. Clair Christophersen.

② RA UM 2-2035-84;Telegram 1901-12-28 from St. Clair Christophersen; Letter 1902-02-14 from UK consul in Jiujiang; Letter 1902-09-09 from St. Clair Christophersen. Singaravelou 2017:119-127,该书中有一节谈到"危险的外国人:兵痞、逃兵和冒险家",其中就包括达蒙(p. 125),作者断定都统衙门把他当成一个无国籍人员对待。

107

何钱款,只能敦促欠款人到报社付款,他还被警告不要代表报社签字。很明显他没有遵守这些规矩,1903年1月初,他声称有人强迫他接受钱款。1月12日,他要求预付报酬,并收到了25元,尽管这违反了报社的规定。1903年2月初,《中国时报》向丹麦驻天津领事指控辛克莱先生(Mr. Sinclair),又名克里斯托费尔森(Christophersen),即达蒙,说他非法收取了100多元,要求让他离开天津并对他予以逮捕。天津领事把这个案子转呈上海领事,因为他认为这件事超出了他的职权范围。几天后,他将起利成商行提出的索赔要求寄给了上海领事。上海领事认为必须在天津逮捕克里斯托费尔森,但是他逃到了上海,上海领事与他谈了一次话。他声称,他的行为得到了《中国时报》的批准。领事判定,起利成商行如果想对102.50元的索赔采取进一步行动,就必须提出指控。这是他们3月20日对达蒙提出的指控,经过进一步的调查,几乎没有得出什么结论。他们发现达蒙总共收到了将近300元,却没有对此做出任何解释,[①]也没有发现任何关于索赔和惩罚的记录。1903年4月,上海领事与驻天津法国领事谈到一项小额索赔,他说达蒙一贫如洗,所以眼下一分钱也赔不了。[②] 1903年7月,达蒙从宁波写信给上海领事馆说,依靠中国资本家的帮助,他计划自己在宁波成立一家批发商行,请求允许他开设一家洋行,名为"克里斯

[①] RA UM 2-2035-84; Letter 1903-02-12 from Tianjin consul with copies of letters from *China Times* 1903-02-04 and 1903-02-06; Letter 1902-02-14 Tianjin consul with the claim of Qi Li cheng; Letter 1903-03-21 from Tianjin consul with letter 1903-03-20 from *China Times*; 2-2189-9 #21 Damon; Telegram 1903-02-23 and letter 1903-03-07 from Shanghai consul.

[②] RA UM 2-2035-5; Letter 1903-04-07 to French consul in Tianjin.

托费尔森洋行"(Christophersen & Co.)。领事回答说,虽然他很欣赏达蒙希望实现长久的体面生活的想法,但由于他自己也心知肚明的原因,领事不能支持他在宁波或任何其他地方开设洋行的计划。①

后来,达蒙因犯有包括攻击他人在内的轻罪在上海被指控并判刑,但他于1910年9月去世,直到去世前他的最后一宗案件都没有得到最终判决。美国驻上海副领事主持了法庭调查,可是达蒙并没有在美国领事馆注册。上海租界工部局支付了丧葬的费用。②

敖柏克(August Aaberg,1860—1918)出生于波恩霍尔姆的伦讷(Rønne)。他的母亲是一名瑞典移民,在他出生时登记为未婚。1870年,他的母亲还是单身,是一位有三个孩子的洗衣妇。③ 敖柏克可能年轻时就来到中国,也许是在他住在烟台附近的时候,一个三岁的女孩被卖给了他。他收养了这个女孩,后来又娶她为妻,他们有了两个儿子和一个女儿。当1918年敖柏克去世时,他的妻子在烟台以西的高疃集村(Gaotuanji)拥有一处有5间房间的土房和2亩(合0.12公顷)土地及2亩抵押的土地。④ 1903年,丹麦/俄罗斯驻烟台的副领事体德满(N. G. Tiedemann)调查过他的情况,天津领事证实他住在天津,1906年他的登记资料显示是在天津的志

---

① RA UM 2-2035-84: Letter 1903-07-08 from Christophersen in Ningbo; 2-2035-5: Letter 1903-07-17 to Christophersen in Ningbo.
② NCH 1909-08-28 p.484;1910-08-26 p.493;1910-09-30 p.803.
③ RA Kirkebøger Rønne 1846-1860 #124; Folketellinger 1870: Skarpegade 2.
④ RA UM 2-2189-9 #1 August M. Aaberg: Letter 1918-09-18 from Holmberg; Letter 1918-12-03 from Danish consul in Yantai.

诚洋行(Bertram & Co.)工作。① 后来,他就在中国各地游荡,但在1909年初又回到天津。同年晚些时候,丹麦公使馆代表敖柏克在丹麦的兄弟询问他的情况,因为敖柏克欠他兄弟一笔钱,但1909年10月,人们又不知道他的下落了。② 1914年,敖柏克在黑龙江哈尔滨经商,他具有丰富的语言技能,会讲丹麦语、英语、德语和汉语。1918年,他在天津的一家酒店去世。领事馆里存有一个有关他的文件夹,其中保存有信件和账簿。一些信件是用中文书写的,其中还有一个信封,上面写着"敖柏克先生的儿子写给已故的敖柏克的中文信",因此敖柏克一定会中文书写,他的儿子应该受过一些教育,除非这些书信是靠别人的帮助书写和阅读的。③

---

① Directory 1906:625;RA UM 2-2189-9 #1 August M. Aaberg: Letter 1903-08-22 in Russian to N. G. Tiedeman. Lensen 1968 第62页中,驻烟台副领事的名字是尼古莱·格林克霍维奇·体德满(Nikolai Genrikhovich Tiedeman),但是在第49页,1903—1904年驻烟台副领事的名字却是皮特·格林克霍维奇·体德满(Petr Genrikhovich Tiedeman),他在烟台任职时名字到底是什么,似乎有些混乱。
② RA UM 0002 Sager til journal C 1907-1910:136; C-1554 Aaberg: Letter 1909-10-24from legation secretary.
③ RA UM 2-2189-9 #1: August M. Aaberg: Passport issued 1914-09-14 to August Mathias Aaberg, merchant in Harbin; 2-2189-12 #130: Mr. Aaberg.

第七章　市政工程与丹麦工程师：水、电与交通

1887年,一位丹麦人来到天津,他与璞尔生和德璀琳一起成为推动天津及周围地区公用事业和基础设施工程发展的重要人物,他就是林德。林德是日德兰半岛北部一位绅士租地人的儿子,这位绅士拥有1704年的贵族特许状(patent of nobility)。[①] 1884年,林德从丹麦高等技术学院(College of Advanced Technology)毕业之后,在暹罗从事道路建设工作,1887年他到达中国北方。[②] 当时在华北,璞尔生正负责架设从天津到山海关然后再通往满洲的电报

---

① Graugaard 1994讲到林德的孙子克里斯滕·托尔普·林德(Christen Thorpe de Linde,1930—2013)如何将林德家族拥有的1704年贵族特许状存放到霍尔斯特布罗博物馆(Holstebro Museum)。2008年,克里斯滕·托尔普·林德热情地答复了本书作者的问询,在巴黎和布鲁塞尔的林德家族成员也同样热情地回应了作者的提问。

② Kamp 1943: 143; Civilingeniørstat 1942: 41 #410; Rasmussen 1986: 94; *Dansk biografisk leksikon* 1936:376-377; 1981:60. 后一资料提到1887年林德曾在俄罗斯政府任职。高级技术学院(The College of Advanced Technology)即现在的丹麦技术大学(Technical University of Denmark)。

111

线。在天津以北偏东大约 150 公里的地方,电报线要从现在的滦州附近横穿滦河。要将粗实的电缆铺设到河底会遇到一定的困难,因为"洪水一来电缆就会被河水冲跑并被拉断"。璞尔生的解决方案是将电报线路移到地势更高的地方,从空中拉一条电报线跨过河流,林德被派来负责这项工程的施工。建成后的单跨架线工程,总长度 4648 英尺(约 1.4 公里),是当时世界第二长的工程,其他如此长跨度的工程都是在拥有更多技术经验和熟练劳动力的国家建成的。①

燃气和电力

1886 年,曾有人提出用煤气为英租界提供公共照明,但这种想法被认为太昂贵了。1888 年 1 月,有人在英租界租地人年会上提出一项建议,为租界提供油制气(oil-gas)照明,其照明亮度是煤油灯的两倍,而供气价格又相同,合同期限为 15 年。同时会议还收到一项供应煤制气(coal-gas)的提议。大会肯定了这些提议,但是要求对方提供更多的信息。② 1888 年 3 月和 5 月召开的两次租地人特别会议讨论并通过了璞尔生提出的油制气提案。1888 年 7 月 14 日,在这项提案在法律上获得英国公使批准之后,英租界工部局与天津气灯公司(Tianjin Oil-Gas Company)代表璞尔生和林德签订

---

① CT 1887-10-15 pp.818-819. Partly reprinted PTT 1907-10-17: Echoes of Old Tianjin. 此项壮举获得国际赞誉,参见 Hawke's Bay Herald 1888-03-08 p.2,这条资料是被叶文静发现的,见 Ye 2011:3。

② CT 1887-01-29 p.200: Annual Report;1888-01-14 pp.26-28: Annual Report.

了一项供应油制气的合同。与此同时,他们也在考虑为法租界和天津城区供应油制气。①

1888年10月,该公司刊登广告,征集资本5万两银,但是直到1889年2月下旬,只筹集到了25 000两银。公司决定修改计划,以缓解财务状况,璞尔生自愿放弃他的红利股。工厂建在英租界以外,是英租界工部局承租的一片土地。工厂的用地面积比原计划缩小了,但管道的口径规格保持不变,以备将来扩建。1889年秋季,工厂设备运到后,建设工程开始施工。②

1889年12月24日的平安夜,英租界的主要街道维多利亚道第一次点亮了油气灯,租界的其他街道也很快安装了路灯。③ 英、法租界铺设的供气管道,总长度约5.8公里。公司第一年年度营业报告写道,供气量为43 634立方米,约三分之二用于公共照明,其余用于私人消费。④

1891年,璞尔生担任天津气灯公司的董事长。林德在公司成立时任工程师,但后来退出了。璞尔生在19世纪90年代一直是公司的负责人,除了担任董事获得的董事费和股票利息,他似乎没有得到多少报酬。1898年和1899年,他获得了500两红利,但根据

---

① CT 1888-03-31 p.202;188-05-05 p.287;1888-05-12 p. 307 with the text of the proposed agreement;1888-06-23 p.329;1888-07-21 p.465;NCH 1888-07-13 p.38;Rasmussen 1925:88.

② CT 1888-10-13 p.670;1889-01-19 pp.37-38;1889-02-23 p.115;1889-10-05 p.627;NCH 1889-03-08 pp.289-290.

③ CT 1889-12-28 p.819, reprinted in PTT 1907-12-03:Echoes of Old Tianjin.

④ CT 1890-08-23 pp.538-540; NCH 1891-07-24 pp.114-115;1892-07-22 pp.132-134.

1899年的评论,这远远不能弥补公司应当偿付璞尔生的实际欠债。①

到1899年,公司的实缴股本已达到41 800两银;股息定期支付,开始是5%,后来提高到8%;输气主管道已延长到9.2公里,到达了英租界扩展界;油制气产量达到132 500立方米左右,制气机的产量翻了一番,其中大部分供私人消费。此后公司又发生了两次火灾,虽然都幸免于难,但是1897年2月发生的第二场火灾很可能会危及公司的生存,因为公司不能再投保了。②

从1899年开始,由于煤油和煤炭价格的上涨,公司出现了亏损,年度账目出现了小幅赤字,如果将折旧和董事费包括在内,赤字可能会更大。在1900年义和团围城期间,公司的损失进一步扩大,不得不提高价格。一些额外损失后来通过英租界工部局向中国政府索要的赔偿得以弥补。当时有人提出对公司进行停业清算,还曾一度考虑把公司出售给英租界工部局,但工部局的想法是天津气灯公司只有与自来水厂一起出售他们才会感兴趣。最终,天津气灯公司幸存下来,甚至把修建路灯扩至英租界扩展界。③

1902年夏天,法租界的街道上出现了电灯,英租界也对此产生了兴趣。1903年夏天,租地人会议决定"与天津气灯公司签订一项

---

① CT 1890-08-23 pp.538-540; NCH 1891-07-24 pp.114-115; 1892-07-22 pp.132-134; PTT 1898-07-02 Supplement 1-2; 1899-07-08 p.75.

② PTT 1897-02-13 pp.199-200;1897-07-03 pp.73-74;1898-07-02 Supplement pp.1-2; 1899-07-08 p.75.

③ PTT 1900-12-08 p.123;1901-02-16 p.163-164;1901-08-03 Supplement;1902-04-12 Supplement p.1;1902-06-21 p.5.

合同,用油制气和电力为租界提供照明"①。1904年新年前后召开的两次股东会议决定,由璞尔生担任董事会主席,将公司的活动扩展到各种不同形式的照明,在地理区域上将营业范围扩展到北京和秦皇岛,并将公司更名为"天津气电灯公司"(Tianjin Gas and Electric Light Co.),认缴资本从目前的5万两银增加到25万两银。1904年3月28日,上海高等法院批准了他们的增资计划,4月《京津泰晤士报》刊登了增资广告。但是,由于股金认购不足,1905年1月公司发行债券3万两,年息7厘。②

1904年夏天,天津气电灯公司就其生产设备和所生产的用电如何在公用设施和私人消费之间分配的问题签署了一项协议,协议预计在12个月内开始实行。但是直到最后期限这一协议也没有兑现,不清楚具体发生了什么事,尽管璞尔生一直在积极活动。1905年4月,《北华捷报》报道说,天津中国电灯公司(Chinese Electric Light Works of Tianjin)在袁世凯的支持下开始恢复生产,袁氏不久前从该公司的创建人璞尔生那里买下了原建的工厂。可是,在1905年6月召开的天津气电灯公司第十五届年会上,董事会主席璞尔生就世界和天津的照明问题发表了长篇演讲,并希望公司能在1个月内开始电力供应。③ 安装工程可能还需要2年的时间才能完成。与英租界工部局签订的供气协议将于1907年7月31日到期。1905年5月,公司保证,有需求的用户只要将其合理要

---

① PTT 1902-07-05 p.5;1902-08-09 p.5; NCH 1903-08-14 p.8.
② PTT 1904-01-01;1904-04-01;1904-04-14;1904-04-21;1905-02-10.
③ NCH 1904-07-15 p.32;1905-04-07 p.28;1905-06-23 p.626.

求告知他们,都将获得电力供应。① 1907年4月,璞尔生遭遇了一场事故,导致其髋部骨折而长时间卧床不起。同年8月底,璞尔生去世。当时他很幸运地正好亲身经历了从供气到供电的转变,但由于他的精神很虚弱,我们不知道他是否意识到他的努力取得了成功。他留下了该公司的股份,价值1600两银。②

河道和铁路

结束在天津气灯公司的工作后,林德从1890年开始多年一直从事河流勘测和铁路建设工作。

纵横天津地区的河流多年来一直存在问题。③ 天津周边的整个海河流域很容易发生洪水,泥沙淤积使航运成了一个问题。对于河道淤积的一种解释是,沿河流开挖运河阻碍了潮水冲刷河道和冲走淤泥。从19世纪80年代中期开始的很长一段时间里,海轮无法抵达天津,不得不在大沽或河流下游卸货,例如在距离天津大约20公里的白塘口卸货再运到天津。在1887年1月召开的英租界租地人会议上,津海关税务司、英租界工部局董事会主席德璀琳提议拨款2000两白银用于河道勘测,因为按照主管工程师的看法,河道的治理是可行的。德璀琳向李鸿章提出过这个提议,李鸿章

---

① PTT 1907-05-22.

② *Vore Landsmend i Udlandet* 5.11:172(1908-03-01):A short obituary; RA UM 2-2189-10 #84 C. Poulsen: Declaration 1907-10-08 from Mathilde Poulsen about the estate of C. Poulsen.

③ Ye 2016,该文是对清末民初海河治理工程的研究,利用了一些从德国外交部档案中找到的资料。

虽然不感兴趣,但表示如若其他人主动采取行动,他也会同意他们的做法。当时,由于会议上提出的问题太多,一时无法解决,因此该提议被撤回了。①

当时,不仅中国政府不愿介入和承担勘测费用,沿河的农民和相关从业者也表示抗拒,他们拒绝改变他们便于利用的河道和河水;抗拒还来自驳船从业者,他们的船吃水浅,这些小轮船和驳船因河道的淤浅而获利,运输愈加繁忙。甚至还有资料提到舢板从业者也表示抗拒河道治理。②

1889年,林德前往山西太原旅行,他注意到现存的地图没有标出河流的确切位置,而且更重要的是,没有标出河流的交汇处及每条河流的流量。1889年发生的洪水非常严重,1890年7月的洪水造成了更大的灾难,这使得李鸿章对于外国工程师提出的河道治理计划产生兴趣。③ 海关税务司委托林德对直隶的河流进行一次勘察。从1890年8月开始,经过两个月的考察,林德提交了名为《直隶河道与夏季洪水》(The Rivers of Chihli, and the Floods during the Summer)的报告,报告附有一张地图及中文译文,同时他还建议对河流做一次更详细的查勘。④

根据这份报告,德璀琳提议开展河流治理工程,工程预计需要

---

① Rasmussen 1925:99-100; CT 1887-01-29 pp.198-200.
② Wang 2014:99-100; CT 1890-03-29 p.195; Rasmussen 1925:99,102; NCH 1903-08-07 pp.269-270.
③ De Linde 1890:1; Haihe 1901.
④ 《德璀琳为治河先行测量事禀李鸿章》光绪十六年十月十九日(1890年11月30日),载《津海关秘档解读》,2006年,第50—51页; CT 1891-02-28 pp.29-30; Rasmusssen 1925:77.

投入100万两银。各方对这项提议似乎有不同的意见。雷穆森在1925年写道:"如果当时执行了这项方案,将会在接下来的几年内节省数百万两。"1901年海河工程局(Haihe Conservancy Board,简称HHCB)的一份报告也对这一点表示赞同,但在林德保存的副本中,他用手写的方式补充道:"德璀琳先生提出了一个不合时宜的计划,这一计划从来没有人认真对待过。这份报告发表时,德璀琳先生任海关税务司和海河工程局的委员。"①

李鸿章任命了一个由地方高级官员组成的委员会,成员包括海关道台、天津道台、一名候补道台,也被称作工务道台,以及一名清军将领。后者提议挖掘一条又长又耗资的运河,作为委员会的工程师,林德向李鸿章表示强烈反对这一提议,他认为这样将会白白浪费经费。委员会的成员巡视了河流流经的部分地区,德璀琳要求将巡视活动提前通知他,以便一起参与巡视,他至少参加过一次巡视活动。然而活动遭到当地农民的抗议,当地官员也因担心治理工程会便利河道航行进而影响他们的私人利益而表示反对。最终,这项计划再次失败。②

1891年到1895年,林德还在北洋铁轨官路总局(Imperial

---

① Haihe 1901; Rasmussen 1925:102 Note ∞.(海河工程局不论在开设时还是在《辛丑条约》中,都没有确切的中文名称,仅被提到其治理工程,直至1902年才正式在文书中出现"海河工程总局"印章。在不同的资料中,其名称也有不同的译法。本文为避免称呼混乱,统一以"海河工程局"称呼之。相关讨论见龚宁《华洋合作:中国近代疏浚业之诞生[1897—1911年]》,《南开学报[哲学社会科学版]》2021年第4期。——译者注)

② CT 1891-02-21 pp.186-187;1891-03-07 p.147;de Linde 1900:3-4;Rasmussen 1925:102;Haihe 1901;《德璀琳为会同查勘河道事禀李鸿章》光绪十七年正月初八日(1891年2月16日),载《津海关秘档解读》,2006年,第51页。

Railways of North China)工作,头两年他作为常驻天津的工程师负责古冶与滦州间大约22公里的铁路线铺设,包括架设跨越沙河的铁路桥,后来他又负责勘定山海关和锦州之间大约175公里的大部分铁路线。接下来的两年,他担任"中后所",即现在的绥中的总段工程师,负责管理从天津到长城以外大约350公里的铁路线路,其间他指挥铺设了大约65公里的铁路,其中要架设几座桥梁,包括将近800米长的六股河(Liugu River)大桥,该桥架设在使用气动装置建造的下沉式桥墩上。①

我们搜集到一批这一时期林德的信件,有些信件虽然日期不详,但显然是他在从事铁路建设工作的时候寄出的。这些信件的收信人分别是玛格丽特(Margaret)、马里恩(Marion)、马奇(Madge)、莱丽(Lili)。第一封寄给"亲爱的玛格丽特"的信写于1891年5月20日,当时他正在滦州一处属于铁路系统的房屋中躲避一场沙尘暴。② 玛格丽特全名玛格丽特·马里恩·马克里希(Margaret Marion McLeish, 1876—1937),是威廉·马克里希(William McLeish, 1851—1921)的大女儿。威廉·马克里希从1886年开始在天津水师学堂担任教习,也是《京津泰晤士报》副刊的一位多产作家;1901年到1903年,他又成为该报纸的所有者和编辑。同时,威廉·马克里希也为《字林西报》撰稿。从1903年开

---

① RA Albert de Linde: Letter 1894-10-09 from Claude W. Kinder, Imperial Railways of North China. 档案中有多帧1892年沙河桥(Shahe Bridge)建造时的照片; Directory 1892: 90 and 1894: 94。

② RA Albert de Linde: Letter undated but with internal dates 1891-05-19 and 1891-05-20 to Dear Margaret.

始,他又担任天津英租界工部局的秘书。①

这些信件证明,在玛格丽特15岁之前林德就已经开始向她求爱了。他写给"我亲爱的玛格丽特"的第二封信是1891年6月18日从滦州寄出的。1891年末的一封信是用法语写的,玛格丽特可能是用这些信件来练习法语的。在1892年的一封信中,列有一组丹麦语和英语双语对照单词;在1893年5月的几封信中,林德画出了绥中的房子、土地和周围环境的草图。1892年初,玛格丽特刚满16岁,林德就向她求婚了,但他不得不等到1893年9月26日,也就是她17岁生日过后的几天,才与她正式成婚。②

在他们举行婚礼的三周前,也就是1893年③9月6日,他们在天津享受午餐时,遇到了格奥尔格·包尔(Georg Baur),他注意到林德的妻子娇小玲珑,比丈夫年轻许多,而且他们将常年生活在偏远的长城以北地区,因为林德的主要工作是在山海关到锦州的铁路沿线。④

1894年4月底,林德与北洋铁轨官路总局的合同即将到期,他没有再续签。林德得到保证说报酬将继续支付,同年7月,他被叫到天津签署了一份新的合同。然而,由于中日甲午战争一触即发,

---

① RA Albert de Linde: Letter 1918-12-15 from William McLeish to Frank(Matteson Bostwick, 1857-1945, Commodore, US Navy); Rasmussen 1925:59 and 110. 威廉·马克里希(William McLeish)发表的几篇有关天津生活的作品可在网络上找到。
② RA Albert de Linde: Letter 1892-02-08 from Albert de Linde to "Dearest Margaret"; *Kraks Blaa Bog* 1930:623.
③ 原文误为1993。——译者注
④ Baur 2005:519,725 and 739. 该书人物索引中,将玛格丽特·马里恩·马克里希(Margaret Marion McLeish)误为妹妹格特鲁德·马克里希(Gertrud McLeish)。

这份合同被推迟执行。8月下旬,林德在天津,公司董事会要求所有工程师重返工作岗位,总工程师和总监都拒绝这一要求,并表示只要资金得不到保证他们就无法继续工作。10月初,林德又收到总工程师的一封信,表示由于中日甲午战争,北洋铁轨官路总局不得不无限期地免除他的职务。他们是不情愿这样做的,同时他们真诚地表示,林德是"一位训练有素、积极主动、能力非凡的工程师"。林德立即写信给北京的公使馆,请他们帮助他向铁路总局索要拖欠他的报酬和前往欧洲的路费,这些条件是他第一份合同所规定的。①

我们不知道这次外交介入的结果,但在1894年10月底,玛格丽特和林德在欧洲住了大约一年,他们的第一个孩子克里森·阿尔伯特(Christen Albert)于1895年8月出生。② 林德利用这次旅行的机会继续通过学习充实他的专业技能,他把当时怀孕的妻子留给了她的叔叔——一位老牧师照顾,然后他对"与海河很相像的河流做了一次详细的研究,以备我可能再次前往中国"。通过一些著名工程师的介绍,林德前往北英格兰的提兹河(Tees)和泰恩河(Tyne)及法国的塞纳河(Seine)考察,他发现海河与治理之前的提兹河非常相像,提兹河在1800年后不久才开始治理工程,因此他相

---

① RA Albert de Linde: Letter 1894-10-09 from Claude W. Kinder, Imperial Railways of North China. With certification from the acting Danish consul to the legality of the signature of Mr. Kinder; RA UM 2-0426-2: Letters 1894-05-18 and 1894-08-23 from Kinder to de Linde; Letter 1894-10-12 from de Linde to the legation in Beijing.
② NCH 1894-11-02 p.747; Albert de Linde's autobiography in Graugaard 1994: 67-69.

信海河的治理同样可能会取得成功。①

他还对更多其他领域产生了兴趣,包括电气工程。在英国期间,林德成为电气工程学会的成员(Member of the Institution of Electrical Engineering,简称 M.I.E.E.),此外他还是土木工程学会的准会员(Associate Member of the Institution of Civil Engineering,简称 A.M.I.C.E.)。1895 年底回到中国时,林德是伦敦西门子公司(Messrs. Siemens Brothers and Co.)的技术代表,年薪 200 英镑(大约 1200 两银)。他向璞尔生提议建立一家电镀工厂,他认为电镀工厂特别符合中国的情况,因为其工人需要"耐心而不是精力"。林德认为开始应该建立一个小型工厂,以获得不同金属市场的经验。一个每天出产约 10 平方米产品的工厂,大约需要 3000 两银,外加 1000 两银作为他自己的报酬,用股份支付。此外为建立工厂大约需要三个月的时间培训中国工人。1896 年 2 月,璞尔生寄给林德 100 两银,林德信心十足地于 1896 年 9 月和 1897 年春分别开始在上海和天津建立工厂。②

林德与铁路局联系,希望能为火车安装并使用电动刹车,但他不能确定几年后这项技术是否会过时。他还积极推动在天津英租界和法租界安装电灯,(见下文)1897 年又在北京的外国使馆区和

---

① RA Albert de Linde: Letter 1895-02-20 from Albert de Linde in London to My dear Detring; PTT 1896-05-16 p.42, 1896-07-04 p.71.

② RA Albert de Linde'Brevbog: Letter 1896-01-20 A.de Linde in Shanghai to Poulsen, pp.38-39; Letter 1896-02-06 de Linde in Shanghai to McLeish, pp.57-58; Letter 1896-03-17: de Linde, Globe Hotel, Tianjin to Poulsen, pp. 68-70; undated fragments on the subject written around 1896-02-01, probably to Poulsen, pp.42,56.

外国人居住区安装电灯。① 1897年,林德参与电气工程项目的热情似乎有所减弱,但1897年12月,西门子公司每月仍然在支付他报酬,作为他妻子和孩子的生活补贴。② 1898年初,他还写信给西门子公司,谈到从北京城外的铁路终点站修建一条有轨电车,过后不久,他又提到在上海铺设有轨电车的计划。③ 我们不知道他在电气工程方面主动提出的这些建议,对于西门子公司在中国推广他们的电气设备是否有帮助,但是林德在这个方面的兴趣一直不减。1910年,在一本国际指南中,他被列入"直接或间接与电力和磁力有关的产业"的推动者,地址注明在伦敦。④

林德也继续关注铁路方面的发展,他就铁路的运营与资金问题写信给上海怡和洋行(Jardine Matheson)和美国人毕德格(William N. Pethick, 1848—1901),后者在天津有长期担任领事和翻译的经历,对铁路很感兴趣。他还提到马克里希曾参与北京至汉口铁路线勘测的谈判。⑤ 1896年3月,他曾通过德璀琳与贺璧理(Alfred Edward Hippisley)交涉月薪问题,贺璧理于1896年4月担

---

① RA Albert de Linde Brevbog: Letter 1896-02-07 C.W. Kinder to de Linde, pp.61-64; Letter 1897-07-15 de Linde to Siemens, pp.156-158.

② RA Albert de Linde: Agreement 1897-12-20 between Albert de Linde and Margaret Marion de Linde.

③ RA Albert de Linde Brevbog: Letters 1898-01-24 de Linde to Siemens, pp.208-209, and 1898-03-29 p.211.

④ Berly 1910:117.

⑤ RA Albert de Linde Brevbog: Letters 1895-12-24 de Linde in Shanghai to Jardine Matheson, Shanghai, pp.6-12; 1896-01-15 de Linde in Shanghai to Pethick; 1896-02-06 de Linde in Shanghai to McLeish, pp.57-58; 1896-02-07 Kinder to de Linde, pp.61-64.

任北京大清海关总税务司的首席秘书。林德要求每月付薪600两银,贺璧理表示只能提供200两,而林德表示不愿意接受低于400两的薪酬。这究竟是一份什么样的工作我们不得而知,而显然这次交涉没有再继续下去,或者说林德可能没有被海关雇用。①

从1895年开始,天津河道的航行再次成为一个问题。这使得林德在对英国和法国河流的研究中所获得的知识和经验有了一次应用的机会。他联系了荷兰鹿特丹的施墨德船厂(A. F. Smulders Engineers and Shipbuilders),声称自己是少数几个专注于水利工程的工程师之一。他详细阐述了进入中国市场的想法,并建议由他担任公司在中国的代表,在广州或汉口设立一个代理机构。公司应支付他报酬,他则根据中国订单的多少收取佣金。②

1896年5月,林德会见了天津洋商总会(Tianjin Chamber of Commerce)主席克森士(Ed Cousins),克森士建议写一份报告"寄给一位在其本国(指英国)的专家,使这位专家能够发表他的意见,就像他亲临现场一样"。林德更愿意将报告寄给多位专家,除了克森士认为应当请教的英国专家,他还希望能有一位来自欧洲小国的专家参与,他为此还致函驻北京的荷兰公使。1896年7月,洋商总会决定聘请林德对海河进行一次勘测。他们专门提到了林德对英国和法国河流的研究,尤其是他认为海河与提兹河情况非常相似的这一事实。林德获得的经费是600两银,他还需要一艘以煤

---

① RA Albert de Linde Brevbog: Letters 1896-03-20 and 1896-03-21(or perhaps 1896-03-28)de L,inde to Detring, pp.72-72; *Documents illustrative of the Origin* vol.1:456 with a biography of A.E. Hippisley.

② RA Albert de Linde Brevbog; Letter 1896-06-16 to Smulders, pp.111-114.

炭为动力的小火轮,以及船员和监视潮汐测量仪的五名男子,勘测至少要用两个月的时间。如果各项花费超过给予他的经费多达100两银,他将用自己的钱支付超出的部分。该项经费由洋商总会和英租界工部局提供,他们希望欧洲专家们的费用由航运公司支付。至于这些专家的意见和建议,中国当局可以通过驻北京的外国公使联系他们。①

1897年3月,英国和法国领事、洋商总会会长和林德一起会见了新任直隶总督王文韶以及海关道台和其他中国官员。中国人对林德的报告进行了仔细的研究,王文韶同意采取治理行动。②

吴廷斌(Wu Tingping)担任负责管理直隶河道的道台已有数年,③在1890年任候补道台时他曾提出挖掘一条从挂甲寺(Kua Chia Ssu)到泥窝(Niwo)的长约15公里的引河,废弃大约40公里的河湾和淤浅河段。这虽然是更有效的解决问题的方法,但需要经费大约90万两银,政府难以负担这样高额的费用。林德的计划是花费25万两银,通过建造水闸、封闭运河和支流来调节海河水量。1897年9月,直隶总督同意了这一计划,并表示如果工程没有取得预期效果,仍有可能开挖一条引河,并通过延长拨付经费的时

---

① RA Albert de Linde Brevbog: Letters 1896-05-10 and 1896-07-04 to Cousins, pp. 106-108,124;1896-07-04 to Dutch minister pp.127-128; RA. Albert de Linde: Letter 1896-07-05 from Tianjin General Chamber of Commerce to de Linde; PTT 1895-07-20;1896-05-16 p.42;1896-07-04 p.71; Haihe 1920:4.
② PTT 1897-03-06 p.4.
③ 按照《天津府志》的记载,吴廷斌,字赞臣,安徽泾县监生,光绪十八年(1892)六月署任天津河间兵备道,管辖天津、河间二府十八州县,"兼管河务",也就是同时负责管理辖区内的河道治理。其任职期没有记载。——译者注

间来减轻财政负担。①

1897年9月,林德致信丹麦/俄罗斯驻北京的公使馆,表示他的项目已得到直隶总督的批准,即将提交北京的外国公使。他表示这个项目如果拖延太久,就有无法启动的风险,所以他请求获得俄国公使的支持。当时,有三家公司实际垄断了海河的水上运输,他们拥有专门根据河道情况打造的船只,普通船舶根本无法与之竞争。他特别提到在轮船到来之前,丹麦在中国有许多帆船,现在显然有计划派丹麦轮船来华从事贸易,但就天津的情况而言,在河道得到治理之前,船舶驶入天津是不可能的。②

关于河道治理经费问题的谈判一直持续到1898年的夏天。受条约限制,中国不能提高进出口关税,因此双方同意由中国政府支付10万两银,其余15万两银由外国航运公司筹集。解决办法是,各国租界对天津进出口货物征收市政税(municipal tax),以偿付15万两银的贷款,但最终这笔贷款由英租界工部局筹集。1898年5月初,"海河改进计划"(Haihe Improvement Scheme)获得驻北京的外国公使和总理衙门的批准。③

1898年7月26日,林德与海关道台李岷琛采用法文和中文签订了一份合同,从1898年8月1日起,他被正式聘任为海河工程局的

---

① de Linde 1900: 4-6, with a translation of letter 1897-09-16 from Wang Wenshao to the senior consul in Tianjin; Baur 2005:753; NCH1897-05-14 p.857; 1897-09-17 p.535; PTT 1897-08-07 p.92.
② RA Albert de Linde Brevbog: Letter 1897-09-0I to Monsicur Paulow, chargé d'affaires du Danemark, pp.167-168.
③ PTT 1898-07-02 Supplement;1898-04-30 p.35;1899-01-07 p.179.

总工程师。① 该合同由领事团首席领事和海关税务司联名签署,合同为期两年,同时规定如遇不可抗力原因可以延期。支付给林德的薪水为两年 24 000 两银(每月 1000 两银),按英镑计算为每月 136 英镑,包括他所需的所有费用,如付给雇佣人员的报酬和购置勘测仪器的费用等。② "海河改进计划"开始六个月后的账目包括按合同支付给林德的酬金,以及其他员工六个月的薪水和办公费用等。③

海河治理工程于 1899 年 4 月开始动工,据报道,1900 年春天,随着河水的上涨,运河被关闭。④ 在 1900 年夏天义和团运动爆发期间,海河工程局已建成的地面工程和大量动产都遭到了严重破坏,估计价值 12.6 万两银,由于中国政府提供了 40% 的费用,因此索赔仅针对洋人所支付的 60%,最终赔付了 80 158 两银。⑤

---

① Directory 1899:121: Peiho Improvement Scheme; de Linde 1900:7 has a translation of the proclamation by the governor-general on the start of the work.
② RA Albert de Linde: Contrat Entre LI, Taotai de la Douane de Tianjin et M.de Linde, Ingenieur, signed 1898-07-26 by A.de Linde, G. du Chaylard(senior consul), Alfred E. Hippisley, commissioner of customs, 以及津海关道李(two unclear letters)。合同的中文版本(可能是草稿,其中未有任期、报酬和签署时间及签字),可见《津海关秘档解译》,2006 年,第 54—56 页。
③ TD-W1-1-7722: Hai-Ho Improvement Scheme Statement of Accounts 1898-08-01 to 1899-01-31.
④ NCH 1900-02-14 p.256; PTT 1900-03-10 Supplement;1900-10-27 p.99.
⑤ PTT 1901-09-28 Supplement; TD-W1-1-7691 History of The Hai-Ho Conservancy Commission p.7.

天津自来水公司

1897年6月,爱德华·瓦林(Edouard Walin)作为比利时代表团的成员访问了天津。① 他是代表一家与中国铁路建设有利益关系的比利时公司的两名签字人之一。签署协议的名称为《关于汉口至卢沟桥铁路借款450万英镑合同的补充条款,1897年7月27日》(Additional Protocol to Contract relating to the Loan for Four Million Five Hundred Thousand Pounds Sterling for the Railway from Hankow to Lu-kou-chiao, July 27, 1897)。他签字使用的头衔是"道桥高级工程师、公共自来水公司董事",同时他还撰写了一份有关天津供水的报告,在这份报告中他可能使用了从璞尔生和林德那里获得的信息。②

天津自来水公司在19世纪80年代初期就已经成立。在1883年公司开始发行股票时,股票并不容易售出。我们上一次看到有关自来水公司的信息是在1885年,如前文所述,当时海关税务司德璀琳想要在天津他的办公室与大沽水厂之间连通电话。③ 1889年10月,《中国时报》刊登了一篇社论,呼吁英租界工部局和法租界公议局使用公共基金投资洁净水的供应,并指出从排放污水的河流中抽取生活用水存在健康风险。④ 1890年初,工部局秘书提出

---

① NCH 1897-05-21 p.896;1897-06-11 p.1069;1897-06-25 p.1162.
② MacMurray 1921:147-149; Walin 1898:443-450.
③ Hong List 1882:58;1884:65; NCH 1883-06-27 p.99.
④ CT 1889-10-05 pp.646-647.

一项倡议,以每百加仑(378.5412升)2两银的价格从山上引取洁净水,但是如何分配引取的水以及这个计划最后的命运如何不得而知。同年,法租界公议局的工程师勒内·格里丰①提出了一个从河中取水供应租界的计划,但由于在天津的欧洲人人数比较少,无法获得足够的资金,这一计划也无法实现。②

英租界从1894年开始准备建自来水厂。当时考虑有三种办法向天津供水:一、直接从河中取水但需要净化;二、从自流井中抽水,风险是投入资金后可能毫无效果;三、从大约80公里以外通过管道或铁路输送纯净水到天津。1895年一整年,报纸上经常刊登一些争论,主要来自自流井供水的支持者,③但与此同时,"租界的外国技术人员和商人们强有力地合作"开始筹划从河中取水供给租界。④

投资10万两银的天津自来水有限公司(Tianjin Waterworks, Limited,简称TWWC)在1895年10月成立了由发起人组成的临时委员会,璞尔生担任委员会主席。关于这个公司,我们了解到:

> 该公司的工程是由土木工程师司徒麟设计的。他在这一领域有丰富的经验,曾指挥过情况类似的几个丹麦城镇自来水厂的建设,那里冬季的气温一般在零下15华氏度到零下20

---

① 勒内·阿道夫·格里丰(René Adolphe Griffon,1860—1896)毕业于巴黎综合理工学院(Ecole Polytechnique),先后在旅顺和天津工作。CCDBY#1.
② CT 1890-01-04 p.3; Walin 1898:443.
③ PTT 1895-02-23 p.203; 1895-03-30; 1895-07-20; 1895-07-20; 1895-08-03; 1895-09-21 p.324; 1895-10-05 p.381; 1895-10-26 p.343.
④ PTT 1895-09-14 p.318.

华氏度(约零下 9.4 摄氏度到零下 6.7 摄氏度)之间。①

1865 年司徒麟出生于哥本哈根。他虽然注册为机械工程师(Maskiningeniør),但又表现得像是一名土木工程师。1893—1895 年,他是司徒麟-赫兹工程公司(Stählgren & Hertz)的合伙人。② 那一时期丹麦报纸的报道和广告证实,这是一家拥有丰富经验和能力的公司,但是无论报道还是广告都没有提到自来水工程。③ 1895 年 8 月,司徒麟作为阿尔弗雷德·克里斯滕森公司(Alfred Christensen)的代理人来到天津,该公司是一家设在哥本哈根的贸易公司,拥有广泛的国际贸易往来。④ 我们还不清楚他是不是专为设计天津的自来水厂而来中国的,但是由于璞尔生的倡议,由一名丹麦工程师参与这一项目还是有可能的。从欧洲回来的林德到天津后不久就注意到"这位丹麦工程师不是土木工程师,而是未通过考试的机械工程师。他似乎有酗酒的习惯"⑤。

除了司徒麟的计划,天津自来水公司还有两项利用河水的提议。一项是勒内·格里丰提出的,在英租界从河中取水,但只能在夜间特定时间,很少有人将粪便倾倒进河里的时候取水;另一项是

---

① PTT 1895-10-19 p.339; NCH 1895-11-01:721.
② KS Politiets Registerblade: 1892-05-13, Station 1, Rulle 0035, Registerblad 3301; Adressebog 1893:17; Krack 1895:648.
③ *Jyllandsposten* 1893-07-30 p.2; 1893-10-27 p.1; 1894-04-24 p.4; 1894-04-27 p.4; 1894-10-29 p.1,刊有多幅相同的广告。
④ RA UM 2-2035-4:Letter 1895-11-12 to foreign ministry; Dahl 1920:297; PTT 1895-08-24.
⑤ RA Albert de Linde: Undated letter from Albert de Linde. 从内容来看,这封信毫无疑问是林德从天津到了北京之后于 1895 年 11 月中旬写的。

德国工程师锡纶①提出的,他建议从天津城外大运河上游取水,从而避免河水流经天津城而遭受污染。这样一来,水的净化会更便宜,节省了需要铺设大约3公里管道将水输送到租界而产生的额外费用。这也将是一个为天津城提供自来水的好契机,一旦中国人认识到饮用纯净水的好处,就可以将自来水通到天津城内供大量居民饮用。这两项计划成本大约都是10万两银,但最终都被暂时搁置了。②

自来水公司与英租界工部局的接触开始于1895年9月。1896年1月,英租界租地人年会提出了一项提议,内容是建议与天津自来水公司达成一项协议,使其"对双方都具有约束力,为期25年",但会议决定等待法租界公议局提出可供选择的另一种方案,然后在3月底前再召开一次会议。③

1896年2月,法租界开始钻探自流井。同年3月,法租界公议局与勒内·格里丰和查尔斯·戴维斯·詹姆森④签订了一份合同,内容是为租界提供电灯照明和自来水,为期20年。1896年秋天,他们在100多米深的地下发现了饮用水,但其可提供的水量不足,所以到1897年初该计划暂时中止,1897年5月宣布最终放弃该项

---

① 锡纶(Albert Schiele,? —1927)于1894年来到天津,在武备学堂的铁路工程科担任教师。Baur 2005:746, 762; CCYDB#1。
② Walin 1898:446-450.
③ PTT 1896-01-25 p.396.
④ 查尔斯·戴维斯·詹姆森(Charles Davis Jameson,1855—1927),美国人,毕业于缅因州鲍登学院(Bowdoin College, Brunswick ME)工程专业。CCDBY#1,关于他此后在中国的工作,参见 Stross 1989:60 ff。

计划。①

林德在英国时研究了供水系统的最新进展,其目的就是向在中国的外国租界提供建议。但在天津,他发现供水计划已经发展很快,他不想再提出一个竞争方案了。他对电灯照明的兴趣使他也参与了天津自来水厂的建设计划,因为他看到了将两个方案结合起来节省资金的可能性。1896年3月25日,查尔斯·詹姆森和勒内·格里丰致函英租界工部局,请求允许他们为英国原订租界和扩展界提供电力照明,为期20年,其价格与气灯照明相同。英租界工部局秘书联系了林德,向他询问安装电灯的问题,可能还有开凿一口直径20厘米、深度180米的自流井的设备问题。林德不愿意提出任何有可能削弱制气工厂而发展电灯照明的倡议,但他愿意向租地人会议提供信息,帮助他们做出决定。②

1896年4月20日举行的租地人特别会议,除了其他议程,还认真审议了关于建设自来水厂和电力照明的提议。关于建自来水厂的决定被推迟,以等待法租界试验的结果。关于电力照明,虽然有些人感兴趣,但是现在提供街道照明的气灯公司要求制订未来的照明计划,因为公司目前处于亏损状态。会议决定组成一个委员会,在三个月内就照明和自来水供水方案提出报告,同时指示这个委员会首先听取气灯公司的意见,但也不限于此,亦可以听取其

---

① PTT 1896-02-08 p.402;1896-04-25 p.3;1896-05-02;1896-10-17 p.130;1897-01-16 pp.183-184;1897-05-29 p.51; Walin 1898:444-445; Spicq 2012:88-89.

② RA Albert de Linde Brevbog: Letter 1896-04-05 to Easterbrook, Allcard & Co, Sheffield; Letter 1896-04-10 to Siemens; Letter 1896-04-14 to the chairman of the British municipal council; PTT 1896-04-25 p.3.

他方面的意见。同一天,林德向西门子公司表示,他对该决定很满意,并进一步寻求技术方面的建议,因为他确信美国人,例如查尔斯·詹姆森,会"给气灯公司提供一些廉价的器材,如果由他们承担电力照明的话。我的职责是要告诫人们,故障往往是由劣质设备造成的"①。

应委员会的请求,林德出席了几次委员会的会议,他与西门子公司合作提出了一项计划,由气灯公司为 40 栋房子安装白炽灯,并安装 100 盏路灯,此外还要提供锅炉、发动机和发电机等设备一式两套,以备替换和扩大安装范围时使用。此项工程经费大约需要 25 000 两银,运营成本比目前供应的燃气成本大约低 40%。关于这一计划的优势,他进一步提到向英租界扩展界输送燃气需要输气主管道穿过英国体育场(Recreation Ground),这样可以避免日后产生竞争。最后,在他看来,由于对电力照明需求的增加,公司现在从租地人获得的条件可能会比以后更为有利。②

1897 年 2 月 26 日,委员会的报告提交给英租界租地人会议,报告提出,推广电灯的时机为时尚早,但是,自来水供给已经到了可以实施的时候。委员会随后提交了由林德设计的自来水公司修订方案,林德出席了会议并根据提议回答了技术方面的问题。作为筹备委员会的主席,璞尔生在中间插话,就水的纯净度问题发表了他的看法。他说,人们"已经饮用了多年,没有出现任何严重的

---

① PTT 1896-04-25 p.3; RA Albert de Linde Brevbog: Letter 1896-04-20 to Siemens, pp.100-101.
② RA Albert de Linde Brevbog: Letter 1896-06-25 to board of directors, Tientsin Gas Company.pp.117-123(p.121 is missing).

流行病。专家们也高度评价了提供饮用水的质量"。会议讨论到此终止,"等待筹划中的自来水公司提出供水量数据,该公司由租地人每年提供 2000 两银,用于产出供租界使用的自来水,以及 10 亩(约 0.6 公顷)土地的地租,按每亩 15 两共 5 年"。与此同时,自来水公司发表招股说明书募集资本 6 万两银。①

1897 年 4 月 14 日召开了一次租地人会议,"审议与供水有关的提议"。除了天津自来水公司的方案,英租界工部局还收到了来自天津机压过滤水公司(Tianjin Pressure Filter Water Co.)的提案。会议注意到该提案与林德的方案非常相似,除了使用机器过滤水,这在当时还是很少见的非常新的技术,但在天津当时的条件下如何运用该项技术,报告表述得还不清楚。会议经过审慎的考虑,同意采用天津自来水公司的方案,因为按照该方案建立的系统不太复杂,而且该技术存在已久并经过试验证明效果良好。作为天津自来水公司董事长的璞尔生签署了致英租界工部局董事长的信并附上拟定的协议,林德在会上就技术问题发表了他的看法。协议最终在 1897 年 4 月 28 日的一次租地人会议上获得批准。②

该协议为期 25 年,天津自来水公司将根据"公司法规(香港)"组成有限责任公司,开始发行股票 600 股,每股 100 两银,总值 6 万两银。1897 年 6 月举行第一次股东会议时,519 股已经被认购,40 股赠与推进委员会的成员,10 股赠与璞尔生,5 股赠与其他 6 人,作

---

① PTT 1897-03-06 Supplement pp.1-2;1897-03-06 p.3.
② PTT 1897-04-10 p.21;1897-04-24 Supplement;1897-05-01 p.36. 刘海岩在他发表的有关天津自来水供应的论文中,没有提到璞尔生或林德,仅提到 1898 年一些英国洋行投资并组建了天津自来水公司,详见刘海岩 2008:54;2011:394—395。

为他们所做工作的酬劳。这就解决了此前提出的"创始人股份"问题,因为正如报纸辩论中经常提到的,这些股份按照惯例要配给那些认购了同等数量普通股的人们。会议还讨论了法租界公议局关于供水的一封来函,将由董事回复来函并开始与之谈判。①

10月,林德获得了400两银月薪,这也许是他从1897年9月10日以来获得的第一笔薪水。公司几乎在同一时间开始建造水塔,输水管道主要是在1898年铺设的。② 公司注册和正式成立四个月后,也就是1898年2月21日,举行了第一届公司成员大会。在1898年6月举行的第一届公司年会上,工程师林德表示,希望能在1898年9月底开始供水。公司为他配发了24股以取代2400两银的工作报酬。供水是从1899年1月1日开始的,在1899年8月举行的第二届公司年会上,董事会主席报告说,公司的运营状况令人满意,65 000两银注册资本已经全部缴清,但本年度账户只展示了4个月的经营情况,所以现在要评估财务状况还为时过早。过滤后的水供给私人消费者,如璞尔生所说,"非常适合用于工业、洗浴,一般来说是用于清洗目的,而煮沸后非常适合饮用"。一些未经过滤的水则被出售给市政当局。所有27个消防栓都可以用于灭火,每个消防栓每分钟可以供水约1立方米,供水高度8—9米。同时公司正在考虑向英租界扩展界和其他租界供水。剩下的一个问题是废水的处理,这原本是那些运水人的工作,他们现在失去了

---

① PTT 1897-03-06 p.4;1897-03-13 pp.7-8;1897-04-10 p.24;1897-06-12 p.60.股东大会同样内容的报告,见 NCH 1897-06-25 p.1138.
② RA Albert de Linde:Receipt 1897-10-11 by A.de Linde; PTT 1897-10-09 p.129; 1898-04-02 p.19; 1898-05-28 p.51.

一半的工作,所以废水处理的价格将会上涨。这会阻止一些潜在用户加入自来水供应系统,但另一方面也可能会促进将来对排水系统的投资。①

天津自来水公司通水后居民在供水龙头处争相接水(1900年后)

1900年3月,天津自来水公司特别大会批准了与英租界扩展界工部局的协议,公司资本增加了350股,达到10万两银,并立刻发行200股以支付扩展界的投资。② 在义和团围困期间,天津自来

---

① PTT 1898-02-23 p.210;1898-07-02 p.72;1898-12-31 p.175;1899-08-26 p.103-104(quotation); NCH 1898-12-05 p.1048;1899-09-04 p.475.
② PTT 1900-03-10 p.7.

水公司遭受的毁坏较小,且这些损失都得到了赔偿。1900年5月到1901年4月的财政年度,公司首次出现大量盈余并支付了20%的股息,或者可以说非常接近公司成立以来全部股本的6%股息。①

在与英租界工部局的谈判中,自来水公司提出将该公司出售给工部局,结果被工部局拒绝了。1902年,天津自来水公司在英租界扩展界铺设输水主管道,并在夏末开始供水,同时还准备向法租界和德租界供水。② 在接下来的几年里,即由璞尔生担任董事长的所有年份,公司账目都显示出良好的经营效果。1907年6月,璞尔生就不再作为董事会主席参加公司年度大会了。③ 璞尔生去世时,只持有6股天津自来水公司股份。而1908年4月,林德持有126股公司股份。④

---

① PTT 1900-08-25 p.62;1901-08-17 p.61.
② PTT 1902-04-12 Supplement;1902-07-19 pp.5-6.
③ PTT 1904-06-21;1907-06-27;NCH 1906-07-06 p.4,9.
④ RA UM 2-2189-10 #84 C. Poulsen; Declaration 1907-10-08 from Mathilde Poulsen about the estate of C. Poulsen; Albert de Linde Brevbog William McLeish: Instructions 1908-04-25 to Mr. Kent.

第八章　丹麦贸易的促进者

1896年1月,司徒麟写信给丹麦驻上海的领事,自称"丹麦哥本哈根夏尔斯·克里斯滕森工程与出口公司"(Chas. H. Christensen, Engineer & Exporter of Copenhagen, Denmark)驻外国代表,并使用印有该公司抬头的信笺。司徒麟在信中表达了对领事的感激之情,因为领事协助他将汇丰银行的账户转到天津并开办了一个额度相当大的信用账户,他还请求领事帮他联系挪威航运公司的代理商,以租用一艘1600—2000吨的轮船,一旦天津解冻开河,就可以从天津运输大豆和普通货物到广州。①

司徒麟聘用了中国买办何景山(Ho Ching San),1895年秋天,他们与北京西南房山县平狼沟(Ping Lang Kou 音译)煤矿矿主刘海

---

① RA UM 2-2035-82: Letter 1896-01-22 from K. Stählgren; Folketællinger 1880 Københavm Amaliegade #88,据这份文件记载,夏尔斯·克里斯滕森(Henrik Charles Christensen)于1872年出生在鲁兹克宾(Rudkøbing,丹麦朗厄兰岛上的一座城镇,朗厄兰市镇的行政中心。——译者注),他的父亲是阿尔弗雷德·克里斯滕森(Alfred Christensen)。

峰(Liu Hai Feng)一起成立了一家联合公司,股资共6万两,双方各持一半股份。司徒麟负责为煤矿提供现代化设备和外方经理,刘海峰负责提供矿山和中国矿工,以及处理与中国当局之间的所有问题,并保证每年按房山县当时的价格销售18 000吨煤。该项合同须由丹麦驻天津领事和海关道台共同签章。两份经过签章的合同副本连同英译文本正式提交给领事,并于1895年12月24日登记。①

为了筹集资金在欧洲购买设备,司徒麟出售了3股股票,每股3000两银,一半立即支付,其余的要等抽水机械运到时再支付。这些股票卖给了自称官员的中国投资者,由在北京的吉罗福作为中间人和担保人。按司徒麟的说法,吉罗福免费获得了1股作为酬劳。1896年3月,就在司徒麟准备离开中国度假时,直隶总督王文韶宣布,该合同将不会被中国当局批准,因为中国当局禁止外国人以这种方式拥有中国煤矿的股权。②

回到丹麦后,司徒麟与1871年出生在丹麦北部埃姆(Emb)的凯伦·雅各宾·洛伦岑(Karen Jacobine Lorenzen)结婚。1896年7月22日,他成为丹麦东亚贸易公司(Danish-Oriental-Trading Company lim.)的创建人之一,从事与中国的进出口贸易。这是一家有限责任公司,资本1.5万丹麦克朗(相当于825英镑或5000两银)并拥

---

① RA UM 2-2035-83: Letter 1898-04-17 from H.C. Schiern with a report from Ho Jingshan; 2-2035-82: Contract 1895-11-29/1895-12-17 between Liu Haifeng and Karl Ståhlgren.
② RA UM2-2035-77: Letter 1897-05-28 from C. Lindberg om Ståhlgren; 2-2035-82: Letters 1897-05-20 and 1897-06-21 from P. Kierulff; Letter 1897-06-23 from K. Ståhlgren using the letterhead of Danish Oriental Trading Co.

有"中国一座煤矿的一部分"。董事会成员有夏尔斯·亨里克·克里斯滕森（Charles［Chas.］ Henrik Christensen）和生活在天津的司徒麟。①

司徒麟夫妇于1896年8月下旬回到了天津，②但没有带来采矿设备。1896年11月，司徒麟写信给吉罗福说，机械设备正在运输途中。根据他的这一说法，一名中国投资者支付了他另一半股份，因此司徒麟得到了总共6000两银的投资股金。③ 到1897年5月底，机械设备还没有运到，吉罗福写信给上海领事寻求他的帮助，因为中国投资者想要回他们的钱。几天后，林德碑写了一封长信表示支持中国投资者。林德碑说他曾和司徒麟在很长一段时间里保持着良好关系，但是从吉罗福的讲述中，林德碑觉得他有理由认为司徒麟把一些钱用在了他的私人消费上，而且他可能打算通过一笔大的纺织生意收回这笔钱。买办显然一直没有从司徒麟那里得到过报酬，现在已经辞职了。林德碑克制着没有使用"欺诈"这个词，但现在他确信，在司徒麟仍担任丹麦领事时，他们之间的商业往来中存在多次违规行为。④

1897年1月下旬，根据中国媒体的报道，丹麦驻天津领事为一家外国洋行"充当担保人"，这家洋行与中国人在天津开办的纺织厂签订了合同，为其供应机械并从欧洲代为聘用外籍厂长和四名

---

① RA UM 2-2035-82：Letter 1897-02-17 from K. Ståhlgren with copy of register; *Samling af Anmeldelser* 1896 #8：116-117.
② NCH 1896-08-28 p.376.
③ RA UM 2-2035-82：Letter 1897-06-25 #78 from P. A.Kierulff, C. Poulsen, F. B. Petersen, C. E. Lindberg and H. C. Schiern.
④ RA UM 2-2035-77：Letter 1897-05-28 from C. Lindberg.

外籍职员。① 我们不了解有关司徒麟一事的具体情况,但丹麦人都知道这是一家羊毛厂与一家中国公司签订的合同,据称这家中国公司募集到的股本有 20 万两银。② 这个项目没有得到总督的批准,具体原因尚不清楚,但有人认为可能是司徒麟其他的商业事务导致了这一结果。1897 年 6 月下旬,司徒麟写信给上海的领事,说他"一直忙于目前运营良好的羊毛厂"③。大约在同一时间,驻上海领事通过在北京的博来询问公使馆,是否会支持司徒麟建立羊毛厂或给予补偿。公使馆要求驻上海领事向他们保证,司徒麟是诚实的,以及他确实是一家丹麦公司的代理人。上海领事觉得很难相信司徒麟这个人,但是如果他真心实意地作为丹麦公司的代理人参与有关羊毛厂的谈判,那么他们还是有可能帮助该公司获取利益的。④

这是我们最后一次获得有关羊毛厂的信息,我们从不知道有哪家丹麦公司企图促成丹麦技术和人员参与中国的纺织工业。然而,值得注意的是,1897 年 2 月 1 日,司徒麟在司徒麟-赫兹工程公司的合伙人马格努斯·赫兹(Magnus Hertz)那儿购买了纺织机械制造商普里茨尔斯·马斯金法布里克(Pritzels Maskinfabrik)的一家机械厂,这家位于哥本哈根以北的林比(Lyngby)的机械厂已经

---

① NCH 1897-01-29 p.148, reporting from the Chinese newspaper *Sinwenpao*(《新闻报》).

② RA UM 2-2035-82: Letter 1897-06-21 from P. Kierulff.

③ RA UM 2-2035-82: Letter 1897-06-23 from Ståhlgren with the letterhead of the Danish Oriental Trading Co.

④ RA UM 2-2035-4: Telegrams 1897-06-15 and 1897-06-30 to H. Bohr; 2-2035-82: Telegram 1897-06-27 from H. Bohr.

建立了很长时间,1898年赫兹又将其卖掉了。①

为了回应吉罗福和林德碑的信,驻上海领事5月底写信给司徒麟,同时也向哥本哈根的外交部发函提醒。② 大约一个月后,司徒麟在回函中为即将开始运营的煤矿描绘了一幅美好前景。③ 但是,丹麦外交部已经指示上海领事暂停司徒麟作为丹麦领事的职务。在北京的公使馆及中国当局都表达了他们对此事的关切。④ 6月下旬,在天津及其周边地区的丹麦人给驻上海领事写了几封信,要求他调查对司徒麟的指控,反对他担任驻天津丹麦领事的职务。一些人直接指控他欺诈,并提醒领事早在19世纪80年代初他就在哥本哈根有过类似的行为。他们认为,丹麦人在中国北方的地位由于司徒麟作为丹麦领事的所作所为受到了损害,因为丹麦国旗就飘扬在他家住房的屋顶上,他们建议丹麦政府为此向中国人支付8000两银。他们还要求未来的领事由职业外交官担任,因为他们总是搞不清司徒麟到底是领事还是商人。因为商业文件的合法性问题,他们在参与商业竞争时明显感到尴尬。最后,

---

① Tønsberg 1982:135; *Kjøbenhavns Amts-Avis / Lyngby Avis* 1897-02-24 p.3.
② RA UM 2-2035-4: Letter 1897-05-31 to K. Ståhlgren; 2-2035-7: Telegram 1897-06-04 to foreign ministry;2-2035-9: Telegram 1897-06-07 from foreign ministry.
③ RA UM 2-2035-82: Letter 1897-06-23 from K. Ståhlgren.
④ RA UM 2-2035-4: Letter 1897-06-28 to K. Ståhlgren; 2-2035-82: Letter 1897-07-14 from foreign ministry.

他们要求把他们的信件转呈丹麦外交部。①

7月初,司徒麟递交了辞呈,7月29日,丹麦国王批准了他的辞职,外交部命令驻上海领事前往天津接管领事馆。② 当上海领事于7月18日抵达天津时,司徒麟因去考察煤矿而不在天津,两天后他回到了天津,上海领事开始调查。领事和外交部都表达了由双方解决的意愿,但如果调查发现有营私舞弊行为,领事将要采取法律行动,必要时会逮捕他。领事给了司徒麟一天半的时间解决他的事务,但是司徒麟离开天津去了烟台和上海。债权人要求在上海逮捕他,并提出可以支付他返回天津的费用,但在月底之前,司徒麟又乘船去了日本神户。③

在日本,驻东京丹麦使馆收到逮捕司徒麟的请求,驻神户的兵库领事据此向市政警察的警官签发了逮捕令,但逮捕行动似乎是在横滨进行的,那里的日本当局因没有引渡条约而拒绝执行逮捕。最终,司徒麟夫妇在将一个装有贵重物品的大箱子寄往美国后被逮捕,提货单也被没收了。雷施麦斯领事向驻横滨领事表示,如果

---

① RA UM 2-2035-82:Letter 1897-06-25 C. Poulsen, H. C. Schiern, A.de Linde and C. E. Lindberg; Letter 1897-06-25 from P. A. Kierulff, C. Poulsen, F. B. Petersen, E. G. Lindberg and H.C. Schiern;2-2035-77, 这一段资料没有作者和日期,但内容相似,很可能是出自同一时期; 2-2035-4: Letter 1897-06-29 to C. E. Lindberg, F. B. Petersen, C. H. O. Poulsen and H. C. Schiern。

② RA UM 2-2035-82:Letter 1897-07-08 from K Ståhlgren to foreign ministry; Telegram1897-07-14 from foreign ministry:Letter 1897-07-31 from foreign ministry.

③ RA UM 2-2035-4:Two telegrams 1897-07-18 nos.83 and 84 to foreign ministry; Telegram 1897-07-24 to foreign ministry through GNTC; Letter 1897-08-22 to foreign ministry; 2-2035-82:Telegrams 1897-08-01 nos. 100 and 101 from Shanghai consulate to Leigh-Smith in Tianjin through Schiern; Letters 1897-07-31 and 1897-09-23 from foreign ministry.

司徒麟夫妇的财产被没收,他可以释放他们,双方似乎还就此进行了谈判。①

然而,驻横滨领事还是释放了司徒麟夫妇,因为他没有从雷施麦斯那里收到相关的法律文件,而日本当局不允许在文件送达后进行第二次逮捕。1897年8月底,司徒麟夫妇带着他们所有的财产从横滨乘船前往美国。② 与此同时,有媒体报道称,司徒麟在从天津出发的船上被捕,并被控私吞了4000元,但因缺乏证据而没有被起诉,③《京津泰晤士报》关注到了这件事背后跨境治外法权的复杂性问题:

> 司徒麟先生的案件证明,在新条约生效后,日本的困难将会大大增加,这个案件是一个及时出现的例证。域外逮捕问题一直以来就很复杂,而现在看来这一问题尤其如此。这次逮捕是由丹麦领事根据上海的指示在一艘英国船上执行的。但这艘船被滞留在日本的领土上,这给日本和丹麦之间造成了国际难题。在执行逮捕时这艘船还漂浮在海上,这是否会使问题简单化还不太清楚,因为船舶一直在日本海域。但有可能领事要等到司徒麟先生被送到上海租界,或者是可以劝

---

① RA UM 2-2035-4:Telegram 1897-08-02 to Yokohama consul;2-2035-82:Letter 1897-08-05 from Kobe consul;Telegrams 1897-08-03 and 1897-08-10 from Yokohama consul.

② RA UM 2-2035-4:Telegrams 1897-08-12 and 1897-08-13 to Yokohama consul;2-2035-82:Telegrams 1897-08-12,1897-08-13,1897-08-19 and 1897-08-21 from Yokohama consul.

③ NCH 1897-08-27 p.390.

诱他按照"逸仙的方式"（a la Yat Sin）进入丹麦领事馆后，事情才会易于处理，因为那时他已经进入丹麦的管辖范围。如果那样的话，日本人也就有机会维护他们的尊严，而且他们也会做到这一点。我们相信，司徒麟先生现在也不难做到这一点。①

大约同时，雷施麦斯领事在写给外交部的信中也表达了类似的观点，即日本人利用这个机会来展示他们的主权。丹麦和日本于1895年10月19日签署了一项新的"商业和航运条约"，其中包括废除治外法权，并于1899年生效。② 在了解了此案的全部情况后，哥本哈根的外交部向雷施麦斯很明确地表示，他应该逮捕司徒麟，并在中国开始刑事调查，如果司徒麟回到中国，应该立即将他逮捕；如果他回到丹麦，也将被逮捕，而外交部要求领事提供必要的证据。现在，领事试图在日本逮捕他，引起了与日本政府的争议，外交部当然希望避免发生争端。外交部认为，驻日本领事按照他们收到的雷施麦斯的指示行事是正确的，而他对此案的处理给外交部留下了一个印象，即他没有充分认识到司法权力赋予他的责任。丹麦领事馆处理这一案件给人的印象是，当时对处理这样一个涉及两个国家的复杂案件，丹麦领事法院没有做好充分的准备，加之领事法官因健康不佳在大约六天内几乎与世隔绝，导致状

---

① PTT 1897-09-04, p.109. "a la Yat Sin"很可能是指1896年10月孙逸仙在伦敦被绑架事件。
② RA UM 2-2035-4: Letter 1897-08-22 to foreign ministry; Heils 1939:349-360.

况进一步恶化。①

9月初,雷施麦斯对吉罗福提到有可能的话,说服其他债权人在司徒麟消失之前,将煤矿和设备转让给煤矿公司的持股人,以使他们放弃进一步的索赔。他还请求采矿工程师佩特森前去矿山。10月初,佩特森表示愿意帮忙,但不能确定是否有必要在他的铁路工作岗位之外花费十天的时间。这必须等待雷施麦斯到天津后再做出决定,没有证据表明佩特森是否去了这座煤矿。与此同时,丹麦政府明确表示,尽管司徒麟是丹麦领事,但由于他是作为一名私营商人开展经营活动的,因此政府没有任何责任,不会对中国投资者做出任何赔偿。②

雷施麦斯领事原本打算接管司徒麟的剩余资产以偿还债权人,但丹麦外交部要求领事馆正式宣布司徒麟破产,随后一名债权人也提出了同样的要求,璞尔生和新福商义洋行作为较小的债权人之一,也同意这一要求。1897年11月初,司徒麟宣布破产。③

司徒麟家具拍卖净得1087两银。在支付了租金和工作人员的报酬后,资产总数还剩885两银,而负债达到15 000两银左右。领事试图让丹麦东亚贸易公司偿还,因为司徒麟曾以公司的名义付

---

① RA UM 2-2035-4; Letter 1897-08-22 to foreign ministry; 2-2035-82: Letters 1897-09-23 and 1897-10-21 from foreign ministry.

② RA UM 2-2035-4; Letter 1897-09-01 to P. Kierulff; Letter 1897-09-20 to Engineer Petersen; 2-2035-82: Letter 1897-09-01 from foreign ministry; Letter 1897-10-02 from F. B. Petersen.

③ RA UM 2-2035-4; Letter 1897-09-20 to foreign ministry; Letter 1897-10-27 to Carl Poulsen; Telegram 1897-11-09 to foreign ministry; Letter 1897-11-09 to Tianjin Trading; 2-2035-82: Telegram 1897-09-21 and Letter 1897-09-23 from foreign ministry; Letters 1897-11-02 and 1897-11-03 from Carl Poulsen, Tianjin Trading Co.

给汇丰银行5000丹麦克朗(大约1700两银)的保险金,结果遭到拒绝。当1899年1月司徒麟财产清偿完成时,大概只有25名债权人,仅收到了他们索赔款的6.5%。①

司徒麟和丹麦东亚贸易公司也曾主动采取一些措施支持丹麦产品的出口。有人推测,司徒麟是1897年夏天璞尔生和新福商义洋行参与销售炼乳计划的背后推动者。同样也有人说,他曾试图让谢尔恩、博来和林德碑接管武器的运送,但不清楚此类事情是否真的发生过。最后看来,司徒麟的积极行动对于丹麦向天津的出口贸易所产生的影响似乎很有限,甚至可以说是毫无成效。②

---

① KA UM 2-2035-4: Letters 1897-08-22 and 1900-12-01 to foreign ministry; Letter 1897-09-15 to Danish Oriental Trading Company; 2-2035-7: Letters 1899 nos.26-48; 2-2035-82: Letter 1897-11-30 from Danish Oriental Trading Co.
② RA UM 2-2035-4: Letter 1897-09-15 to Danish Oriental Trading Company; 2-2035-82: Letter 1897-07-29 from C. Poulsen; Letter 1897-09-12 from C. E. Lindberg; Letter 1897-11-30 from Danish Oriental Trading Co.

第九章 1900年的战争

发生于1900年夏天的义和团运动使天津租界受到重创。大约从6月中旬开始,外国租界遭到抢掠,并被义和团和多支中国军队联合包围用现代火炮攻击。进攻还没有结束,外国增援部队就攻入天津并于7月14日洗劫了筑有城墙的天津城。6月26日,大北电报公司总部发电报给他们在上海的办公室(可能是代表丹麦官方)要求他们设法从烟台"了解可能在天津的璞尔生、林德碑和林德的情况"。6月29日得到的答复是:"在天津可能没有外国居民被杀害。"①

围城期间和解围之后,在天津的丹麦人没有出现严重伤亡的记录。1900年7月5日,一艘大型驳船和拖轮被用来运送那些想要离开天津的人。有一两百名平民,其中大部分是妇女和儿童,此外还有差不多同样数量的受伤士兵,在天津"义勇团"和其他军队

---

① RA: GN Store Nord 10619-663: Telegrams 1900-06-26 #171 and 1900-06-29 #213.

的护卫下乘船离开天津。璞尔生先生和太太及他们的其他家人也在其中,根据马克里希的记录他也离开了天津,一起离开的很可能还有他的女儿玛格丽特·林德及她的儿子,也许还有她的丈夫。1900年7月14日,在大沽,在天津加农炮的炮声中,玛格丽特生下了他们的第一个女儿伊丽莎白·尤塔·玛格丽特(Elisabeth Jutta [Yutta] Margaret)。三年后,当这个在天津被围困期间出生的外国孩子去世时,报纸对尤塔进行了报道,说她几乎可能是唯一一个在天津被围期间出生的孩子。马克里希于1900年7月8日回到天津,①也许璞尔生也一起回去了。② 1900年7月17日,玛蒂尔德·璞尔生从日本长崎打电报给她在欧登塞(Odense)的妹妹时说:"一切平安。"③

1901年12月31日,天津领事珀佩写信给北京的公使,专门提到了三名丹麦人,说在围城期间他们的表现并不比现在被各自政府授勋的其他外国人差。

首先是璞尔生,作为为城市照明提供燃气的油制气工厂经理,璞尔生曾几次冒着极大的危险,去城外的制气厂维修设备。他得到了几名缺乏经验的外国士兵的协助,由于雇用的工人都跑掉了,他只得亲自去点燃路灯。璞尔生还因为联军建立电报通信而受到赞扬,而且后来他又在其他方面做了许多贡献。其次是林德,他曾

---

① 马克里希是7月9日夜里2点钟从大沽回到天津的。参见 O. D. Rasmussen:Tientsin-An Illustrated Outline History, p.189。——译者注
② Shanghai Mercury 1901:43; McLeish 1900:25-26; PTT 1904-01-22.
③ RA GN Store Nord 10619-663;Telegram 1900-07-17 #246. 他妹妹是玛丽·玛格达勒妮·魏德特洛夫(Marie Magdalene Waidtløff),参见 Klokker Ludvig Holger Kruse's Familielegat 1927:21。

担任联军的工程顾问,帮助维护海河及其支流的通航,并巡查被损坏的工程。最后,还要提到葛麟瑞,他作为一名志愿者,在贝利(Bayly)上校指挥的英国巡洋舰"奥罗拉号"(Aurora)上参加作战,贝利上校是在天津的英国军队指挥官。[①] 结果,正如我们已经看到的,林德在1907年再次被授予丹麦国旗勋章,但没有记录表明璞尔生和葛麟瑞因在义和团运动期间所付出的努力而获得过丹麦的任何褒奖。

在天津围城期间及解围之后,璞尔生的努力受到了更多的国际关注。他的工作与自来水供给和燃气供应密切相关,而在城市被围期间,水和燃气是维持城市秩序必不可少的。璞尔生的努力使得市民和外国军队的基本卫生条件得到保障,并提供了城市消防用水和夜间街道照明所需的燃气。8月下旬,《京津泰晤士报》的报道写道:

> 在整个围城期间,唯一保持其独特性和维持有效运转的机构有英租界工部局、天津自来水厂和天津燃气厂。尤其是璞尔生,他坚持不懈地无偿服务,一以贯之地为我们提供燃气供应。[②]

璞尔生还帮助维持自来水供水系统,但大部分工作是由沃克(H. W. Walker)完成的。在燃气厂,璞尔生先得到了四名水手和一

[①] RA UM 2-2189-26 K 04: Albert de Linde: Letter in French 1901-12-31 #206 from N. Poppe to the minister in Beijing, P. Lessar; Bayly 2000:101.
[②] PTT 1900-08-25 p.63.

名皇家海军士官的协助,在围城期间,他在大沽路的商行里又找到了几名广东工匠。他答应为他们提供保护,并说服他们为他工作,他们同意了。一直到1901年,这些广东工匠仍然在燃气厂工作,技术也相当熟练。①

贝利上校在他的日记中,赞扬了沃克先生这位英国皇家海军的前轮机长:他的"镇定、精干,自始至终坚持不懈地工作,加上多名英国海军机师和司炉的协助,使他得以维持自来水厂和燃气厂的正常运转"。日记中没有提到璞尔生,但贝利对围城期间人们所提供的报告提出了许多批评,特别提到了马克里希提供的报告。②

1901年2月,璞尔生、成为水师学堂工程技术教授的沃克,以及英租界工部局工程师兼秘书裴令汉(A. W. H. Bellingham),都收到了一封来自英国外交大臣的信函,转达了"印度事务大臣对诸位在1900年6月和7月天津发生战斗期间,给予伤病员和各国军队的令人钦佩的帮助特别表达了谢意"。③ 但没有记录表明璞尔生在天津围城期间所做出的努力得到过更多的感谢。

战争索赔

丹麦/俄国驻天津领事馆清点了1900年义和团运动期间丹麦人所遭受的损失,向中国政府提交了索赔清单,并于1901年2月

---

① PTT 1901-08-03 Supplement: Carl Poulsen as chairman to the Tianjin Gas Company Limited Annual General Meeting #111901-07-25.

② Bayly 2000:119-120; McLeish 1900.

③ PTT 1901-02-16 p.162; Directory 1899:120-121, also CCYDB#1.

28日送交俄国驻北京公使馆。这份用俄文手写的草稿保存在丹麦领事馆的葛麟瑞档案中。① 这里所展示的清单列表分为两部分："A"为丹麦人的索赔;"B"为丹麦人所雇用的中国员工的索赔。

索赔人员	索赔(银两)	已知赔付
A-1.海关官员葛麟瑞	25 431.25	
A-2.工程师林德	13 630.00	
A-3.已故丹麦海军预备役上尉林德碑	36 000.00	4120.00
A-4.1.电气工程师璞尔生:574.90元	429.00	
A-4.2.电气工程师璞尔生	2020.00	
A-4.3.电气工程师璞尔生	5555.00	
A-4.4.电气工程师璞尔生	3000.00	
A-4.5.电气工程师璞尔生	195.00	
A-4.6.电气工程师璞尔生	1570.00	
A-5.工程师谢尔恩	3500.00	
A-6.工程师博来	8460.00	8460.00
A-7.商人迈尔恩	2105.00	
A-8.商人基鲁夫:14 676.08元	10 935.00	
A 共计	11 2830.25	
B-1.受雇于林德先生的中国人	634.00	
B-2.受雇于璞尔生先生的中国人	1581.09	
B-3.受雇于基鲁夫先生的中国人	740.00	
B 共计	2955.09	

① RA UM 2-2189-9 #51: Chas Kliene. Letter 1901-02-28 from Tianjin consul to minister in Beijing.

第九章 1900年的战争

赔偿丹麦人在义和团运动中所受的损失是支付给俄国的大笔赔偿款的一部分，赔偿要求的提出和如何赔付的决定权掌握在俄国当局手中。① 丹麦当局显然不能直接参与，但是雷施麦斯领事于1902年9月要求哥本哈根外交部协助加快款项偿付时提到，1901年春天，他在北京的时候，曾偶然有机会参与对索赔要求的评估工作。②

葛麟瑞就他在北戴河庙山的财产损失要求赔偿17 441两银，包括建筑损坏赔偿9350两银，家具损坏赔偿5250两银，其余的是对两年租金损失和其他各种费用的赔偿。他还提出索赔7987元（或行化银③5990.25两），以赔偿他在维多利亚道78号的住宅内家具和其他财产的损失，但不包括可能已出租的建筑损失。最后，赔偿还包括"葛麟瑞夫人和四个孩子从中国到苏格兰"的旅行费用，以及"因天津遭受围困而导致对身体的伤害所必需的赔偿——根据医生的建议，共索赔行化银2000两，并附上诊断证明"④。

林德碑于1900年9月初提交索赔要求，索赔总数为32 000两银，其中12 000两银用于支付根据合同规定需要支付的费用，包括他从1900年6月到1902年6月底的薪水和回家的旅费。其余的2万两银是赔偿他当初放弃丹麦皇家海军职位前往中国的损失的，特别是要补偿他的退休金。他的物质损失可忽略不计，他也没有就此提出任何赔偿要求。没有发现任何证据可以解释为什么他提

---

① RA UM 2-2035-78：Letter 1902-12-13 from Russo-Chinese Bank Beijing.
② RA UM 2-2035-5：Letter 1902-09-03 to foreign ministry.
③ 清代从咸丰年间各地的银两计算单位多有不同，天津称行化银。——译者注
④ RA UM 2-2189-9 #51：Chas Kliene. Letter 1900-11-01 to consul.

153

出的索赔金额与领事馆索赔清单中所列出的金额之间相差了4000两银。①

璞尔生的六项索赔要求是通过不同的信件提交的。"A-4.6"一项提交的日期是1901年2月11日,是他代表天津汽水公司(Tianjin Aerated Water Co.)提出的,遭受的损失是四个水箱,每个水箱容量大约2750升,是从西摩尔联军那借来的。水箱在天津火车站被毁坏,总价值确定为250两银。其余是对工厂恢复生产之前五个半月的利润损失的赔偿,直至1900年12月1日工厂才恢复生产。在围城以前,公司每月的订单为12 000瓶,应得利润估计为每打0.25两银。关于璞尔生经营汽水公司更多的具体情况还没有找到。1902年8月25日,璞尔生写信给领事馆,询问有关他三项索赔要求的进展情况,包括:一、他自己的索赔要求;二、汽水公司的索赔要求;三、他的中国助理的索赔要求。关于璞尔生究竟收到了多少赔偿金,还没有发现相关记录。②

博来的索赔金额为8460两银,索赔与"前大清电报局有关",而且他的确是代表大清电报局索赔的。③ 1902年11月2日,谢尔恩向来觉福(Nikolai Laptew)领事宣布:"根据我们昨天有关支付我8460两赔偿金的谈话,我是以博来上尉的名义提出赔偿要求的,我在此声明,我将对上述支付赔款可能产生的任何问题负责。"这笔

---

① RA UM 2-2035-78 Lindberg: Letter 1900-09-06 from Lindberg to Russian/Danish consul in Tianjin.
② RA UM 2-2189-10 #84 C. Poulsen: Letters 1901-02-11 and 1902-08-25 to Tianjin consul.
③ RA UM 2-2189-10: Letter 1902-10-21 from Shanghai consul to Tianjin consul; 2-2035-78 Indk. breve 1902-1903: Letter 1902-10-05 from Schiern to Shanghai consul.

款项很快就付清了,谢尔恩通过与华俄道胜银行的协商,将这笔钱转移到他在上海的银行账户上,但到1902年12月,这笔钱仍在圣彼得堡,他要求领事在1903年1月初他回到上海之前安排好这笔钱的转账事宜。① 最终是谁收到了这笔钱并没有发现相关记录,也没有任何关于支付给谢尔恩的记录。

迈尔恩的索赔要求有他办公室物品的损失的赔偿,还包括由于他们的孩子患病,他们不得不在威海卫和烟台停留所造成的500两银花费。②

从已知的赔付情况来看,各项索赔金额大概是在1902年底或1903年初完成支付的。我们所掌握的索赔和支付数据并不足以全面了解丹麦人是如何得到赔偿的。葛麟瑞的高额索赔包括他在天津和北戴河的财产毁坏的赔偿,他可能已经得到全部赔偿金。③ 对已故林德碑遗产的赔偿可能已经计算出来,但我们并不知道是如何计算出来的,可能包括赔付他从1900年6月到1901年1月去世时共8个月的薪金,也许还有一部分旅行费用。博来已经收到全部的赔偿金。我们可以合理地推测,其他索赔者可能也获得了他们各自的赔偿金,赔付给在天津的丹麦公民的赔偿金总额达到75 000两银左右。

---

① RA UM 2-2189-10 #93;1902-11-02: Declaration from Schiern to Laptew; 1902-11-04: Letter from Russo-Chinese Bank; Draft letter 1902-11-11 #291 to Russo-Chinese Bank; Letter 1902-12-13 from Schiern to Laptew, written in the Formosa Strait on board the *SS Prinsesse Marie*. Nikolai Vasil'evich Laptev, Lensen 1968: 34, 136-137.
② RA UM 2-2189-10 #62 H. von Meyeren: Undated list of losses.
③ 关于北戴河财产损坏情况的记述,参见 Directory 1906:645。

第十章 战后新机遇：市政工程的恢复与推进

公共工程

1900年9月初,林德被私下征询,他是否愿意接受都统衙门公共工程局总工程师的职位。10月下旬,林德正式受聘,从1900年11月1日开始,他要督查各项公共工程,主要是指挥拆除防御工事,包括被外国军队攻破的天津城城墙及各种建筑工事。[①]

1901年1月下旬,他卷入了一起事件,当时他被指控在都统衙门内使用武力营救了一名被印度巡捕逮捕的中国囚犯。林德解释说,他是想保护一名被巡捕袭击的中国人,但当时在场的都统衙门

[①] RA Albert de Linde: Confidential note 1900-09-01 from Charles Denby; Letter 1900-10-30 to C.Denby; PVTPG 1900-10-29/61/10 p.68/nong; 1900-11-01/62/2 p.69/none; 1901-02-06/104/11 p.167/112; Albert de Linde's autobiography in Graugaard 1994: 67-69.

巡捕局长声称,他没有看到该印度巡捕使用武力。都统衙门委员会严厉地训斥了林德,并向都统衙门全体员工宣布,他们必须尊重隶属于巡捕局的士兵,绝不能干涉他们履行职责,尤其是不能殴打他们。①

在本章后面的叙述中,我们将会看到更多林德担任公共工程局局长期间在河道治理和自来水供给等方面所做的工作,直到1901年8月19日林德辞职,改任海河工程局的总工程师。这个结果并不让人感到奇怪,因为都统衙门已经重组公共工程局,由诺尔加德负责。为了表彰林德为都统衙门所做的工作,都统衙门仍为他保留了荣誉咨询工程师的称号。②

电报

义和团运动带来的直接后果之一就是,华北的电报通信迫切需要得到改善,尤其是要在外国列强与中国人谈判期间,为各国军队和外交官提供服务。为此大北电报公司和璞尔生做出了相当大的贡献,在天津的丹麦人社群产生了很大的影响。

1900年6月14日之前,天津和北京之间的电报联络就已经中断,天津与上海之间的电报联络则于6月16日中断。第二天,大北电报公司总部询问电报是否可以从北方传到天津,并建议大清电报局在天津以南设立一个国际电报站,提供电报快递服务。1900年6月18日,有电报报告说,在大沽与大沽东北约50公里处的芦台

---

① PVTPG 1901-01-28/100/4 p.156/103;1901-01-30/101/2 p.157/104.
② PVTPG 1901-08-09/182/5 p.376/285;1901-08-19/186/26 p.388/296.

之间的陆路电报线已经被切断,这样一来就中断了与满洲及俄国布拉戈维申斯克和符拉迪沃斯托克之间的电报联络。但是大清电报局通往烟台的支线仍然可以通过陆路电报线连接到上海,当天稍晚时候的一封电报说,大清电报局会甘冒风险接收发往天津、大沽、营口和旅顺的电报,但是电报将在烟台通过邮路送达,由于乡村聚集着成群结伙的义和团,所以很难将电报发往天津。7月初,山东义和团的反抗运动使通往烟台的电报线有被切断的危险,但在盛宣怀和山东巡抚的努力下,电报联络仍然保持着畅通。①

通过海底电缆将中国北方与国际电报网络连接起来,并且不与陆路电报线连接的这种方式,存在其优势。从1898年开始,各国列强就有计划地将他们各自的租借地与上海的国际电报网络连接起来——德国从青岛、英国从威海卫、俄国从旅顺分别进行连接。而且英国人和德国人已经在准备敷设他们的海底电缆,1900年6月22日,有人建议德国从烟台到大沽敷设自己的海底电缆。②

最终的结果是,从上海经过烟台到大沽敷设了一条中国的海底电缆,并与陆路电报线连接了起来。随后,各国列强敷设的海底电缆由烟台分别通往青岛、威海卫和旅顺。英国政府已经拨出专项资金在上海附近的一座岛屿敷设一条连接威海卫的海上电缆,而且当时大北电报公司的管理层有一种猜测,也许是当时英国财政部认为,仅从烟台敷设一条电缆到威海卫是一种节省大量资金

---

① RA GN Store Nord 10619-663: Telegrams 1900-06-18 #178; #179; 1900-06-19 #184; 1900-07-03 #187; Joint from Shanghai 1900-06-17 through Eastern: 10619-65 p. 232.

② RA GN Store Nord 10619-663: Telegram 1900-06-22 #186.

的方法。1900年8月4日,大清电报局与电缆公司、大北电报公司和大东电报公司签署了一项协议,几家公司联合敷设了大沽—烟台—上海之间的海底电缆。他们还要建造电缆站并提供资金,在30年的分销期间,由中国人承担电缆的运营和服务费用。[1]

在1900年8月22日海底电缆开通之前,大沽和烟台之间往来通信是由每天的快递邮船提供服务的。通往上海的电缆于1900年9月17日开通,其通信量比陆路电报线增长了一倍。1900年9月初,从烟台到威海卫和旅顺的电缆开通,10月初连接青岛的电缆开通。[2]

从大沽到天津的民用陆路电报线为璞尔生和他的公司——裕通洋行提供了一个机会。他们可以利用自己的技术专长和对当地情况的了解来架设电报线,后来他又利用电报线路建立了中国第一个城际电话系统。1904年,当中国人不断施压要求将这些电报线路转归中国人所有时,璞尔生多次致函驻天津领事,详细说明了他所从事的活动。

1900年夏天,义和团运动爆发,指挥英国军队的多沃德将军[3]派出了在威海卫的皇家工兵部队的李上尉[4]到天津,他要求璞尔生在天津和大沽海岸之间架设一条电报线。架设费用似乎要由

---

[1] RA GN Store Nord 10619-65:1900-06 p.221,1900-07 p.234;10619-981,该协议系1900年8月4日以中英两种文字手书而成,有签名并加盖印章。

[2] RA GN Store Nord 10619-65:1900-07 p.232,1900-08 p.251,1900-09 p.268;1900-10 p.285.

[3] 亚瑟·罗伯特·福特·多沃德准将(Brigadier-General Arthur Robert Ford Dorward,1848—1934)指挥英国军队攻打天津。

[4] 皇家工兵上尉理查德·菲利普斯·李(Captain Richard Philipps Lee),参见Hart's annual army list 1901:210。

璞尔生承担,因为当璞尔生提出经费问题时,获得的答复是"我们无法提供材料,也无法获得材料,但如果阁下能建好电报线路,我们将授予您建设电报站的权力,并且允许您收取与战争爆发之前同样的费用"。架线工程由威尔士燧发枪团(Welsh Fusiliers)派遣一支护卫队提供保护,工程在非常艰难和交通十分不便的情况下进行,最终他们使用从军事当局获得的电缆完成了架线工程,并在大沽的一所饭店里设立了一处电报站,多沃德将军亲自前往向璞尔生祝贺他的成功。除了军用电报线,英国当局显然对于建立一条民用电报线也很感兴趣,从1900年8月21日他们发给大北电报公司总部的一封电报中就可以看得出来:

> 连接360。迄今为止,大沽—天津间只有军用电报,但璞尔生不久将会建成通往大沽的电报线,使发往天津的电报有确切的地址而更为便利,无须再通过各自的军营转交。

璞尔生依靠一些曾跟随他学习的学生维护电报线路,这条电报线夜以继日地发送外交、军事、商业和私人往来电报。电报线的开通不会晚于1900年9月11日,璞尔生于9月15日在当地报纸上刊登了广告:"向世界各地电报站收发电报;递送电报;电报局办事处请移步璞尔生寓所,地址英租界扩展界戈登道(Gordon Road)①/裕通洋行。"仅仅过了一周,该报又刊登了如下报道:"裕通洋行电报部惠顾者络绎不绝。"这则广告一直反复刊登,直到

---

① 今湖北路。——译者注

第十章　战后新机遇:市政工程的恢复与推进

1901年内容都未发生变化。[1]

后来,璞尔生又与一名德国人一起,在天津和北京之间架设了一条电报线。他的合作伙伴是汉纳根(Constantin von Hanneken,1854—1925),汉纳根于1879年作为中国政府的军事顾问来到中国。他娶了德璀琳的女儿为妻,直到1900年德璀琳仍然担任天津海关税务司。在青岛,汉纳根结识了法根海(Erich von Falkenhayn,1861—1922)。法根海于1896年来到中国,最初在中国军队担任军事教习,从1898年春天开始在青岛的德国军队中任职,1900年初回到德国。1900年8月31日,法根海又返回中国,在大沽成为东亚远征军先遣部队的一员,德国东亚远征军是在陆军元帅瓦德西(Alfred Graf von Waldersee)指挥下的国际远征军的一部分。[2]

1900年9月25日瓦德西抵达中国后,他的参谋长施瓦茨霍夫将军[3]和法根海找到了璞尔生,要求他建立一条通往北京的电报线,同时他也收到了在北京的莫理循博士[4]的来信,力促他建立一条电报线。霍普夫纳将军[5]找到了汉纳根,提出想要建立一条电报

---

[1] RA UM 2-2189-10 #84 C. Poulsen: Report 1904-09-30 from C. Poulsen to consul; GN Store Nord 10619-663: Telegrams from Shanghai 1900-08-21 Joint #360 (quotation) and 1900-09-11 #425 via Eastern; PTT 1900-09-15 p.73;1900-09-22 p.78;1901-01-26 p.149;1901-10-26 p.108.

[2] Afflerbach 1996:24-36.

[3] 卡尔·朱利叶斯·冯·格罗斯少将,又称冯·施瓦茨霍夫将军(Generalmajor Karl Julius von Gross, gen. von Schwarzhoff, 1850—1901),东亚远征军最高司令部总参谋长。

[4] 莫理循(George Ernest Morrison,1862—1920),《泰晤士报》驻北京记者。

[5] 保罗·冯·霍普夫纳少将(Generalmajor Paul von Höpfner, 1849-1924),指挥驻扎天津的东亚第三步兵旅(海军陆战队)。

161

线。这样,汉纳根与璞尔生一起,与莱塞尔将军①签订了一项架设电报线的合同,"(莱塞尔)代表并得到了其他国家指挥官的批准,这样就使汉纳根与璞尔生获得了与多沃德将军赋予他们的同等的权利"。璞尔生在这里提到了多位联军的高级军官,这不太可能只是巧合,并不排除这些军官都曾参与此事。可是,不论是莱塞尔的回忆录还是法根海的传记都没有提到璞尔生,可能对他们来说,这只是一件主要由汉纳根负责的小事而已。②

这条电报线只用16天就建成了,由于当时缺少绝缘体,他们就使用了破啤酒瓶的瓶颈代替。③ 工程由德国军队提供保护,直至1900年10月7日,上尉巴恩斯④率领的华勇第一团的一支分队,一直驻守在天津和北京之间的河西务。他讲述了当时的情形:

> 在我们驻守快结束的时候,有一天晚上,一位中国老人被带到我们的哨位上,子弹穿过了他的身体,一名护卫璞尔生先生的德国人不知何故射杀了他。璞尔生以他自己的名义架设了一条从天津到北京的电报线。这个可怜的老人一直得到斯图尔特中尉和他的属下们的精心照看,但很快就因腹膜炎发作在我们身旁死去。他是一名伊斯兰教教徒,于是我们将他

---

① 埃米尔·弗里德里希·卡尔·冯·莱塞尔中将(Generalleutnant Emil Friedrich Karl von Lessel, 1847-1927),东亚远征军德军司令。
② Lessel 1981 and Afferbach 1996; Quotation from RA UM 2-2189-10 #84 C. Poulsen: Report 1904-09-30 to consul.
③ Rasmussen 1925: 82.
④ 亚瑟·阿利森·斯图尔特·巴恩斯(Arthur Alison Stuart Barnes, 1867—1937),当时任上尉,后升任少校。

的遗体交给了我们在镇上的朋友,由他们按照必要的习俗下葬。①

汉纳根在天津去世前不久,雷穆森采访了他,当时提到汉纳根曾组织了一支由英国皇家海军分遣队(Victorian Naval Contingent)中的澳大利亚人组成的部队,其中包括雷穆森在丹麦出生的父亲。② 1900年10月,大北电报公司总经理在提交给董事会的月度报告中提到璞尔生显然已经辞去了大清电报局的职务,并积极采取行动架设他自己的电报线,以保护和协助联军当局,首先是协助德国人。电报线于1900年10月17日正式开始运行。电报线的开通对大北电报公司很有利,因为这使得大清电报局与电缆公司达成协议的意愿提高了,电缆公司也知道汉纳根参与了璞尔生电报线的架设。③

璞尔生-汉纳根电报线并不是天津和北京之间唯一的电报线。莱塞尔将军提到的电报线有五六条之多,它们显然属于不同国家的军队,他认为这是对能源和材料的浪费。璞尔生-汉纳根电报线的优势是其在大沽与电缆公司的海底电缆连接在一起,这样就可以承载大部分的国际通信,包括外交通信和其他民用通信。按照莱塞尔的说法,外交官们更倾向拥有自己的电报系统,而不再依赖军队的电报系统。据报道,璞尔生的裕通洋行承认"垄断了私营电

---

① Barnes 1902: 205, 221. 此处引用该书第一版第184页。Mentioned in CCYDB #1.
② Rasmussen 1925: 82.
③ RA GN Store Nord 10619-65;1900-10 p.285 and 1900-11 p.303.

报线的运营"①。

然而,这种垄断在 1900 年 8 月就遇到了挑战,当时大清电报局准备利用电缆公司从大沽的电缆站开通直通电缆的机会,架设一条从大沽到北京的电报线,此外已经在讨论由大北电报公司接管从北京到恰克图的陆路电报线的运营和维护一事。②

1900 年 10 月 26 日,大清电报局和大北电报公司及大东电报公司依照下列条件签署了一项协议:

> 各公司承诺利用他们对各自政府的影响力,获得联军通过行政机构的许可,重新架设大沽和北京之间的陆路电报线,并重新开放天津和北京的民用电报站,条件是各公司对上述陆路电报线的运营,以及大沽、天津和北京的电报站拥有绝对控制权。

各公司将控制陆路电报线的运营,并安排其在天津和北京的人员。大清电报局将获得电报业务的所有收入,同时支付电报线路建造和运营的各项费用,直至各公司将电报设施移全部交给中国方面。

---

① Lessel 1981:208 and 232; RA UM 2-2189-10 #84 C. Poulsen: Report 1904-09-30 to consul; RA GN Store Nord 10619-663: Telegram 1900-11-01 Joint #586 (auotation).

② GN Store Nord 10619-663: Telegrams 1900-07-12 #200, 1900-07-12 #245 and 1900-08-18 Joint #351;10619-65:1900-07 p.232.

第十章 战后新机遇:市政工程的恢复与推进

在大部分外国军队撤离后,中国北方将重新恢复到和平和正常状态。① 瓦德西允许架设私营电报线,但他指挥的军队不会为私营电报线提供保护,然而俄国海军上将阿列克谢耶夫(Alexieff)承诺将提供给私营电报线一定的保护。②

大清电报局和大北电报公司及大东电报公司签订的协议,使得璞尔生-汉纳根电报线在未来会不可避免地出现一些问题,如谁是电报线的所有者,外国军队扮演着什么角色。大清电报局已准备购买电报线,大北电报公司的卡尔·克里斯蒂安·卡尔姆伯格(Carl Christian Kalmberg, 1866—1954)也来到中国企图弄清楚璞尔生与列强之间达成的有关协定或非正式协议的情况。他也想要考察电报线的状况,而且他发现"非常有效的"办法是等修复和替换一些线杆时再进行考察。③

1900年11月下旬,显然是由于德璀琳的建议,璞尔生和汉纳根只要将他们的电报线在大沽与海底电缆连接起来,就可以在长达十年的时间里不断获利,而其他公司也有架设他们自己电报线的权力,并以同样的价格瓜分利润。这个提议遭到电缆公司和大清电报局的拒绝,他们提出了相反的建议,即由他们双方或者只由

---

① RA GN Store Nord 10619-981,该项有关大沽—天津—北京电报线的第4项协议,签订于1900年10月26日,系中英文手书并有签名和印章。MacMurray 1921: 267-269 #1900/6亦有此协议文本,签署日期也为1900年10月27日。两份资料都有引用。
② RA GN Store Nord 10619-65:1900-11 p.303.
③ RA GN Store Nord 10619-663; Telegrams 1900-11-01 Joint #586, 1900-11-13 #615, 1900-11-13 #620 and 1900-11-13 Joint #478; 10619-984; #308 Carl Christian Kalmberg.

大清电报局一方来购买这条电报线,同时聘用璞尔生担任天津方面的总办。然而这些建议也遭到了拒绝。①

这些公司都存在一个问题,即他们在天津的电报局都设在法租界,而法租界当局要求他们提供书面声明,说明电报线属于这些公司而不是大清电报局,否则其电报局将会被关闭。但是,这样的声明也给这些公司提供了机会,就是他们可以把电报线连接到法国军营。②

远征军于1900年11月11日到达大沽后,重新架设了电报线,几天后从丹麦回到中国的谢尔恩以大清电报局负责人的身份参与了这项工作。③ 材料的进口需要与军事当局协调,莱塞尔讲述道,1900年12月9日,一艘联军的河上巡警船在塘沽看到一艘轮船为一家中国公司卸下了架设电报线的材料。他们把这些材料作为禁运品没收了,但几天后又不得不予以归还,因为这些材料是用于架设一条从大沽通往北京再到内蒙古的电报线路,以便为外交服务的。总司令部忘记把电报线要通往北京的事通知他们了。④

这条电报线于1900年12月22日开始建设,进展迅速,但是其与德璀琳代表的裕通洋行达成的协议仍然存在问题。甚至有传言说,璞尔生计划将这条电报线延伸到山海关。各公司都设法请求由列强提供保护,首选英国军队。德国的做法却有些暧昧,他们一

---

① RA GN Store Nord 10619-663:Telegrams 1900-11-27 #654,1900-11-28 Joint, 1900-12-08 Joint #689 and 1900-12-10 #693;10619-651900-11 p.303.
② RA GN Store Nord 10619-663:Telegrams 1900-12-13 #703 and.1900-12-13 #707.
③ RA GN Store Nord 10619-663:Telegrams 1900-11-20 #643,1900-11-21 #641 and 1900-11-21 #642;10619-65:1900-11 p.303.
④ Lessel 1981:232.

面抵制该计划,一面又自己计划架设电报线。① 法国的问题之后也得到解决,因为电缆公司声明电报线属于他们并表示支持他们接管电报线的运营,中国员工名义上受雇于各国公司,但由中国方面发放薪水,条件是他们要具备职业资格。②

由于裕通洋行垄断了从北京到天津的民用电报业务,所以他们有可能获得了可观的利润,而且在1901年初出现了恢复大额投资的好机会,至少根据大北电报公司人们的估计是这样的。③ 电缆公司一旦在北京与天津之间架设了自己的电报线,或通到大沽或通往恰克图,就会计划在这些地方的电报站以同样的资费经营国际通信,和他们在大沽向裕通洋行收取的费用一样。这实际上意味着使用裕通洋行电报线收发电报需要支付大约10%的附加费。1900年12月下旬,哥本哈根的大北电报公司管理层建议以利用中国主要的报纸发表社论的方式展开宣传,包括法文和德文报纸,向人们宣传通过大北电报公司发送电报的优势。1901年1月初,《文汇报(英文)》(*Shanghai Mercury*)刊登的一篇文章刊登了这一信息,也赞扬了大清电报局在一年前的危机中发挥的作用。这篇文章在《京津泰晤士报》上被转载,同时一篇社论发表,对电缆公司及

---

① RA GN Store Nord 10619-663: Telegrams 1900-12-24 #746,1900-12-29 #763, 1901-01-05 #13,1901-01-08 #21,1901-01-09 #14,1901-01-11 #29,1901-01-12 #30,1901-01-14 #32,1901-01-14 #23 and 1901-01-16 #38.

② RA GN Store Nord 10619-65:1900-12 p.326;10619-66:1901-02 p.20;10619-663: Telegrams 1900-12-13 #703,1900-12-27 #752, 1900-12-28 from Bullard(EETC), 1901-01-17 Joint #42 and 1901-01-18 #41.

③ RA GN Store Nord 10619-663: Telegrams 1901-01-14 #32,1901-01-14 #23,1901-01-15 #24 and 1901-01-16 #39.

他们的做法提出了强烈的批评,他们的做法与璞尔生的做法无法相比。①

1901年1月26日,电缆公司的电报站在北京开始营业。1901年2月,在与裕通洋行进行谈判后,双方就费用问题取得一致。这样一来,通信业务很快大量流向了这些公司,但在1901年3月中旬,大北电报公司还是提到了由大清电报局购买裕通洋行电报线的可能性。② 与此同时,裕通洋行为继续他们自己的运营做着准备。1901年2月初,璞尔生向都统衙门提议在天津城建立电报局和电话系统,而法根海是都统衙门最有影响力的成员之一。都统衙门同意了璞尔生的提议,但又明确表示,都统衙门在任何情况下都没有责任为该项目筹集资金。电报局于1901年2月18日开始营业。③ 1901年3月,电报的收发仍然要在"戈登道璞尔生住宅附近"的裕通洋行办理。现存刊登于1901年10月26日的最后一则广告的内容为:裕通洋行接受发往世界各地电报局的电报,地址在维多利亚排房(Victoria Terrace)3号,入口在俱乐部道(Club Road)④。采矿和铁路工程师佩特森使用同一地址作为采矿和冶金

---

① PTT 1901-01-12 p.141.

② RA GN Store Nord 10619-65:1901-01 p.3, 1901-02 p.20; 10619-663: Telegrams 1901-01-26,1901-01-27 #63 and 1901-03-14 #171.

③ PVTPG 1901-02-13/107/10 p.185/126; 1901-02-15/108/11 p.188/128; 1901-02-22/110/1 p.191/131; RA UM 2-2189-10 #84 C. Poulsen: Report 1904-09-30 to consul.

④ 后改称 Pao Shun Road(中文名:宝顺道),现名太原道。——译者注

咨询工程师事务所。不久后,他在营口去世。①

1901年12月30日,中国政府提出,按照协定,在外国军队撤离,华北形势重新恢复正常后,电缆公司需要将其设在天津和北京的电报站及电报线归还中国。1902年2月,中国发出了正式通知。大北电报公司似乎比大东电报公司更愿意把电报站和电报线移交给中国,因为根据1900年10月26日签署的另一项有关运营和使用通往恰克图电报线的协议,不管怎样,大北电报公司都会留有丹麦人员在北京和天津工作。② 随后于1902年10月下旬,大清电报局与大北电报公司和大东电报公司达成协议:1902年11月,北京和天津的电报局将由中国人接管。根据该协议,这些公司的人员可以继续留在大沽、天津和北京的大清电报局的局所,以及大北电报公司设在恰克图的营业处。③ 从1903年1月开始,大北电报公司和大东电报公司分别设在大沽到北京的营业处,以及设在大沽的电报站相继关闭。④ 丹麦大北电报公司的人员,通常是2—4人,1900年秋天开始留在天津和大沽工作。1903年1月以后,在天津

---

① PTT 1901-03-16 p.174;1901-10-12 p.97;1901-10-26 p.108;RA UM 2-2189-10 #83 F. B. Petersen. 内容包括1902—1903年对他的遗产提出的三项索赔,以及俄罗斯驻营口领事馆的一份俄文照会。
② RA GN Store Nord 10619-66;1901-05 p.66;1901-12 p.152;1902-02 p.176;10619-981,该项有关大沽—天津—北京—恰克图电报线的第3项协议,于1900年10月26日签订,中英文手书并有签字和印章。
③ RA GN Store Nord 10619-66;1902-10 p.292;1902-11 p.307;10619-982. 大清电报局与大北电报公司之间有关大沽—北京—恰克图电报线的协议有英中法三种文本,还有大清电报局与大东电报公司有关大沽—北京电报线的协议,均签订于1902年10月22日,两份协议文本也载于MacMurray 1921:375-380。
④ RA GN Store Nord 10619-67;1903-01 p.3.

继续留用的大北公司人员有了新的安排,但大沽不再有大北公司的工作人员。①

随着1902年11月中国人接管了天津—北京电报线,他们之间似乎达成了一项谅解,尽管这项谅解不是书面的,即大清电报局在天津和北京的电报局经理还应该由外国人担任。② 实际上,他们是被中国政府雇用的丹麦人。天津电报局的第一任总监是亨里克·克里斯蒂安·尤利乌斯·沃尔德(Henrik Christian Julius Wolder),他于1864年出生在鲁德克宾(Rudkøbing),1884年来到中国。1900年底,他回到丹麦并与1868年出生于鲁德克宾的弗兰齐斯加·尼尔森(Franziska Nielsen)结婚。从1902年5月1日开始,他

---

① 大北电报公司历年职员名单的记录,见 RA GN Store Nord 10619-805/806:1900 p.12(hand written notes);Dagu: N. C. H. V. R. Nielsen(1861-1929),H. V. F. Hansen(1876-),V. L. Petersen(Falck,1874-1909) and H. B. Frikke(1870-)-Tianjin: H. B.,Frikke and V. Thygesen(1879-1902)-1901-05-01 pp.13-16;Dagu: N. C. H. V. R. Nielsen,H. V. F. Hansen and V. L. Petersen(Falck)-Tianjin: H. B. Frikke and J. Lange(1879-)-1902-05-01 pp.14-16;Dagu: A. W. Jensen(Brandtmar,1877-),V. L. Petersen(Falck),V. A. Petersen(1874-) and A. C. Z. Frisenette(1879-1924)Tianjin: H. B. Frikke,C. JP. HOLM(1872-1912) and J. Lange——1903-05-01 p.18;N. C. HVR. Nielsen,H. F. V. Hansen,V. A. Petersen and A. C. Z. Frisenette-1904-05-01 p.18;H. B. Frikke,H. V. F. Hansen and V. A. Petersen——1905-05-01 p.18;G. C. Carlsen(1870-1915),H. V. F. Hansen and V. A. Petersen —— 1906-05-01 p.18;G. C. Carlsen,H. V. F. Hansen,V. A. Petersen and JI. Sorensen(1883-) —— 1907-05-01 p.20;H. V. F. Hansen,V. A. Petersen and C. Nicolaisen(1881-) ——1908-05-01 p.20;H.V.F. Hansen,V. A. Petersen and C. Nicolaisen——1909-05-01 p.20;O. C. Terkelsen(1876-1910) and J. L. Rohde(1868-)——1910-05-0120;O. C. Terkelsen and V.K. Bjerre(1884)——1911-05-01 p.20;A.B. Sorensen(1880-1950?) and V. K. Bjerre——1912-05-01 p.20;A. B. Sorepsen and V. K. Bjerre。
② RA UM 2-0426-31909 #05:Afskedigelser af danske fra den kinesiske telegrafjeneste;Report #11909-01-01 to foreign ministry.

在天津为大清电报局工作,他们带着年幼的女儿来到天津,1908年离开天津回到丹麦之前他们又有了一个女儿。[1]

沃尔德的助理赫伯特·弗尔贝斯·亨宁森(Herbert Forbes Henningsen,1876—1934)是大北电报公司东亚地区经理的儿子,他的父亲担任该公司经理直至1900年。1902年9月底,亨宁森从大北电报公司辞职。1905年,他在北京担任代理总监;1908年,担任天津电报局的总监。[2]

1905年10月,出生于1877年的约翰内斯·安德烈亚斯·埃里希森(Johannes Andreas Erichsen)开始担任北京电报局的总监。他的聘用合同在1908年底到期,他的继任者是中国人卢文汉(Luk Ven Han 音译)。[3] 这一任用遭到来自外国使馆的反对,他们想要一个外国人担任此职,以保证处理电报时不会出现失误。使馆方面表示可以先由亨宁森接任,直至聘用到合适人选。各国公使要求由一名掌管电报线的欧洲总监接替天津和北京两地电报站的站长。这一意见再次遭到中国方面的拒绝,中国邮传部通过外务部发出的一封电报表示:

(邮传部)批准了电报总局的建议,任命亨宁森为京津联

---

[1] RA Kirkeboger Frederiksberg Sogn 1900-1904#14; NCH 1901-01-16 p.132; 1905-03-31 p.667; RA GN Store Nord 10619-984 #215 Henrik Christian Julius Wolder; Directory 1905:171; 1906:639; 1908:680.

[2] RA GN Store Nord 10619-984 #359 Herbert Forbes Henningsen; Directory 1905:155; 1906:620; 1908:680; 1910:775.

[3] RA GN Store Nord 10619-985 #424 Johannes Andreas Erichsen; UM 2-0426-3:1909 #05: Afskedigelser af danske fra den kinesiske telegraftjeneste: Letter 1909-01-03 fromErichsen to legation. 卢文汉(Luk Ven Han)身份不明。

171

合总监,但他的权力仅限于选任自己的雇员和重组电报局;无须证明公使和中国当局对任命京津欧洲总监还要取得谅解,而且这种谅解无论如何与目前的情况没有任何关系,因此各公使不必在意。①

中国外务部没有接受各国使馆的要求,而是任命了约翰·卡尔·维尔黑尔姆·佩特森(Johan Carl Vilhelm Petersen, 1877—1963)。1900—1901年,他作为大北电报公司的雇员在北京电报站工作。1902年,他转到中国电报局,在北京和天津的电报站工作。1905年,他从大北电报公司辞职,并继续在中国的电报局工作直到1935年。② 亨宁森继续在北京工作,直到1909年春天佩特森辞去他在满洲的工作返回北京。亨宁森本来更愿意留在北京,但3月底,邮传部决定将他调到天津。③ 1909年4月,佩特森和亨宁森作为大清电报局的雇员加入了一个丹麦团体,并通过申请游览了颐和园。④

赫伯特·亨宁森后来在北京定居,并成为一名酒商,但他继续

---

① RA UM 0002-238: Kina. Danmarks rep.samt Store Nord telegraf 1906-:B 8653/1909. Letter from Great Northern 1909-01-19. Quotation from telegram 1909-02-08 enclosed.
② RA GN Store Nord 10619-70:1909-01 p.4;1909-03 p.28;10619-985 #400 Johan Carl Vilhelm Petersen.
③ RA UM 2-0426-31909 #05 Afskedigelser af danske fra den kinesiske telegraftjeneste: Letter 1909-03-11 from legation to Dresing; #22 Om Oprettelsen af et Skandinavisk Selskab for Nordkina: Memo 1909-03-30 from Henningsen to legation.
④ FHA(中国第一历史档案馆) Letter 1909-01-25. 包括一份丹麦男士和女士的名单,他们与丹麦使馆秘书阿列斐伯爵(A. Ahlefeldt Laurvig)一起申请游览颐和园。

与电报业保持着联系。1911年11月辛亥革命爆发后,他在北京为大北电报公司提供临时电报服务工作达两周;1914年,他被委派去购买电报线杆以架设通往蒙古的电报线,但大北电报公司更希望他通过蒙古政府搞清楚恰克图电报线的状况。[1]

电话

1900年12月19日,璞尔生以裕通洋行的名义向英租界工部局申请垄断经营电话行业15年。1901年1月底召开的租地人会议年会商定推迟一段时间再做决定,但最终天津都统衙门和外国租界还是批准了他的申请。1901年4月,在租界和天津城之间已经开始有电话服务,此外璞尔生还利用电报线将电话连接到了北京。此后,电话网络迅速扩展,连到了大沽和塘沽,"为中外官员、军队、商界和私人提供了良好的服务"。1901年6月下旬,裕通洋行的电话簿上已经列出了56个用户姓名,其中23个在外国租界,10个在天津城,其余的则在北京和其他地方,如塘沽。[2]

1902年4月3日,都统衙门准备将政权交还给中国政府。在中国政府必须接受的条件中,包括需要接受三家公司的协议,即电灯电车公司、为天津城区供水的自来水公司,以及下水道和排污系统公司,后者与汉纳根有着密切关系。几天后,裕通洋行的所有者

---

[1] RA GN Store Nord 10619-70:1909-03 p.28;10619-72:1914-04 p.204;10619-984 #359' Herbert Forbes Henningsen.

[2] PTT 1901-02-16 Supplement; 1901-04-13 Supplement;1901-04-27 p.202;1901-06-22 p.27; PVTPG 1901-02-13/107/10 p.185/126;1901-02-15/108/11 p.188/128; RA UM 2-2189-10 #84 C. Poulsen: Report 1904-09-30 to consul.

要求都统衙门将他们的电话系统纳入"为了公共利益需要继续存在"的机构中。都统衙门注意到了这一点,并允诺将其列入天津地方政府在接收后需要关注的问题。① 璞尔生在1904年的报告中曾提到1902年8月与都统衙门之间的这次通信,当时都统衙门用很短的通知告诉他,都统衙门要终止订购电话服务。汉纳根代表裕通洋行答复说,洋行不会拆除已经安装的电话机,并希望都统衙门能与新的政府做出一个令人满意的安排。都统衙门则告诉中国人,他们对电话服务很满意。在将电话系统移交给中国人之前,都统衙门通知裕通洋行:新的政府将保留这些电话。②

都统衙门每月为21处巡捕房支付电话费用4000元,现在中国人想要安装更多的电话,即要求为40处巡捕房免费提供电话服务。此外,天津和北京的许多政府机构也要接通电话,甚至连慈禧太后经常居住的颐和园也要安装电话。所有这些电话都要以优惠的价格提供服务。到1904年秋天,电话系统的干线大约有450公里长,支线超过了2000公里,有11条电缆、8个交换台和大约350个电话站,员工有20多人。③

不久,中国人开始采取行动,目的是让电话系统归属中国所有。1904年5月,璞尔生看到直隶总督颁布的一项谕旨明确指出,外国电话系统如果不以合理的条件出售的话,就会"被逐出",但谕旨没有说明这意味着什么。我们只看到璞尔生提到了这一点,看

---

① PVTPG 1902-04-03/Special Meeting: #6 p.624/486; 1902-04-09/277/4 p.631/491.
② PVTPG 1902-08-08/326/4 p.778/614; 1902-08-13/328/15 p.790/624.
③ RA UM 2-2189-10; #84 C. Poulsen: Report 1904-09-30 to consul; Hong List 1904: 185.

第十章 战后新机遇:市政工程的恢复与推进

上去更像是争夺电话系统所有权之战的第一枪。①

从璞尔生1904年9月30日给领事来觉福的报告可以看出,更紧张的谈判似乎直到那一年的秋天才开始进行,此前不久,璞尔生和汉纳根还向领事兼俄租界工部局董事长来觉福递交了一份初步备忘录,要求建立天津国际电话有限公司(Tianjin International Telephone Company, Limited)。这份备忘录内容很客观并被印了出来,很可能被送到其他租界工部局和领事馆以寻求他们的支持。关于这项建议,我们没有找到更多的信息。②

一周后,璞尔生给领事写了一封信说,上海电报局有意从裕通洋行购买整个电话系统,包括在外国租界内的,唐绍仪(Tong Tayen)③是这笔交易的中间人。璞尔生发现这里存在一个问题:购买租界内的电话设施还需要从租界当局获得交易权。因此他建议,只出售租界以外的电话系统和裕通洋行与电报局合作建立的电话设施。唐绍仪同意将这一建议转达给上海电报局,但没有得到回应。④

与此同时,大清电报局开始架设自己的电话线,据说还得到了日本人的协助。1904年11月初,他们写信给各外国领事,询问埋设电线杆和架设电话线的位置。俄国、日本、德国、比利时、英国和法国的领事都给予了答复,没有人提出异议,但也有人指出,这是

---

① RA UM 2-2189-10;#84 C .Poulsen:Letter 1904-12-04 from C. Poulsen to Consul Laptew.
② RA UM 2-2189-10;#84 C. Poulsen:Letter in printed form 1904-10 from C. Poulsen and C. von Hanneken to consul.
③ 唐绍仪(1862—1938),1901—1904年任津海关道。
④ RA UM 2-2189-10;#84 C. Poulsen:Letter 1904-10-07 from C. Poulsen to consul.

他们租界工部局公共工程部门负责的事情。俄国领事还提到了一封海关道台和总督的信函,并答复说俄租界已经有电话了,甚至已经通到了火车站,没有必要再增加更多的电话了。①

电报局在11月也开始刊登广告,宣传他们的电话业务与裕通洋行的通话区域相同。丹麦/俄国领事则向北京的公使馆征求建议,得到的答复是公使馆支持裕通洋行,但这是一个微妙的问题,因为中国人已经不怎么把公使馆的要求当回事了。有人建议领事利用他与海关道台及直隶总督的私人关系,只有在这种做法没有取得成功的情况下,才有必要采取正式的途径解决问题,倘若事情遭到北京外务部的断然拒绝,就有丢面子的风险。换言之,领事应该利用各种手段以达成和解。②

1904年11月7日,璞尔生向唐绍仪提出申请,请求允许他的电话业务取得25年的特许经营权,并在天津和北京地区进一步拓展已经获得中国当局认可的业务,以及分期偿还投入的资本。③ 在接下来的几个月里,璞尔生与电报局之间似乎出现了激烈的价格竞争,电报局一面充分利用自己的电话线开展业务,一面试图吸引天津客户改变他们使用的电话系统;璞尔生则拥有在租界经营电

---

① TD-J92-1-4823 #55 Guangxu 30/10/05（1904-11-11） Russia；#5730/10/06 Japan；#59 30/10/12 Germany；#58 30/10/13 Belgium；#59.1 30/10/13 UK；#60 30/10/18 France；RA GN Store Nord 10619-68：1905-04 p.61.

② RA UM 2-2189-10 #84 C. Poulsen：Letter 1904-11-06 from Russian legation/G. Kozanov（Kozakov）to Consul Laptew（in Russian）；clipping from unidentified newspaper1904-11-04 or 1904-11-21.

③ RA UM 2-2189-10 #84 C. Poulsen：Copy of letter 1904-11-07 from Poulsen to His Excellency Tong. Signed；C. Poulsen-Chevalier de l'ordre Leopold – Candidatus Philosophiae-m.Inst. E. E.–Managing Director, The Electric Engineering & Fitting Co.

话的权利,天津城的客户诸如银行家们也更喜欢一直使用与其他银行相同的电话系统。①

1905年2月1日,电报局致函英国、法国、德国、俄罗斯、意大利和奥匈租界的公共工程部,请求允许在他们的租界内埋设电线杆架设电话线,并于1905年2月18日收到了答复。② 与此同时,璞尔生明确表示,他愿意加入一家"拥有外国和中国资本及董事的有限责任公司",只要能保证他的电话线在中国政府的地盘上经营15年,该公司就可以在英法租界获得特许经营权。他显示了自己的灵活性,"只有让我的商业冒险建立在坚实的基础上,才有可能实施上述想法"。1905年2月18日,璞尔生前去北京会见丹麦/俄罗斯公使雷萨尔(P. M. Lessar),他带去了一封天津领事的推荐函,函中请公使对此事予以关注,同时也提到汉纳根已就同一件事联系过德国公使。③

1905年3月17日,《北华捷报》报道说:"璞尔生先生的裕通洋行已被大清电话局(Imperial Telephone Administration)以5万两的价格收购。"④裕通洋行与大清电报局之间的初步合同于1905年3月23日签订,规定于1905年4月1日办理移交,并"尽快与工部

---

① RA UM 2-2189-10 #84 C. Poulsen: Letter 1904-12-04 from Poulsen to consul.
② TD-J92-1-4823 #62: Despatch 1905-06-26 = GX 31/05/24 in Chinese from the Tianjin Telegraph Office to the municipalities of British, French, German, Russian, Italian, and Austrian. English translation dated 1905-07-01 in #8.I. 发件人被翻译为"中国政府电报管理局"(the Chinese Government Telegraph Administration)。
③ RA UM 2-2189-10 #84 C. Poulsen: Letter 1905-02-16 from Poulsen to Laptew (quotations); Letter 1905-02-18 (in Russian) from Laptew to Lessar. Pavel Mikhailovich Lessar, cf. Lensen 1968:35,114,120.
④ NCH 1905-03-17 p.562.

局和各国公使安排移交"。① 1905 年 6 月 26 日,天津电报局向外国租界工部局的公共工程部通报了移交计划及大清电报局制定的运营和收费标准的指导原则。② 在接下来的三个月里,双方往来通信显示,各国租界工部局同意电报局提出的条件,但须以下述为前提:1.不得侵犯各国租界的章程和治权;2.现有建筑和其他设施不受损害;3.租界市政机构可以安装一些免费电话;4.同样的条件适用于所有租界。有些通信是各租界工部局与大清电报局之间直接往来递送的,但是璞尔生也非常主动地与各国领事达成一致意见,包括还没有成立工部局的意大利租界。③

最后一次移交是在 1905 年 10 月 1 日,同一天也签署了一份合同,并对 1905 年 3 月拟定的原始合同做了少量补充。大清电报局北京分局的黄开文(Wong Kai Wen)道台和张振棨(Chang Chin Ki)代表电报局签字。合同有英文和中文两种文本,总的原则是,大清电报局将为收购裕通洋行支付 5 万两银,这是报告给大北电报公

---

① RA UM 2-2189-10 #84 C. Poulsen: Indenture 1905-10-01, including the Preliminary Agreement of 1905-03-23 with the quotation. Also in TD-J92-1-4823 #1.

② TD-J92-1-4823 #62: Despatch 1905-06-26 from the Tianjin Telegraph Office to the Municipalities, see above.

③ TD-J92-1-4823 #64/#8.2 ICTA to British consulate 1905-07-12;#28/68 Poulsen from Beidaihe to ICTA 1905-07-20(Italian);#65 British municipal council to ICTA 1905-07-22;#30 Poulsen to ICTA 1905-07-29(German);#65.1 British public works department to ICTA 1905-08-11;#8.3 ICTA to British municipal council; #121905-08-26 Poulsen to ICTA; #32 1905-08-28 French Council to Poulsen; #271905-08-29 Poulsen to ICTA; #29/671905-09-18 German consul to ICTA;#64.11905-09-20 ICTA to British public works department; #68,1 September 1905, Austrian consul to Poulsen.

清末电话局的机房

司的正式价格。① 这笔费用从1906年4月1日开始支付,每半年分期付款一次,分五期付清,每期各开两张本票,一张支付6666.66两银,另一张支付3333.33两银。大清电报局将接管裕通洋行的全部业务和资产,并对员工承担一定的责任。电报局将继续使用璞尔生的办公室三个月,璞尔生将被聘为电报局的头等顾问官,为期三年,月薪800墨元。② 璞尔生向他的家庭律师解释说,裕通洋行商定的价格是7万两银,其中2万两银将通过他每月的薪水支付,

---

① RA GN Store Nord 10619-68:1905-04 p.61.
② RA UM 2-2189-10: #84 C. Poulsen: 1905-10-01; INDENTURE between Carl Poulsen of Tianjin in the Empire of China Electrical Engineer, and the Imperial Chinese Telegraph Administration. -English and Chinese versions; also TD-J92-1-4823 #1.

显然这笔钱是不与汉纳根分享的。① 1905年10月20日,璞尔生将五张本票共3333.33两银转给汉纳根,作为他在裕通洋行的份额,汉纳根在1907年4月和1908年4月分别开了收据给璞尔生。② 璞尔生继续积极参与电话公司的工作,直到1906年他的后继者罗泰(Knud Rothe,1974—1961)到来,但璞尔生的月薪仍被继续支付。③

1907年夏天,璞尔生罹患重病,被送入医院治疗并于1907年8月24日去世,当时他的家人陪伴在他的身边,但1907年8月26日他的家人们回到北戴河待了几周,显然已经恢复正常的生活。之后,玛蒂尔德·璞尔生在孩子们的同意下,成为遗产管理人,并可以继续享用遗产,直至她离世。④

1907年,璞尔生的遗产包括大清电报局还没有支付的两笔应付款项,共计6666.66两银。毫无疑问,这两笔款项会被支付,但璞尔生每月的薪水,随着他的去世而被停止支付。璞尔生的遗产继承人企图获得他余下13个月的薪水共10 400墨元,大约合7000两银,但没有成功。1908年初,玛蒂尔德·璞尔生就此事致信大清电报局的总经理,1908年末,北京使馆的阿列斐又追问此事,并得

---

① RA UM 2-2189-10 #84 C. Poulsen:Letter 1907-09-14 from Mounsey, Solicitor, to Director, Imperial Chinese Telegraph Administration, Tianjin.

② TD-J92-1-4823 #24:Promissory note 1905-10-01 with Carl Poulsen's transfer 1905-10-20.Singaravélou 2017:199-200,根据他提到的都统衙门会议纪要,汉纳根是裕通洋行的所有者(propriétaire),而璞尔生是负责人(responsable)。最新的关于汉纳根的传记,参见 Wang 2015,其中没有提到他参与电话与电报事业。

③ RA UM 2-2189-10 #84 C. Poulsen:Letter 1907-09-18 from Mounsey to consul.

④ RA UM 2-2189-10:#84 C.Poulsen:Letters 1907-08-26 and 1907-08-26 from Mounsey to consul;Telegrams 1907-08-26 to consul in Shanghai and 1907-08-27 from consul in Shanghai.

到当时大清电报局职位最高的外国人德雷辛的支持,他甚至还向中国外务部尚书梁敦彦(Liang Tun Yen)直接提出,不是要求赔偿,而是要求中国对璞尔生所做出的贡献予以褒奖。到1909年3月,大清电报局显然仍没有支付任何奖赏,并不是不想,而是因为财政困难。①

璞尔生遗产的净值超过7万两银,其中包括向中国政府索赔的9600元。玛蒂尔德·璞尔生保有对遗产不可分割的占有权。她于1915年3月14日去世,留下的遗产净值超过5万两银。②

罗泰于1906年8月来到天津,接替璞尔生担任大清电报局天津电话部的总经理兼工程师。③ 他出生在哥本哈根,父亲是哥本哈根中产阶级、著名的园丁和景观设计师。14岁时,罗泰加入了海军,他想入军校学习,但没有通过学员考试,于是加入了商船队,并在1897年以优异的成绩获得了大副的证书。④ 1901年,他乘坐宝隆洋行的轮船抵达东亚。他的未婚妻艾达·卡米拉·尤勒(Eda Camilla Juhler)于1879年出生在美国俄亥俄州的波默罗伊(Pomeroy),父母是丹麦人。他们在符拉迪沃斯托克附近的一个俄

---

① RA UM 2-0426-3 #10:Fru Poulsens sag:Letter 1908-01-23 from Dresing to Mrs. Poulsen; Letters 1909-01-18 and 1909-03-03 from Ahlefeldt-Laurvig to Mathilde Poulsen.
② RA UM Sager til journal C#12:C-167 Poulsens bo:Letters 1908-12-22 and 1909-01-19 from Shanghai consul;2-2189-10 #84 C. Poulsen:Letter 1915-04-10 to Consul-General in Shanghai, signed by four daughters and three spouses in Tianjin.
③ TD-J92-1-4823 #51:草稿,1906年10月25日(光绪三十二年九月初八日)顺天府尹孙草拟,可能是孙宝琦。
④ Ordenskapitlet:Knud Rothe Autobiography 1931-03-04. Used in the following without further reference. RA UM 2-2189-10 #92:Knud Rothe og Ida Juhler:Copy of certificate 1897-05-22.

罗斯小教堂里举行了婚礼,之后在上海住了下来。1902年12月,他们在上海的领事馆登记了遗嘱。① 罗泰的第一份工作申请没有成功,于是他便做了一些临时性的工作,直到终于在上海互助电话公司(Shanghai Mutual Telephone Co.)获得了一份为期四年的工作。在从事这份工作的同时,他在大北电报公司上海分公司威廉·舍瑙(William Schønau)的友好帮助下努力学习,直到终于可以称自己是电话工程师,尽管他没有丹麦工程专业的学位。罗泰从没有提到过他的堂兄霍尔格·罗泰(Holger Rothe),他于1902—1905年生活在中国,也在大北电报公司上海分公司担任重要职务。②

作为天津电话系统的外国总监,不久罗泰就忙着升级租界的电话系统,使其与城市其他地区的系统标准相匹配,然后才能将两个系统合并。③ 罗泰显然取得了成功,当1909年三年合同到期后,他又续签了合同,按他的要求,薪水从每月450元提高到550元,外加免费住宿。按照大清电报局德雷辛的说法,他没有听说过"一个船员,一个业余的电话工程师"要求这样的薪金待遇。④ 罗泰的儿子蒂吉·耶斯珀·罗泰(Tyge Jesper Rothe),出生于1907年10月。他上过德国、法国和英国的学校,在他12岁时,父母打算让他回丹麦上学,但由于第一次世界大战爆发,形势很不利,所以他去了加

---

① RA UM 2-2035-25 pp.139-143.
② RA GN Store Nord 10619-985 #190:William Janus Schønau(1861-1946);#465:Holger Rothe(1872-1944);*Dansk biografisk leksikon* 1941:214;Hong List 1904:42;Directory 1905:268.
③ NCH 1906-11-09 p.340.
④ RA UM 2-0426-41909 #21:Letter 1909-04-02 from Dresing to Ahlefeldt.

拿大,最终定居在了美国。[1]

1909年4月,罗泰是前面提到过的申请游览颐和园的丹麦人之一。1911年,他在天津的"中国哲学学会"召开的会议上宣读了一篇论文,题目是《关于电话通信:它的过去、现在和未来》,内容主要是对电话通信技术的描述,一些内容涉及天津,但没有具体细节,只有一组图表显示天津电话系统每日通信负载的流量。遗憾的是,这组图表没有印在论文中。与此同时,大概在1912年,他续签的合同也到期了,他仍然想再续签两年,薪水相同,外加每月40元的交通津贴。[2]

在天津,罗泰履行了对丹麦管辖下的丹麦公民的要求,1908年5月,他被指定为艾莉·璞尔生的财产受托人,此时期正处在艾莉·璞尔生的母亲对她父亲的遗产拥有不可分割的占有权期间。[3] 1908年圣诞节,正如阿列斐向玛蒂尔德·璞尔生所提到的,所有在天津的丹麦人都聚集到罗泰家。这也许就像以前每年他们都聚集在璞尔生家一样,但我们从相关记述中还不能确定这一点。[4]

罗泰生动地描述了他在天津的生活和各种娱乐活动,以及夏天全家在北戴河的小别墅里避暑的情形。他在天津的前十年一切都非常顺利,但后来工作条件变得愈加困难。他在烟台和汉口的

---

[1] RA UM 2-2035-82;25.T.34.K. Rothe og Hustru Testamente: Will dated 1939-09-23.
[2] Rothe 1911:12; TD-J92-1-4823 #72, the dating is not clear, 1911 or 1912.
[3] RA UM 2-2189-10 #84 C. Poulsen: Letter 1908-05-22 from Shanghai consul.
[4] RA UM 2-0426-31908 #10: Fru Poulsens sag: Letter 1909-01-18 from Ahlefeldt-Laur-vig to Mathilde Poulsen.

中国电话局工作了一段时间,并经常去北京旅行。1923年,他转到上海。又过了三年,在为中国政府工作了二十年后,罗泰在他以前工作的公司找到了一份工作。①

河道治理

在外国军队于1900年7月控制了天津及其周边地区之后,林德就恢复了他在治理河道方面的工作,首先是为英国军事当局维护军队和后勤补给的运输。② 1900年8月初,他收到了如下指令:

> 授权林德先生在海河沿岸地区发布通告,声明如果对海河治理工程造成任何损害,最邻近的村庄要对此负责,由英国当局予以相应的惩罚。
> 中国远征军9号交通线指挥官多沃德准将,天津,1900年8月8日③

林德受英国人聘用,并得到了联军的支持。8月下旬,当时日军在华北的主力第5师的后勤部,允许林德和他的下属在从事河道维护和治理工作时,携带他们的装备乘坐日本人的帆船在海河上航行往来。④ 作为主管人,林德每月要向英国军事当局提交经费

---

① RA UM 2-2189-6 p.6.1921#14.
② TD-W1-1-7691 History of the Hai-Ho Conservancy Commission, summer of 1900, p.8.
③ RA Albert de Linde: Letter/authorisation 1900-08-08 from Dorward to de Linde.
④ RA Albert de Linde: Permission 1900-08-21 from Akiyama Yoshifuru, Head of the Logistics Department of the 5th Japanese Division. 早稻田大学的村井诚人(Murai Makoto)教授非常慷慨地处理了其中困难段落的辨认和翻译工作。

第十章 战后新机遇:市政工程的恢复与推进

账目,但一些费用似乎也由其他国家负担。①

1900年10月初,林德因海河东岸交通堵塞问题致函都统衙门,但都统衙门委员会不准备采取任何措施,直到阿列克谢耶夫海军中将对该地区的管辖权问题做出答复。在林德受聘于都统衙门并开始工作后不久,他就被要求立即开始沿着码头铺设一条道路。② 1901年1月23日,都统衙门接受并采纳了经过修订的新行政法规,从而使管辖权问题得到了解决,其管辖范围扩至整个海河两岸直至沿海,并要完成必要的工程"以维护和改进海河与运河的交通"③。都统衙门的角色是明确的,但考虑到他们以前(和未来)遇到的复杂情况,领事、工部局和天津的商界对其都很关心。都统衙门召集了一次会议,但只有海关税务司出席了会议。④

3月中旬,一次各国领事会议一致同意任命一个河道治理委员会,但都统衙门拒绝加入。仅仅两天后,都统衙门就成立了自己的委员会,由三名成员组成,并立即用都统衙门的经费开展工作,他们还邀请海关税务司加入。这两个委员会都邀请林德担任总工程师。都统衙门发给林德的薪水是每月1000两银,但由于曾聘用其他人按照计划工作,现在又聘用他做同样的工作,所以他们似乎无

---

① RA Albert de Linde: Letter 1901-01-11 from Lieutenant Colonel J. C. Swann, Assistant-Adjutant-General, Lines of Communication.
② PVTPG 1900-10-10/52/7 p.54/47;1900-11-05/64/3 p.71/none;1900-11-22/72/11 p.92/none;1900-11-26/74/7 p.97/none.
③ PVTPG 1901-01-23/98/2 p.149/97; Haihe 1901. The quotation is from Rockhill 1901:269.
④ PVTPG 1901-02-11/106/3 p.182/123;1901-02-13/107/1 p.184/125;1901-02-15/108/1 p.186/126;1901-02-16/Special Session p.189/129.

185

法确定林德是否能忠实于自己的职责。林德向他们保证,他会完成都统衙门交给他的工作。①

都统衙门和各国领事之间的冲突在1901年4月底得到解决,联军指挥官和北京的外国公使达成了协议,建立由三名成员组成的海河工程局(HHCB),分别代表天津地方政府(都统衙门)②、津海关税务司和首席领事,此外商界和航运界的代表及每个外国租界的代表只有提供咨询意见的权利。海河工程局的第一次会议于1901年5月22日举行。③

1901年8月7日,林德和海河工程局的三名正式成员就工作期限签署了一份合同,全部工程预计两年完成。合同的条件与1898年的合同相似,员工每月薪水138英镑。两份合同都规定,如果工程取得预期的效果,他们还将会获得额外奖金,但1901年的这份合同规定得更具体,即如果吃水不少于12英尺(3.6米)的船舶可以驶达天津,且其长度、宽度和设备都与以往的船舶相同,那么林德就可以申请一年的带薪休假。④ 林德负责每月的账目支出,而由当地的海关税务司署负责记账,具体来说,是由葛麟瑞负责此

---

① PVTPG 1901-03-15/119/3 p. 216/152;1901-03-15/119/4 p. 217/152;1901-03-18/120/11 p. 220/154;Rockhill 1901:266;Resolutions adoptées dans la réunion consulaire du 1901-03-13.

② 1902年8月都统衙门撤销后,该席位由津海关监督代替,为此中国政府每年需要支付海关6万两银,参见1901年9月7日签订的《辛丑条约》,第11款第1项;Directory 1905:164.

③ PVTPG 1901-05-03/140/2 p. 277/202;1901-05-10/143/1 p. 284/208;Haihe 1901;Directory 1902:147.

④ RA Albert de Linde:Contrat Entre La Commission d'Entretien et d'Amélioration de la Navigabilité du Hai-Ho (Pei-Ho) établie en 1901 d'une part et Monsieur A. de Linde, Ingenieur, d'autre part 1901-08-07, articles 3 and 7.

事,直到 1902 年春天他离开天津。①

当时主要的工程任务是裁掉离天津城不远的海河下游的两处河弯,其总长度约为 3 公里,这项工程将使河道的长度缩短 8 公里以上。1901 年 8 月 24 日,林德在天津城发布告示招收工人,1901 年 10 月中旬开始工作,当时雇用了多达 22 000 名工人,他们要一直工作到天气寒冷至无法施工为止。第二年 3 月,裁弯工程恢复进行时,工人人数有所减少。裁弯工程完成后,1902 年 7 月和 9 月,两处裁弯工程先后完成并开始恢复航运,1903 年,又从上游末端截断了旧河道。第三次裁弯工程于 1903 年 9 月开工。②

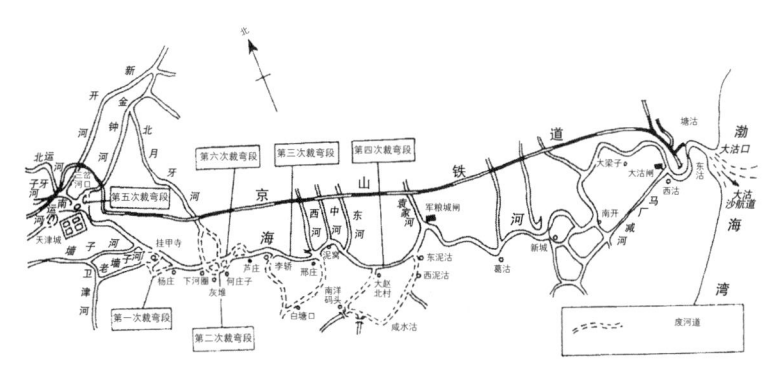

海河六次裁弯取直工程示意图

两年后,林德根据合同中的专门条款,获得了一年全薪休假的奖励。他携带一封由丹麦/俄罗斯驻天津领事于 1903 年 8 月 24 日

---

① TD-W1-1-7724 Report 1902, see also NCH 1902-05-07 pp.911-912; Directory 1902: 147.
② Haiho 1920: 21-22; NCH 1902-05-07 p.912(海河工程局报告,同样内容的原始文本,可见 TD-W1-1-7724); PTT 1901-08-24 p.65.

签署的自由通行函,和他的妻子、两个孩子及一名中国保姆,穿过西伯利亚前往欧洲旅行。此后,他和家人结束了在天津的定居生活。据林德自己说,他离开天津的一个原因是他在中国北方生活了17年,身体已经很虚弱了。①

林德任职海河工程局总工程师的合同于1904年8月31日到期,董事会决定不再延聘。在1904年8月31日的一封信函中,他提议董事会聘用他为居住在欧洲的咨询工程师。董事会随后表示同意,聘用于1904年9月1日开始生效,每年还可续聘。聘用费每年100英镑,每项工作完成后还要支付他额外的报酬。正如林德在写给妻子的信中所说的那样,挖泥船制造完成后每年他会获得600英镑的报酬。林德一家人最终定居伦敦,此后林德开始从事一般性的咨询业务,他认为担任咨询工程师可以使他在大型国际性河流治理工程中发挥重要的作用。②

随着海河通航能力的改善,到1904年,海河工程局最紧迫的任务是维护大沽沙(Dagu Bar)③航道,以便较大型船只能够驶达天

---

① RA UM 2-2189-26 K 04: Albert de Linde: Letter 1903-08-24 in French signed by N. Laptew, also a slightly different draft in Russian dated 1903-08-11; Ordenskapitlet: Albert de Linde Autobiography 1907-11-16.

② TD-W1-1-7697 #25: Memorandum 1921-03-09 from F. Hussey-Freke, secretary of the HHCB; TD-W3-1-1525 #1608: Letter 1904-08-31 from A. de Linde in Copenhagen, received 1904-10-22; TD-W3-1-1525: HHCB Report for 1904; TD-W3-1-1525#1733: Letter 1905-07-12 from A.de Linde; TD-W1-1-7697; #21 Letter 1921-03-04 from A. de Linde; RA Albert de Linde: Letter 1904-11-27 from Albert de Linde to Dear Madge(Margaret de Linde).

③ 由于泥沙大量沉积在海河河口外而形成的一道拦门沙,称大沽沙,也称大沽沙坝、大沽浅滩。——译者注

津。① 作为咨询工程师,林德非常关注这个问题,视其为他在天津所从事工作的延续。早在1897年对海河勘察时,林德就列出了一张统计表,统计表显示出"河水流经天津和流过大沽沙时河道的相对深度"。1899年,从大沽沙航道提取的泥沙样本被寄送给欧洲和美国的专家,以征询他们的意见,如用泵站排沙以维持航道通行是否可行。1901年,林德根据这些专家提供的意见,对大沽沙的状况做了长时间仔细的研究。他的结论是,为了避免"无休止地讨论应该如何做",当局和有关各方应该咨询工程界认可的专家的意见,并为其提供报酬,请他们来天津发表权威性意见。②

1902年初,都统衙门和海河工程局对大沽沙的治理采取了初步的措施,当时他们获得了英国皇家海军的帮助,对整个海河河口进行了一次综合海上勘测。英国、俄国、德国和法国的海军都为这项工作提供了可以利用的船只。③ 1903年,专家建议筑造堤坝而不是疏浚大沽沙。但这只是建议,综合考虑林德和他的继任者加斯顿·古伊吞(Gaston Guiotton)④的意见之后,海河工程局决定采用疏浚的方法而不是筑坝的方法。⑤

这个决定引发了要使用哪种类型的挖泥船实施工程的问题。

---

① Haihe 1920:81.
② de Linde 1902:22-23 et passim; Haihe 1906:1; Haihe 1920:41.De Linde 1902. 其中包括他从1901年7月开始递交的多份报告。
③ PTT 1902-01-04 p.149; NCH 1902-05-07 p.912; Haihe 1906:5-8 and 1920:44-48.
④ 马利·阿贝尔·加斯顿·古伊吞(Marie Abel Gaston Guiotton/ Guïotton),1857年出生,桥梁和道路工程师。
⑤ Haihe 1906:13-14 and 1920:52-53: Report of A. Schellhoss 1903-06 and comments by A de Linde and Gaston Guïotton.

林德于 1904 年 11 月访问了天津,在给海河工程局的一封信中,他建议采集大沽沙土壤样本。① 1904 年秋天,海河工程局在大沽沙用吸扬式挖泥船进行了作业,通过实验和观察,加斯顿·古伊吞得出结论,至少有部分大沽沙航道内的土壤需要用链斗式挖泥船进行挖掘,但吸扬式挖泥船的功率也够用。1905 年海河工程局决定按照这些建议进行船舶招标。②

1902 年海河工程局购置的第一条挖泥船"北河号"

1905 年 9 月,林德报告说,土壤样本已经送给有投标挖泥船意向的各家公司。③ 其中一家是德国埃尔宾(Elbing)(现为波兰的埃尔布隆格[Elblag])的希肖(Schichau)公司,他们生产了一种安装

---

① 11月初,林德从不来梅抵达上海,12 月中旬到达大沽,参见 NCH 1904-11-04 p.1045;1904-12-16 p.1386;TD-W3-1-1525 #1620: Letter 1904-11-16 from Mr. de Linde。
② Haihe 1906:21,23-26, including report #403 of G. Guïotton from early 1905.
③ TD-W3-1-1525 #1704: Letter 1905-09-18 from Mr.de Linde.

有弗鲁林系统(Frühling system)的吸扬式挖泥船,船的头部有一个很大的挖斗。他们承认这种挖泥船达不到海河工程局要求的规格,但在检验了从大沽沙提取的样本之后,他们邀请林德考察了该挖泥船在施特拉尔松(Stralsund)东南大约30公里的奥德河(Oder)支流河口作业的情况,此河的土壤条件与大沽沙类似。1905年11月初,林德离开伦敦,大约10天后,他把报告寄给了海河工程局。该报告的最后一段写道:

> 总之,我认为弗鲁林挖泥船(Frühling dredger)需要针对大沽沙特殊的环境条件做一些必要的改进才能在大沽沙软质黏土和沙子混合的地方进行有效作业;在沙洲的顶部发现有近乎纯净的细沙,使用诸如斗式挖泥船和普通的吸扬式挖泥船作业,效果会很差。试验还在继续进行,我相信针对各种不同的土壤,使用不同的"船头",才能使这种挖泥船的作业达到最佳效果。①

在治理大沽沙报告的概述中,海河工程局的代理秘书甘特(Percy H. Kent)于1906年8月谈到了弗鲁林挖泥船:"林德先生去年有机会观察到一艘这种类型的挖泥船作业时的情形,他只局限于考察这种挖泥船的能力如何,还没有对能否在大沽沙工程中采

---

① TD-W-3-1-1525 #1859: Letter 1905-11-15: "Mr. de Linde: report on Frühling dredger; statement of petty expenses." The report is in Haihe 1906:31-33: "A. de Linde. Frühling System" and reprinted in Haihe 1920:70-72.

用这种挖泥船提出任何建议。"①

林德关于弗鲁林挖泥船的报告有一个令人难以理解的细节,报告的印刷文本显然是按照海河工程局的文件印出的,日期是1902年11月16日。② 叶文静则是基于林德1902年11月在施特拉尔松旅行的日期写道:

> 德国政府想要将德国的技术引入海河治理工程,千方百计地赞助德国的企业,甚至邀请当时海河工程局的工程师到欧洲,检测他们赞助的机械,一种由奥托·弗鲁林(Otto Frühling)设计的疏浚设备。③

海河工程局秘书处在将这份报告归档或准备提交印刷时,由于日期的印刷错误或误读,可能会出现不同的解释。这里提到的年代顺序问题与其他可靠资料之间并不矛盾,从林德在1913年写给海河工程局的一封信中就可以明显看出,他访问施特拉尔松发生在1904年他受聘担任咨询工程师之后。④ 德国人可能向他支付了很大一笔费用来推销他们的技术,但他只是将这笔钱用于从伦敦到施特拉尔松的旅行,而不是从天津到欧洲的旅行。

海河工程局的总工程师加斯顿·古伊吞比林德更明确地表示不同意使用弗鲁林挖泥船。1906年2月,他推荐使用他自己设计

---

① Haihe 1906:26-27.
② Haihe 1906:27; 1920:66.
③ Ye 2016:129.
④ TD-W1-1-7692 #10;Letter 1913-11-05 from Albert de Linde, written in Tianjin.

第十章 战后新机遇:市政工程的恢复与推进

的链斗式挖泥船,其原理是借助挖泥船上的设备将沙子抽进浮动管道内;也可以用吸扬式挖泥船,这样就可以更容易地清除每年淤积的泥沙。[1]

在海河工程局对挖泥船及其费用问题做出决定之前,出生于1871年并接受过专业训练的荷兰土木工程师费妥玛(Thomas T. H. Ferguson)提出了一项新的建议。费妥玛从1904年4月开始在天津海关担任了五年副税务司。1904年11月,德璀琳离开了他自1878年以来一直断断续续担任的海关税务司一职,之后费妥玛担任代理税务司大约一年的时间,也由此成为海河工程局的成员。[2]

费妥玛出版过一本有关勘测技术的书籍,[3]1906年初,他向海河工程局提议做一次实验,用类似耕地的技术在大沽沙上开出一条航道,并使用他发明的或者说他改进的、适用于大沽沙环境条件的耙式装置,即"滚江龙"[4]:

  费妥玛先生极力主张,在疏浚设备经费问题还没有解决

---

[1] Haihe 1906:25; RA Albert de Linde: Hai-Ho River Conservancy Report No.4861906-02-27 by G. Guïotton.
[2] 孙修福 2004:471—475; A biography of Thomas Ferguson is in *Documents illustrative of the Origin ... vol.3*:673。
[3] FERGUSON Thomas 1904 *Automatic Surveying Instruments and their practical uses on land and water ... With an introduction by E. Hammer*; etc. London UK: John Bale, Sons & Co. 1902年9月16日,他因新型改进测量仪器获得了专利,编号为US 7099313 A。1901年申请此项专利时,他正在苏州。相关信息可在互联网上搜索。
[4] "滚江龙"也叫"混江龙",为中国传统疏浚工具,早在元至正四年(1344年)就被用于对黄河下游及入海口的疏浚。"滚江龙"形似车轮,中间是坚硬的木轴,外侧有三个木轮并排,其身遍布铁齿,以铁箍固定在轴上。大沽沙治理时,由拖轮带着"滚江龙"挖掘泥沙。——译者注

193

的情况下,用"滚江龙"做一次试验肯定没有什么害处,而且可能会证明这种方法是有效的和经济的,因为所建议采用的方法是增加大沽沙航道的水深而不是清除那里的淤沙。①

海关总税务司赫德提出为试验提供资金,最后海河工程局接受了这项提议并支付了试验费用的一半,前提条件是由海河工程局具体负责实施。②"滚江龙"在1906年夏天制造完成,同年9月,费妥玛向赫德提交了一份初步报告,报告的结论是,使用"滚江龙"清除1方(约2.8立方米)泥沙的花费,还不到用通常疏浚方法花费的一半。③ 该报告在提交时附有津海关税务司、海河工程局成员墨贤理(H. F. Merril)提出的建议,费妥玛的估算应如他自己所建议的那样提交给了独立的专家审议。如果专家们支持费妥玛依据他的结算做出的结论,海关税务司就建议在1907年继续使用"滚江龙"施工。实际上费妥玛更主张使用疏浚法,但挖泥船最早要到1908年才能使用,而"滚江龙"在1907年春天就可以继续进行耙疏作业。④

1906年12月8日,海河工程局决定继续使用"滚江龙"施工,费妥玛只要不受海关职务的约束就可以专门监督这一工程。⑤ 海

---

① Haihe 1920:88-89, quotation on p.89.
② SHA/TNA(The Second Historical Archives,Tientsin Native Customs,中国第二历史档案馆,天津常关,以下简称为 SHA/TNA): Three letters from Th Ferguson to Robert Hart in February 2006, pp. 97-498,499 and 502.
③ SHA/TNA: Letter 1906-09-15 from Th Ferguson to Robert Hart. pp.590-591.
④ SHA/TNA: Comments 1906-09-15 from T. H. F. Merrill, pp.598-599.
⑤ Haihe 1920:91.

第十章 战后新机遇：市政工程的恢复与推进

河工程局没有通知林德,这是他作为咨询工程师能够预料到的。林德从天津的报纸上看到了关于使用"滚江龙"的报道,他不赞成这一方案,并于1906年11月24日起草了一份报告寄给海河工程局。然而让海河工程局重新考虑他的意见为时已晚,他们已经决定继续使用"滚江龙"。在1907年4月寄给海河工程局的信中,林德再次对"滚江龙"的试验提出了自己的不同看法。[①]

林德并不反对使用"滚江龙",但他没有发现在世界其他地方有经过充分研究使用类似技术的经验,他把他的意见提交给了海河工程局。使用"滚江龙"的初步效果可能还不错,但是在大沽沙的环境条件下,这种方法不能长久。如果常年持续使用"滚江龙",就需要相当可观的投资,工程一旦停顿就会前功尽弃,短期的成功可能会导致长期工程的拖延。他并不反对使用新技术进行试验,但他认为试验应该以足够的专业技术为中心才能进行。天津不具备这样的条件。这是他在中国期间从事一切工作的指导原则。[②]

1908年初,海河工程局停止了对林德咨询工程师职位的聘用。林德认为这对他的咨询工作非常不利,并在同年试图劝说海河工程局撤销这项决定,他特别提到了他曾在1904年5月被中国授予双龙宝星。[③]

---

① TD-W1-1-7692 #10：Letter 1913-11-05 from Albert de Linde, written in Tianjin；TD-W3-1-1525 #2065：Letter 1907-04-19 from Albert de Linde；De Linde 1914：1.
② De Linde 1914：18-20 et passim.
③ TD-W3-1-604：Summary of board meeting 1908-01-07；TD-W3-1-1524：#3028 Letter 1908-03-03 to A. de Linde；#3195 Letter 1908-08-04 from A.de Linde.(1904年5月10日[光绪三十年三月二十五日],林德被授予三等第二双龙宝星。——译者注)

195

1912年海河工程局的报告谈道,使用"滚江龙"失败了,"这只能说明林德先生的预言被证明是非常正确的"。但在费妥玛的要求下,海河工程局后来又发布了一份经过修改的报告,其中这些说法不见了。① 海河工程局的官方态度在1920年海河工程局的工作总结中有所表述。使用"滚江龙"无疑导致在大沽沙使用挖泥船的时间推延了三年,但从中可以吸取到宝贵的教训,而且:

> 费妥玛先生的工作因此也大有裨益之处,即用比较经济的方式解决了1905年河道治理急需疏浚大沽沙与1913年挖泥船才能运抵天津之间的矛盾;但进一步的调查和其他方面的经验毫无疑问地可以证明,使用"滚江龙"不能长久地解决大沽沙的复杂问题,尽管应该承认,在缺少疏浚设备的情况下,这种方法也产生了很大的功效,是值得关注的权宜之计。②

林德有关"滚江龙"不适合大沽沙的环境条件和将会拖延采用更好技术的时间的观点,看来已经被无条件地接受了,但是基于对天津现实情况的认识和海河工程局的财务状况,费妥玛当时先采用"滚江龙"治理可能是正确的。

---

① TD-W1-1-7697:#101913-11-05 Letter from A.de Linde; TD-W1-1-7697:#21 Letter 1921-03-04 from A. de Linde; de Linde 1914:20. 东洋文库的莫理循书库藏有三本费妥玛关于大沽沙和滚江龙治理的小册子,分别于1906年、1907年和1913年出版,但是很遗憾这些资料无法用于本书的研究。Wang 2014:83-88 详细描述了大沽沙的问题,但未提及林德以及关于滚江龙治理的这些争论。

② Haihe 1920:106.

第十章 战后新机遇：市政工程的恢复与推进

1913年5月，林德通过电报申请重新担任海河工程局咨询工程师。① 海河工程局的答复是："他们没有考虑任命一名咨询工程师，但如果他们遇到任何特殊问题需要咨询意见的话，他们会请教林德先生。"②1913年的秋天，林德又来到天津，海河工程局对他的各种建议都很感兴趣。林德提出的条件是恢复他咨询工程师的职务，并从他之前任命终止的时候开始支付报酬，同时海河工程局还要公布他1906年关于大沽沙的报告。这两个要求都被海河工程局拒绝了。1913年12月初，林德宣布放弃了这些条件。从1914年1月到4月下旬，直到他1914年5月1日离开天津之前，林德提交了三份报告：一、关于海河左岸问题；二、关于吸扬式挖泥船问题；三、关于海河与大沽沙问题。1914年林德自费发表了他于1906年撰写的关于大沽沙的报告。③

1921年3月林德再次来到天津时又提起这件事。由于战争和疾病，他再也不能像以前那样做事了。他想从被解雇之日起恢复顾问工程师的职务，或者至少从1914年1月1日起恢复该职务，并由海河工程局偿还他被拖欠的报酬。④ 海河工程局秘书提交了一

---

① TD-W-3-1-1524：#3807 Telegram 1913-05-15 from A.de Linde.
② TD-W1-1-7697：#25：Memorandum 1921-03-09 to the HHCB from the secretary, quoting from the minutes of the board meeting #2471913-05-21.
③ TD-W1-1-7697：#21 Letter 1921-03-04 from A. de Linde to HHCB；TD-W3-1-1524：#3946 Letter 1913-11-07 from A. de Linde；#3972 Letter 1913-12-05 from A. de Linde；TD-W3-1-1526：#3975 Letter 1914-01-22 from A. de Linde；#4000 Letter 1914-03-31 from A. de Linde；#4008 Letter 1914-04-23 from A. de Linde；TD-W1-1-7692：#116 Letter 1914-04-23 from A. de Linde.
④ TD-W1-1-7697 #21 Letter 1921-03-04 from A. de Linde to the Haihe Conservancy Board, written in Tianjin.

份备忘录,大体的结论是,林德的诉求是没有什么根据的,当1917年海河工程局需要获得外部人员的建议时,征求林德的意见已经变得不切实际。备忘录最后写道:

> 林德先生已经17年没有担任工程师工作了,因此几乎不可能还需要向他咨询意见,除非——有可能的话——关系到要尽快提出解决海河支流问题的方案。如果海河工程局技术顾问提出的方案,被证明可能对海河是有害的,那么能够获得林德先生对该问题的看法将会是有利的。①

董事会也同意,没有必要重新聘用林德。然而,林德对大沽沙问题的兴趣并不止于此。1922年12月,林德又向海河工程局提交了一份报告,报告提出的建议涉及为船舶从海湾驶入海河开拓一条新的永久性航道的问题。②

1904年,林德被授予法国荣誉军团勋章③和中国三等第二双龙宝星。同年晚些时候,海河工程局还想授予他更高的中国勋章,但被拒绝了,因为距离第一次授勋不久,而且他也没有再承担过重要的工程项目。1910年1月,林德获得丹麦国王的许可,佩戴三等

---

① TD-W1-1-7697 #25:Memorandum 1921-03-09 from F. Hussey-Freke(quotation);TD-W1-1-7700:Minutes of meeting #300 on 1921-03-16.

② TD-W3-1-1526:#5195 Letter 1922-12-22 from A.de. Linde;该报告的中译本,注明日期为1922年11月1日,载天津市档案馆等编译《津海关秘档解译》,2006年,第2章,"22.林德(A. de Linde)为穿过海河河口湾开掘永久性新航道方案事复函总工程师(译文)",第76—83页。

③ RA Albert de Linde:Letter 1904-01-19 from the French Minister of Foreign Affairs to Albert de Linde;Permission 1904-03-26 from the Danish king to wear it.

第一双龙宝星,这枚勋章一定是他在几个月前收到的。① 1904 年 11 月,俄国/丹麦驻天津领事推荐授予林德俄罗斯圣斯坦尼斯劳斯三级勋章(Russian Order of St. Stanislaus Third Degree),后来可能又改成了二级。领事在推荐信中提到在天津的其他外国使节都向他们的政府建议,表彰林德自 1898 年以来为海河所做的工作。尤其令俄国人感兴趣的是,林德对天津的河流和港口所做的治理工作,事实上更有利于河流左岸,即俄租界所在地,右岸则是英租界和法租界。作为主要的土地主,林德没有通过官方就协助俄国领事解决了租界的问题。1905 年初,林德获得了俄罗斯圣安娜三等勋章(Russian Order of St. Anna, Third Class)。②

在天津的最后几年,林德投资了大量地产。当塘沽土地和码头公司(Tanggu/Tongku Land and Wharf Company)于 1902 年 1 月成立时,其资本为 6.5 万两银,林德持股 1.8 万两银,是最大的股东,也是执行董事会三名成员之一。③ 同年,他还是"天津先农房地产

---

① 《唐绍仪札德璀琳》光绪三十年三月二十五日(1904 年 5 月 10 日);《天津道王仁宝札天津海河工程局》光绪三十年十一月十三日(1904 年 12 月 19 日),载《津海关秘档解译》,2006 年,第 56 页;RA Albert de Linde:The original of the patent dated 1904-05-12 (GX 30/3/27) with an English translation by the consul 1904-05-23; Letters 1904-08-20 and 1910-01-25 from Ordenskapitlet to Albert de Linde. The translation is also in RA UM 2-2189-26:K04。(如本书作者所猜测的,1909 年 5 月 7 日津海关道对已归国的林德追赐三等第一双龙宝星。——译者注)

② RA UM 2-2189-26:K 04:Albert de Linde:Letter 1904-11-19 in Russian from the Russian consul in Tianjin to the Russian minister in Beijing; Telegram 1905-04-04 from consul to de Linde in Copenhagen; RA Albert de Linde:Patent 1905-02-20 in Russian; Permission 1905-08-08 from the Danish king to wear it.

③ RA Albert de Linde:Memorandum & Articles of Association of the Tongku Land and Wharf Company 1902-01-24.

投资有限公司"(Tianjin Land Investment Company Ltd.)五名创建者之一。① 在1903年离开天津后,林德继续参与大量不动产投资,持有的资产包括天津的几处房产,其中一处租给了驻天津的印度军团作为食堂,还有一处房产在北戴河。他的这些房产都交由他岳父威廉·马克里希管理。1908年5月,当马克里希开始为期一年的休假时,房产则由甘特·万士律师事务所(law firm Kent & Mounsey)的甘特博士代为管理。②

1909年2月,林德出席了俄租界租地人年会并投票。③ 3月,他与泰来洋行(Telge & Schröder)的德国商人弗里德里希·马丁(弗里茨)·佐默尔(Friedrich Martin[Fritz] Sommer)一起,在德租界购买了2.5亩(0.17公顷)的土地,他拥有其中的一半。1914年1月,他又买下了另一半土地。④ 他还与佐默尔在英租界扩展界共同拥有一块相当大的地产。1910年该地区准备开发时,他们的地产据说已经分开了。⑤ 1920年左右的地图显示,林德在英租界墙外推广界(British extramural area)拥有9块土地,总面积达67.2亩(4.4公顷),这些土地大都沿着马场道分布。⑥

1904年8月,林德与他的妻子和两个孩子住在丹麦的一家海

---

① 尚克强 2008:74,同样可见 Wang 2014:94。在公司所有人方面两处记述存在细微差异。
② RA.Albert de Linde Brevbog William McLeish: Instructions 1908-04-25 to Mr. Kent on Mr. de Linde's affairs.
③ PTT 1909-02-16.
④ RA UM 2-2189-26 K 04: Albert de Linde 1909-03-31 and 1914-01-14.
⑤ RA Albert de Linde Brevbog William McLeish: Letters 1909-10-15 and 1910-03-07 to de Linde.
⑥ RA Albert de Linde: Maps 1920-01-14 and 1921-02-04.

第十章 战后新机遇：市政工程的恢复与推进

滨酒店里。根据报纸报道,他计划去天津度过一个冬天,逐步减少他投资的股份,将大量资金带回丹麦,在日德兰半岛购买一处庄园,在那里他们可以过上传统式的家庭生活。① 1904 年 11 月,我们发现林德还在天津,并在海河工程局积极工作,但是他的家人长期居住在英国,大约是在 1905 年 5 月,他们的第二个女儿凯伦(Karen Gertrude Mollie)出生。② 林德于 1934 年去世,此后不久,玛格丽特·林德和她的儿子,当时是一名英国军官,把他的骨灰盒带回到丹麦并安葬在布兰斯特鲁普(Blenstrup)墓地的家族墓中,他就是在那里的教堂接受洗礼的。两个女儿没有与他们一起生活,据说都已经嫁给了英国军官。③ 他们一家与丹麦的亲戚一直保持着联系。1976 年,一份代表英国和丹麦家族的丹麦报纸刊登了一则关于克里森·阿尔伯特·德·林德(Christen Albert de Linde)上校的死亡通知。④

天津济安自来水公司

1901 年初,三名中国商人,马玉清、芮玉坤和陈济易,发起成立了济安自来水公司, 英文称 Tianjin Native City Water Works Company(TNCWWC)。公司向天津自来水公司(TWWC)没有供水

---

① *Aalborg Amtstidende* 1904-08-24 p.2; *Randers Amtsavis* 1904-08-24 p.1.
② TD-W3-1-1525 Hai-ho Conservancy Board: Letters received 1904-10-11 to 1907-10-16; Letter 1905-07-12 from de Linde; Thomassen 1997:635.
③ *Berlingske Tidende* 1934-05-22(Morgen. Last page); RA Kirkeboger Blenstrup 1837-1860 #33.
④ *Jyllandsposten* 1976-02-07 p.6.

201

的天津城区供应自来水,首先供应中国城区,同时也为一些外国租界供水。该公司逐渐发展成为天津最大的供水商,在这一领域最具实力的丹麦人也参与了公司的技术管理。①

在1901年3月的两次会议上,都统衙门研究了这些商人的申请,并根据公共工程局局长林德提出的条件授予免税特许权。这些条件包括从大运河抽水的地点、两个水龙头之间的距离(售水龙头相隔450米、灭火水龙头相隔225米),以及供水的价格,还有工程时间表(必须在6个月内开工,15公里的管道必须在18个月内完成,此后每年铺设管道5公里)。济安公司同意了这些条件并自行筹集资金。他们需要一个外国公司作为代理,最后决定由瑞记洋行(Arnhold, Karberg & Co.)作为公司的代理商。②

在将设计图纸提交都统衙门后,建议工程才能开始。1901年6月,林德被要求向都统衙门报告项目进展情况。在报告中,林德建议济安公司根据外国公司法注册,并立即开始施工,企业创办人要保证资本额达到12万两银。他的建议被都统衙门接受,不久也被济安公司接受,资本则由瑞记洋行担保。③

济安公司的水处理厂建在一座被废弃的花园——芥园中,位

---

① Spicq 2012 is the standard work, see particularly p. 52 and p.98ff. 史凌飞(Delphine Spicq)非常热心地给我寄来了她的博士论文"La politique de l'eau et l'hydraulique urbaine dans la plaine du nord de la Chine: le cas de Tianjin, 1900-1949.3 vols. Thèse pour l'obtention du Diplôme de Docteur de Université Paris Ⅶ-Denis Diderot,2003-12-17",这对于我的研究非常有益,但是此处的参考文献仅引用了已出版的版本。

② PVTPG 1901-03-06/115/7. p. 207/144; 1901-03-13/118/20 p. 216/151; 1901-03-15/119/2 p.216/152.

③ PVTPG 1901-06-12/156/20 p. 317/236; 1901-06-26/162/6 p.329/247;1901-07-01/165/9 p.334/251.

第十章　战后新机遇:市政工程的恢复与推进

于天津城的西北、大运河的南岸。① 7月,该公司要求延长建厂期限,因为占用该处土地的花农不想在阴历八月之前把土地腾出来,但延期的要求被拒绝了。② 1901年8月下旬,有媒体报道说,瑞记洋行成为北京和天津建设自来水厂的代理商,"而且由于在天津西头湾子(Hsi-ton-wan-tze)要进行大运河工程,那里的土地已经被挖开",现在建起了芥园大堤。济安公司已经购买了那块土地,1901年9月下旬,购地合同得到了都统衙门的认证,可以在英国领事馆注册了。③

这时,如前所述,林德已经从都统衙门辞职,成为海河工程局的总工程师,合同规定他必须从事全职工作,不能同时在其他公司任职。然而,他被允许担任其他企业的咨询工程师。④ 我们不知道这样规定,是不是因为在讲述他在天津的生活和工作时,在济安自来水公司的活动没有获得多少有价值的信息。⑤ 1901年夏天,林德必须与瑞记洋行达成一项协议,"他为家庭订购用水设计和拟定所需的说明书,还要在建厂期间担任咨询工程师",报酬为3500两银,用股份支付。在1903年1月的一封信中,林德说,这笔报酬并不包括除了这一工程项目最初支付的20万两费用之外其他工作

---

① Spicq 2012:108-109.
② PVTPG 1901-07-17/172/17 p.351/264. 该年阴历八月从公历1901年9月13日开始。
③ PTT 1901-08-24 p.65; PVTPG 1901-09-27/202/10 p.430/330.
④ RA Albert de Linde: Contract between the HHCB and Albert de Linde 1901-08-07, Article 3.
⑤ *Kraks Blaa Bog* 1911:292; Albert de Linde's autobiography in Graugaard 1994:67-69; Heinberg 1934:235; RA UM 2-2189-27 K4: Letter 1903-08-23 from the consul to the minister of Foreign Affairs, Copenhagen, describing the services rendered in China by Albert de Linde.

203

应给予的报酬。对于再增加的任何工作,他现在的提议是报酬为工程费用的 2.5%,这只是他从天津自来水公司收取的报酬的一半。我们不清楚他是否还在为天津自来水公司工作,但 1899 年天津自来水公司有记录说他们已经雇用了自己的工程师。①

我们只要稍稍关注一下林德在济安自来水公司的工作就可以发现,1902 年 11 月,他就曾对建造水塔的工艺水平表示很不满意。1903 年 4 月,他递交了一份在城区铺设管道所需材料的清单,并对购置材料的价格做了粗略的预算,而此时他的报酬问题看来已经得到了解决。他在这封信的结尾写道:"按照上述估价,济安自来水有限公司(TNCWWC Ltd.)是无法盈利的。"或者说对于天津济安自来水公司而言,无论公司在原材料采购中起到什么作用,结果都会如此。②

济安自来水公司的第一座水塔建在天津城的城隍庙内

---

① RA Albert de Linde: Letter 1903-01-09 to Messrs Arnhold Karberg & Co; Directory 1899:124 and 1902:155.

② RA Albert de Linde: Letters 1902-11-29 and 1903-04-29 to Messrs Arnhold Karberg & Co.

另有资料提到林德是济安自来水公司第一届董事会的六名成员之一,也是负责工程建设的两名工程师之一。在1903年3月30日的开工仪式上,他作为咨询工程师,是代表公司发言的两个人中的一个,中国当局出席仪式的是海关道台唐绍仪。① 在1905年2月济安自来水公司的年会上,林德作为股东由 E. C. 杨(E. C. Young 音译)代表出席②

林德对济安公司的技术问题和公司管理问题一直都保持着浓厚的兴趣。1908年,济安公司的董事会有四名中国董事和三名外国董事。中国董事是公司的三名创建者和董事长孙仲英。1909年,济安公司想要马克里希作为林德的代表参加董事会。林德只同意暂时如此,因为他不想这样做,除非他可以真正地接受这个职务。到了1910年3月,林德成为董事会的成员。林德对董事长和作为公司代理人及总经理的瑞记洋行的威廉·帕佩(Wilhelm Pape)都给了很高的评价,对其他三名中国董事的评价却并不大好。③

1910年夏天,马克里希报告说,他购买了济安公司的股票。他花了一些时间,终于买到了132两银的股票,而股票行情表上的价格是130两。按照每年8%的股息,这将给他的投资带来6%的回报,即使股息提高到10%,也只会给他带来7.7%的回报。他想购买50股,如果是新发行股的话,甚至可以买100股,因为他认为自来

---

① 李绍泌 1982:170.
② PTT 1905-02-23.E.C. 1902年杨(E. C. Young)任海河工程局工程师一职,1905年他在天津自来水公司任工程师和经理,参见 NCH 1902-05-07 pp.911-912;Directory 1905:173.
③ RA Albert de Linde Brevbog William McLeish: Letters 1909-08-26,1909-10-15, 1910-01-12 and 1910-03-07 to de Linde; Wright 1908:740.

水公司的股票对于生活在中国以外的投资者来说是最佳的投资。他同意威廉·帕佩的"掺水股票策略"(policy of watering the shares),但中国董事反对,而且他们占多数。①

1911年初,济安公司董事会遇到了挑战。芮玉坤于1月去世,陈济易病重无法参与公司事务,而孙仲英:

> 这位非常聪明的中国人(以前是信义洋行[Mandl]的买办,曾是我们武备学堂的学生)不知何故与地方当局因瘟疫流行而发生了矛盾。他采取欧洲人优先的态度,号召天津商会的一个专门协会带头帮助地方当局。他嘲笑当局提出的一些荒唐的措施,由此极大地冒犯了当局。结果,他销声匿迹退隐了好几个月。

这样一来,马克里希非常不情愿地在1911年3月的一次会议上被推举为董事会主席。

会议进行得很顺利,但济安自来水公司的财务制度也从此发生了一些改变。公司自成立以来,都是通过收入支付追加投资而不是通过增发新股追加投资的,因此,派发给股东的股息一直很低。马克里希直截了当地表示,导致他们财产损失的原因是,"在过去的八年里,一、利用公司的收入扩展自来水的供给系统;二、头几年的股息很少甚至为零"。董事会现在打算停止这种做法,但还没有决定接下来如何去做。1910年秋天,董事会提交了一份报告,

---

① RA Albert de Linde Brevbog William McLeish: Letter 1910-06-08 to de Linde.

报告显然是由律师甘特起草的,报告提出的建议遭到了来自林德和济安公司早期股东及董事之一的田夏礼(Charles Denby Jr.)的批评。董事们明显感觉到,林德和田夏礼不理解平息报纸和地方议会所表达的中国公众舆论的重要性。马克里希直接写道:"你们这些人回国待了几年,无法理解社会已经发生了怎样的改变,也不知道头脑发热的年轻人会产生强大的力量,他们会给当下的中国造成极大的伤害。"如果股息超过10%,就会出现要求降低水费的强烈抗议声,而且不幸的是,北京新成立的自来水公司供水"价格远低于我们"。此外,济安自来水公司的合同可能也会成为问题,例如水费是以银两的"钱"来计算还是以墨元的"分"来计算。如果按照墨元计算,水价会降低大约25%。董事们现在的目标是在股息达到10%之前就做出安排,或者通过发行红利股的手段使股票加倍,或者通过发行"感恩债券"(cumsha debs)或称红利债券的方法弥补股东的损失。遗憾的是,我们没有看到这封信之后的通信,所以也不知道接下来发生了什么。[1]

1902年,济安自来水公司的股本是80万两银,1903年达到100万两,1920年达到300万两。1911年初,林德卖出了20股,但仍拥有356股,大约是公司资本的3.5%,这使他成为第三大股东,当时最大的股东是威廉·帕佩。1915年,济安自来水公司54%的资本控制在外国人手里,在外国股东中,只有德国人所占的股份比

---

[1] RA Albert de Linde Brevbog William McLeish: Letter 1911-03-10 to de Linde. All quotations are from this letter.

丹麦人多。① 1915 年 11 月,公司刊登广告发行债券 20 万两,年利率 6%。这笔钱被要求用来偿还 10 万两未偿债券,其余的则用于支付扩建水厂的费用以增加供水。在广告中列出的六名董事会成员中,为首者是孙仲英,第二位是林德。②

林德不论是在济安自来水公司工作时,还是在 1903 年秋天离开天津后,都对雇用丹麦人持积极的态度。1902 年 1 月,克里格尔·安德森(A. Krieger Andersen)上尉先是在上海待了一段时间,但不久后显然去了天津,并被林德雇用。5 月,领事要求林德将薪水发给安德森,因为他是"你雇用的丹麦人",直到他偿清债务为止。林德的回应是,立刻寄去一张 48.40 元的支票,作为应付给他的薪水,然后从 1902 年 5 月 22 日开始不再雇用他。1902 年 5 月下旬,德国领事法庭发出了一张为一宗刑事案件作证的传票,提到克里格尔·安德森是天津自来水公司雇用的一名督查员,其所属公司很有可能被误认是仍在建设中的济安自来水公司。这样的事情在有关资料中并不少见。③

克里格尔·安德森是汉斯·安东·安德森(Hans Anton Andersen,1869—1952)使用的另一个名字,他是丹麦军队中的一名中尉,1892 年夏天来到泰国曼谷。他曾在暹罗海军陆战队的黎塞

---

① Spicq 2012:103-104; RA Albert de Linde Brevbog William McLeish: Letter 1911-03-10 to de Linde.
② *Peking Daily News* 1915-11-05 p.6; *Peking Gazette* 1915-11-10 p.1.
③ RA UM 2-2035-5: Letter 1902-01-16 to foreign ministry; 2-2189-9: Draft letter 1902-05-22 from Poppe to A. de Linde; Letter 1902-05-29 from German consulate; Letter 1902-06-03 from Laptew to Krieger Andersen; 2-2035-78 Indk. breve 1902-1903: Letter 1902-05-27 from A. de Linde to Poppe.

第十章 战后新机遇:市政工程的恢复与推进

留(de richelie)海军上将手下服役,1900年被解除军职,当时他是一名上尉。关于解职的原因,按他自己的说法,是王后在他所在的邦普拉(Bangpra)海滨驻地停留时,他遵从了王后的意愿,却违背了军纪;另一种说法是他因不当行为而被解职,当时他离开了驻地,与女朋友住到了曼谷。1900年,由于他的健康状况不佳,需要改变居住地,所以他去了中国,并且据说凭借从香港一所学校获得的文凭成为一名机械工程师。1904—1905年日俄战争期间,安德森是伦敦一家报社的记者,在去东南亚工作之前,他还曾为满洲的铁路公司工作。1908年,安德森回到曼谷,和两名俄罗斯人一起创办了一家机械工厂。1910年,他们因造假而一起被捕,并被送往欧洲,但两名俄罗斯人在苏伊士运河跳船逃跑。丹麦一家刑事法庭判处安德森一年监禁,但高等法院宣判他无罪。在第一次世界大战期间,安德森在丹麦军队服役了一段时间,后来他结了婚并定居瑞典的哥德堡,在泰国和斯堪的纳维亚之间往来从事贸易。①

对克里格尔·安德森的索赔或指控是由上海的威尔默(W. Wilmer)向天津的领事馆提出的,因为他当时还住在天津。威尔默委托安德森将都是2角硬币的400墨元换成美元,可是他一直没有收到兑换的钱。安德森的答复是,一个中国承包商欠了他400元,他一旦收到这笔钱就会还给威尔默。②

---

① RA UM 2-2035-5;2-2035-84; Letter 1902-04-27 from Major Busch in Bangkok; C. F. Schiöpffes Samling #416; Hans Anton Andersen; Andersen 1929; 201 – 236; Rasmussen 1986;105-106; Kaarsted 1990;161.

② RA UM 2-2035-78 Indk. breve 1902-1903; Letter 1902-05-16 from W. Wilmer; 2-2189-9 #5 A. Krieger Andersen; Letter 1902-05-17 to Krieger Andersen; Draft letter 1902-05-20 to W. Wilmer.

这个横跨1902年夏天的案件成为对丹麦人在天津司法执行能力的又一次检验。1902年5月,该案件由副领事(或领事秘书)珀佩处理,但是从6月起,改由领事来觉福接手处理,他于1902年初从俄国驻上海总领事馆秘书的职位调到天津。① 尤利乌斯·沃尔德大约于1902年5月1日抵达天津,为大清电报局工作,他直接参与了安德森案件的处理。上海领事法官经常通过他收发电报,甚至要求他翻译丹麦刑法条例。②

天津的领事收到上海的指示,如果威尔默坚持起诉的话,就要审查安德森的案件。他显然给了安德森一个月的时间来结清他的账户。当限期到期时,安德森致函希望能延缓几天支付。现在威尔默对丹麦领事失去了耐心,因为丹麦领事说他对丹麦臣民无法行使权力。威尔默去找英国领事,英国领事建议说,上海的领事法官允许将案件交由天津都统衙门的司法官员处理,如果被告来自一个在天津没有领事代表的国家,就可以这样做。③

上海领事特别强调说,这宗案件不能由天津都统衙门处理。雷施麦斯意识到,来觉福领事不愿意采取行动,于是考虑自己去天津,但他离开上海会很麻烦,而且他似乎从来没有去过天津。他指示说,如果安德森试图逃跑,就必须逮捕他,而且他显然已经处在监视之下了。一个复杂的问题是,未经安德森本人的同意就不能

---

① Lensen 1968:129.

② RA UM 2-2035-5:Telegram 1902-07-02 to J. Wolder; 2-2035-78 Indk. breve 1902-1903:Letter 1902-07-09 from J. Wolder.

③ RA UM 2-2189-9:Telegram 1902-06-09 from Leigh-Smith Shanghai to Laptew Tianjin; 2-2035-78 Indk. breve 1902-1903:Letter 1902-06-22 from Andersen to Laptew;Letter 1902-06-28 from L. C. Hopkins (UK consul) to Laptew.

将他送离天津,除非他犯有刑事罪行。1902 年 7 月,又有几个人对安德森提出了索赔要求。来觉福领事借用的一种说法是,几乎每天都有人提出索赔。1902 年 7 月末,威尔默决定提起指控,并通过朋友将文件寄给了上海的领事法官。①

至于此案件是如何了结的,没有明确的资料记载。只有如下说法,1903 年 2 月,上海领事听说克里格尔·安德森在旅顺,并请来觉福领事与有关当局安排,"以最不名誉的方法从可怜的巴克那里"拿到安德森应该偿还的 200 元。②

雷施麦斯在这里可能是指暹罗海军的指挥官巴克(C. Backe),克里格尔·安德森在泰国的老同事,也可能是他于 1902 年 5 月在北京认识的朋友。③ 领事对克里格尔·安德森行为的描述在当时似乎已经被普遍接受了。威尔默称他是"你所知道的一个彻头彻尾的恶棍",来觉福告诉沃尔德,领事馆当时的条件对一个行为得体的丹麦人来说是会让他感到舒适的。如果按照与其他领事馆同样的标准,天津很快就会挤满冒险者和骗子。尤利乌斯·沃尔德对克里格尔·安德森到过天津颇感遗憾,他在天津获得的体面职业掩盖了他所有的欺诈行为。在尤利乌斯·沃尔德看来,天津领

---

① RA UM 2-2035-5:Telegram 1902-07-01 to Laptew in Tianjin;Telegram 1902-07-02 to foreign ministry;2-2035-78 Indk. breve 1902-1903;Letter 1902-07-09 from J. Wolder;2-2189-9:Telegram 1902-07-14 to Laptew from Shanghai;Letter 1902-07-28 from Laptew to Leigh-Smith in Shanghai with copy of letter from Wilmer 1902-07-24.

② RA UM 2-2189-9 #5 A. Krieger Andersen:Extract from letter 1903-02-15 from Shanghai consul.

③ Directory 1902:508. 据作者 2016 年 1 月 3 日与瑟伦·伊瓦尔松(Søren Ivarsson)的私人通信,巴克可能是挪威人,1895 年至 1904 年在暹罗海军任职。

事馆懒散或软弱的状况是由珀佩造成的。正如前面已经提到的，有人倡议任命一名副领事，沃尔德可能作为候选人，但我们没有看到任命记录。①

从1903年12月1日起，贺乐伯(Johannes Holmberg, 1877—1939)受雇于济安自来水公司，负责工程工作。他的童年是在法尔斯特(Falster)的文纳斯隆德庄园(Vennerslund Estate)的园丁小屋中度过的。1903年初，他从高等技术学院毕业成为一名土木工程师，然后在丹麦的"坎普-劳里岑公司"(Kemp & Lauritzen)工作了10个月，该公司尤以电气系统为其优势专业。1903年初冬，林德来到哥本哈根，向学院征询能否为济安自来水公司介绍一名适合的人选做管理者。学院推荐了贺乐伯，他也渴望去东亚，于是只花了几天时间就做好了准备。贺乐伯乘坐火车穿过西伯利亚，于1903年12月26日到达天津。②

在1904年2月举行的第二届济安自来水公司年会上，贺乐伯因指出了必须改正的缺陷而受到赞扬。③ 可能还有其他类似的例子，但除此之外，他在天津工作期间没太多可宣扬的。第一次世界大战之前，在华外国人和外国洋行名录中都没有出现过他的名字。

---

① RA UM 2-2035-78 Indk. breve 1902-1903: Letter 1902-07-09 from J. Wolder; Letter 1902-07-24 from Wilmer to Tianjin consul.

② Ordenskapitlet: Johannes Holmberg Autobiography 1928-02-04; *Kraks Blaa Bog* 1925: 375; 1938: 495-496; 1941: 14. Spicq 2012: 99. 史凌飞提到贺乐伯可能是为了让外国人投资济安自来水公司，而在公司工作的外国人之一，这种提法在1902年5月20日获得了总督的许可。她还提到(p. 106)在到天津之前，贺乐伯曾作为丹麦使节居住在北京，但这是不对的。人物传略(pp. 237-238)没有出现这些错误，似乎更加可靠。

③ PTT 1904-02-26.

第十章 战后新机遇:市政工程的恢复与推进

天津济安自来水公司也没有被单独列出,只是包括在其代理商德国瑞记洋行项下。1917年,也许是在此之前,天津济安自来水公司在洋行名录中已经被单独列出。提到贺乐伯时,他已经是济安公司的总工程师和秘书。① 造成这一变化的原因尚不清楚,但可能是第一次世界大战使瑞记洋行发生了变化。1915 年 11 月 15 日,贺乐伯给英国驻津总领事的一封信中的签名为天津济安自来水公司总工程师兼秘书。②

当马克里希于1910年加入济安自来水公司的董事会时,他有机会与贺乐伯合作,并给予他很高的评价。他直接写道:

> 我最担心的是贺乐伯生病了,或者要去休假了,或者突然去世了。他可以轻而易举地将公司全部事务"说得一清二楚",在某种意义上,没有人能做到这一点。如果他出了什么事,我们就会陷入困境;基于这个原因,我认为应该有一个可以替补他的聪明人。③

1911 年 3 月,马克里希写道,他越看贺乐伯就越喜欢他,认为他是一流的男人。他同意贺乐伯向济安自来水公司投资,那时他持有股票 116 股。④

北京的自来水厂建于 1908 至 1910 年,贺乐伯担任设计和施工

---

① Directory 1902:145, 1905:160, 1906:625, 1908: 991 and 1917:729.
② 刘海岩 2008:63; cf. Liu 2011:398.
③ RA Albert de Linde Brevbog William McLeish: Letter 1910-03-07 to de Linde.
④ RA Albert de Linde Brevbog William McLeish: Letter 1911-03-10 to de Linde.

213

的咨询工程师,耿普鲁(Carl Wilhelm Gimbel,1881—1946)担任总工程师。耿普鲁在贺乐伯毕业一年后从高等技术学院毕业,在那里他们可能已经认识。自来水厂工程完成后,耿普鲁继续担任总工程师直到1912年,同时还在北京大学教授数学。1912—1928年,他为中国政府的盐务管理局工作。①

贺乐伯可能大多数时间都待在北京,但他在天津的丹麦人中也很活跃。1909年1月,天津的丹麦人向领事珀佩递交请愿书,要求授予贺乐伯丹麦国旗勋章,请愿书提到贺乐伯是"天津济安自来水公司经理"(manager of the Tianjin Native City Water Works),而在丹麦人申请准许游览颐和园的名单中(注明日期是1909年4月15日),他署名的工作机构是天津自来水公司。②

1903年,贺乐伯与威廉明妮·佩德森(Wilhelmine Pedersen,1875—1928)登记结婚。他们的女儿古德龙(Gudrun)出生于1902年。他可能把家人带到了天津,但没有居住很长时间。1905年,威廉明妮·贺乐伯登记的住址改到了哥本哈根,在接下来的几年里又做了几次变动。1911年,她登记为一名寡妇,和他们的女儿住在一起。1921年,古德龙·贺乐伯在天津登记,尽管她当时并没有住在天津,而1922年5月,她的家庭住址改到了哥本哈根,是1915年她母亲登记的住址。她可能是从天津回到哥本哈根的,但登记簿上没

---

① Civilingeniørstat 1942:136 #999 and 144 #1047; 1955:90 #1047.
② RA UM 2-0426-3 #12; Konsul Poppe indstilles til Ridder af Dannebrog.

有注明她是从哪里返回的。之后,她似乎是在哥本哈根定居了。[1]

贺乐伯继续在济安自来水公司工作,直到1927年因健康问题退休,但他继续住在天津,并享受着中国人对他极大的尊重。他因观测到山区降雨预言会引发洪水并建议采取预防措施而赢得了好的声誉。1917年,贺乐伯成为政府防洪减灾委员会的成员。1925年,他是在北京举行的中国海关会议的技术顾问。[2] 1921年到1926年,贺乐伯是第一位被任命担任驻天津丹麦领事的本地丹麦居民。他还被中国政府授予五等嘉禾勋章和丹麦国旗勋章。

1922年,贺乐伯的第二个女儿多萝西(Dorothy)出生,多萝西的母亲是出生于朝鲜的金达丹(Boksun Kim,1900—1947)。1926年,贺乐伯与威廉明妮·贺乐伯离婚,在威廉明妮去世后和金达丹于1928年8月结婚。[3] 1931年,他应邀担任丹麦使馆的名誉领事,和家人移居到了北京,当1935年公使馆搬到上海后又回到天津。贺乐伯于1939年11月去世,当时他们为了让多萝西接受教育,才回到丹麦住了几个月。他们可能至少在一两年内回到了丹麦。两个女儿都继承了贺乐伯的财产。多萝西后来嫁给了宝隆洋行驻天津的代表,并于20世纪60年代定居在哥本哈根。[4]

---

[1] RA UM 2-2189-6 p.6; KS Politiets Registerblade:1905-04-26, Station 7. Filmrulle 0015. Registerblad 1389; 1906-11-01, Station 1 Filmrulle 0013 Registerblad 373; 1915-05-19, Station 4 Filmrulle 0008.Registerblad 4326; 1922-05-22: Station 4 Filmrulle 0008 Registerblad 4298.

[2] Winkel 1930:236; Civilingeniørstat 1942:136 #999; *Peking Daily News* 1917-10-31 p.5.

[3] RA UM 2-2189-17 #181:Johannes Holmberg's og Chin Dal Tan's A Egteskab.

[4] Müller 1940; RA UM 2-2189-6 p.25;2-2189-26 K 14: Johannes Holmbergs dødsbo; *Kraks Blaa Bog* 1974:1060: Rudolph Thøgersen.

后继者

1912年清朝垮台时,天津的丹麦人表现出了为天津外国人的生活做出贡献的意愿和兴趣,同时也希望与当地居民和地方当局相互合作。有些丹麦人为中国政府服务,也有些丹麦人从事进口和中国商品的出口贸易,但成就最为辉煌的是那些积极利用现代技术的丹麦人,特别是在照明、供水、河流治理、电报和电话等领域。

丹麦人在天津的生活中表现得如此突出,以至1901年2月《北华捷报》的天津记者发出了如下报道:

> 如果俄罗斯有关租界问题提出的解决方案最终被接受,比利时人和意大利人将成为他们南北两边的邻居。我想我的说法没有错,迄今为止(在最近的骚乱发生之前),这两个国家在我们出版的《行名录》中还没有一个销售代理。而令人不可思议的是,小小的丹麦并未要求划分一块地盘,我们却有了许

多非常优秀的丹麦邻居。①

与丹麦不同,意大利和比利时都是 1901 年《辛丑条约》的签字国,②但这些说法委婉地暗示了丹麦人在天津所发挥的作用,即使作者可能是与丹麦人有着密切家族关系的马克里希。

从"古老的"丹麦家族来看,只有璞尔生夫妇的四个女儿在 1915 年她们的母亲去世后仍生活在天津,而艾莉·璞尔生仍然是丹麦国籍。丹麦人群体仍然有新的丹麦人加入。在济安自来水公司,迟早会有另外几名丹麦工程师接替贺乐伯的职位。③

1909 年 3 月,七名男子在天津相聚。④ 其中两人是贺乐伯和罗泰。此外,还有卡尔·拉格霍尔姆(Carl Lagerholm, 1867—1947),一名瑞典的土木工程师,在天津已经工作多年,1909 年担任天津俄租界工部局的工程师和秘书。

据罗泰说,拉格霍尔姆参加过在天津的丹麦人举行的所有聚会。⑤ 其余四人都在大北电报公司工作。约翰·路易·罗德(John Louis Rohde,生于 1868 年)和奥斯卡·克里斯蒂安·特克尔森(Oscar Christian Terkelsen, 1876—1910)是该公司在天津的负责人。兰义(Johannes Lange, 1879—1947)1902 年从大北电报公司辞职,改而为大清电报局工作,直到 1905 年,他又受聘于天津仁记洋行

---

① NCH 1901-02-27 p.385.

② MacMurray 1921:1:298.

③ Spicq 2012:106.

④ RA UM 2-0426-31909 #22:Om Oprettelsen af et Skandinavisk Selskab for Nordkina: Minutes of meeting 1909-03-15.

⑤ Hildebrand 1905:17:150; PTT 1909-02-16: Russian concession annual meeting of land renters; Ordenskapitlet: Knud Rothe Autobiography 1931-03-04.

（William Forbes & Co.）。汉斯·泰森·朗格贝克（Hans Teisen Langebæk，1884—1937）在那次聚会大约一个月后转到北京，但几年后又回到天津，在大清电报局工作，后来成为一名股票经纪人，直到因肺炎死于天津。①

1909年3月的那次聚会，决定发起成立一个华北斯堪的纳维亚协会（Scandinavian Society for North China），但到1909年8月，进一步的组织工作被推迟了。然而，这个计划并没有消失，1919年，华北斯堪的纳维亚读书会（Scandinavian Reading Circle for North China）和斯堪的纳维亚协会（Scandinavian Society）先后成立，会址都设在天津大北电报公司。②

1919年，兰义担任斯堪的纳维亚协会主席，同年他又成为仁记洋行的合伙人。从1923年开始，他担任天津总商会的名誉司库，同时担任丹麦副领事，并在两年后接替贺乐伯担任丹麦领事。1926年，他与1899年出生于俄罗斯萨拉普尔（Sarapul）的亚历山德拉·阿利恩（Alexandra Allien）结婚，她是一名芭蕾舞演员，当他们发布结婚消息时，她正与一家意大利歌剧公司在日本巡回演出。1932年，兰义离开了他的职位，并在1935年辞去了领事和斯堪的纳维亚协会主席的职务。他在天津生活了30多年，此后这对夫妇长期定居丹麦。③

---

① RA UM 2-2189-6；1921-01-01 #10；RA GN Store Nord 10619-984 #285：John Louis Rohde；#353：Oscar Christian Terkelsen；10619-985 #436：Johannes Lange；#595：Hans Teisen Langebæk.

② RA UM 2-0426-31909 #22：Om Oprettelsen af et Skandinavisk Selskab for Nordkina：Minutes of meetings 1909-03-15 and 1909-08-13；Hong List 1919：75 and 99.

③ *Kraks Blaa Bog* 1938：679；RA UM 2-2189-1 Kgl. dansk konsulat Tientsin protokol pp.101-102；NCH 1926-04-10 p.23.

征引文献

一、档案资料

丹麦国家档案馆(Danish National Archives,简称 RA)

丹麦外交部(Udenrigsministeriet/Danish Foreign Ministry,简称 UM)

Albert de Linde 10630 Brevbog[①]/ Brevbog William McLeish[②]/ Diverse breve og tryksager / Fotos / Korrespondance mm. / Kort / Rapporter og tryksager / Registratur.

[①] 书信簿:自1895年12月27日开始林德的信件副本,页码一直到第216页,但是其中很多页遗失了。第211页的日期为1898年3月29日,接着是第216页,日期为1924年4月29日。

[②] 威廉·马克里希信件的副本,自1907年10月25日开始,页码一直到第500页,但是其中很多页遗失了,第499—500页是最后一封信,日期为1911年6月16日。其中包括一个关于信件中提及的人物和主题的索引。

C. F. Schiöpffes Samling: Danske som officerer i fremmed krigstjeneste 1815−1965 = D.S.O.−LF.K. H.

Folketællinger(digitized).

GN Store Nord 10619 − 54/72 Den Administrerende Direktørs månedlige indberetninger til Bestyrelsen I−XIX 1877−1914 (10619−56 through 10619−72 are monthly reports from the managing director to the board of directors, reference is to year-month and, if relevant, / page number).

GN Store Nord 10619 − 660/670 + 836 Telegrammer til og fra Shanghai, 1889−1911.

GN Store Nord 10619 − 663: Telegrammer udvekslede med Shanghai: 1900−01−01−1901−09−17.

GN Store Nord 10619−804/806 Personalehåndbøger 1869−1914: 804: 1869−1891/805: 1892−1904/806: 1905−1914.

GN Store Nord 10619 − 810 Personale. Særlige bestemmelser vedrørende Østasien. Underskrevne ex. 1881−1917.

GN Store Nord 10619−908 b Udklipsbog, Shanghai.

GN Store Nord 10619−980/982 Kinesiske landingstilladelser 1870−1914.

GN Store Nord 10619−984/986 Personaleprotokol I−HI lb. nr. 3−1171, 1869−1913.

Kirkebøger(digitized).

Justitsministeriet 1. Exp.Ktr: 0005 Joumalsager 1848−1967.

Marineministeriet Sekretariats-og Kommandokontoret 0008 Sager vedrorende danske soofficerers tjeneste i fremmede mariner 1876 - 1900: 2: Prmlt. Carstensen & Lindbergs ophold ved The Royal Naval College in Greenwich.

Udenrigsministeriet 0002 Sager til journal B, 1888-1907.

Udenrigsministeriet 0002 Sager til journal C 1907-1910.

Udenrigsministeriet 0002 - 236/38 Samlede sager 1856 - 1910 Kina, Danmarks repræsentation og Store Nordiske Telegrafselskab.

Udenrigsministeriet 0002-430 Samlede Sager #430 1856-1909 A-3991: Konsulatet i Tientsin (korresp.).

Udenrigsministeriet 2-0426-2 Peking, diplomatisk repræsentation, 1891-1920 Journalsager 1891-1908.

Udenrigsministeriet 2-0426-3 Peking, diplomatisk repræsentation, 1891-1920 Journalsager 1908.

Udenrigsministeriet 2-0426-4 Peking, diplomatisk repræsentation, 1891-1920 Journalsager 1909.

Udenrigsministeriet 2-2035-4 Shanghai, konsulær repræsentation Kopibog 1893-1901 mm.

Udenrigsministeriet 2-2035-5 Shanghai, konsulær repræsentation Kopibog 1901-1904 mm.

Udenrigsministeriet 2-2035-6 Shanghai, konsulær repræsentation Journal for indog udgåede skrivelser Ind og udgående 1894-1896 mm.

Udenrigsministeriet 2-2035-7 Shanghai, konsulær repræsentation Journal for indog udgåede skrivelser Udgående 1897-1918 mm.

Udenrigsministeriet 2-2035-9 Shanghai, konsulær repræsentation

Journal for indog udgåede skrivelser Indgående 1897-1908.

Udenrigsministeriet 2-2035-25 Shanghai, konsulær repræsentation Rets-, registre-rings-og konsulatsprotokol 1893-1904.

Udenrigsministeriet 2-2035-27 Shanghai, konsulær repræsentation. Vielsesprotokol 1861-1953 mm.

Udenrigsministeriet 2-2035-28 Shanghai, konsulær repræsentation. Registreringsprotokol 1863-1960; 1881-1913.

Udenrigsministeriet 2 - 2035 - 77 Shanghai, konsulær repræsentation Korrespondancesagerm. v. 1896-1898.

Udenrigsministeriet 2 - 2035 - 78 Shanghai, konsulær repræsentation Korrespondancesager m. v. 1900 - 1904; Korrespondance tilhorende ell. vedr. C. E. Lindbergs dødsbo 1900-1901.

Udenrigsministeriet 2-2035-78 Shanghai, konsulær repræsentation Korrespondancesager m. v. 1900-1904; Indk. breve 1902-1903(ualfabet, men m. journ. nr.).

Udenrigsministeriet 2-2035-82 Shanghai, konsulaer repraesentation Indkomne breve 1894-1897.

Udenrigsministeriet 2-2035-82 Shanghai, Konsulær repræsentation 1925-1961. Gruppeordnede sager 25. T.

Udenrigsministeriet 2-2035-83 Shanghai, konsulær repræsentation Indkomne breve 1898-1900.

Udenrigsministeriet 2-2035-84 Shanghai, konsulær repræsentation Indkomne breve 1900-1904.

Udenrigsministeriet 2-2035-101 Shanghai, Konsulær repræsentation. 1925-1961. Gruppeordnede sager. 26. R.

Udenrigsministeriet 2-2035-154 Shanghai, Konsulær repræsentation. Korrespondancesager 1904-1925: 1921.

Udenrigsministeriet 2-2189-1 Tientsin, konsulær repræsentation. 1915-1948 Konsulatsprotokol.

Udenrigsministeriet 2-2189-6 Tientsin, konsulær repræsentation. 1917-1948 Dansk Nationalitetsmatrikel.

Udenrigsministeriet 2-2189-9/20 Tientsin, konsulær repræsentation. 1903-1948 Journalsager nr. 1 til nr. 401.

Udenrigsministeriet 2-2189-26 Tientsin, konsulær repræsentation. 1903-1948 Journalsager nr. A,1 til nr. V. 5 1930-1948.

天津市档案馆(简称TD)

《接受丹商璞尔生得力风及其等项报册附合同》,档案号:J0092-1-004823。

《海河疏浚局之报告及图表》,档案号:W0001-1-004108。

《海河工程局历史》,档案号:W0001-1-007691(应为007692)。

"Hai-Ho Conservancy 1913-1915"(1913—1915年海河工程局报告),《海河工程文件(会议备忘录,记录及其他文件)》,档案号:W0001-1-007692(应为007693)。

"Hai-Ho Conservancy 1921"(1921年海河工程局报告,不包括会议记录),《海河工程文件(会议备忘录,记录及其他文件)》,档案号:W0001-1-007697。

"The Minutes of the Hai-ho Conservancy Board Meeting 1921-01 to 1926-08"(1921年1月至1926年8月海河工程局会议记录),《海河工程文件(会议备忘录,记录及其他文件)》,档案号:W0001-1-007700。

"Hai-Ho Improvement Scheme Statement of Accounts 1898-08-01 to 1900-01-31"(1898年8月1日至1900年1月31日海河改进工程账目),《海河工程改建计划账目》,档案号:W0001-1-007722(应为007723)。

"Hai Ho Conservancy printed report"(海河工程局刊出报告),《海河工程有关文件》,档案号:W0001-1-007724。

"Summary of Reports in connection with the proposed improvement of the Dagu Bar to the end of June, 1906"(至1906年6月底大沽沙改进工程报告汇总),《海河工程局收发文薄》,档案号:W0003-1-001523。

"Hai-ho Conservancy Board: Letters received 1904-10-11 to 1907-10-16"(1904年10月11日至1907年10月16日海河工程局收到的信函),《海河工程局收发文薄》,档案号:W0003-1-001525。

中国第一历史档案馆(简称FHA)

"Letter 1909-01-25 with Danes who applied for permission to visit the Imperial Summer Palace"(申请游览颐和园的丹麦人信函,1909年1月25日),全宗18,案卷408,第6号,丹麦国家博物馆的

琼·霍恩比(Joan Hornby)慷慨地提供了她的手抄文件笔记。

中国第二历史档案馆(简称SHA)

《中国海关总署记录 1854—1949》(*Records of the Maritime Customs Service of China*[1854-1949],电子版),载"中国从帝国到共和国"(China from Empire to Republic from Gale)系列。不幸的是,有些文件没有日期,所以只能根据时间先后排列顺序大致推断日期,页码则根据扫描件的页码确定。

《天津常关(Tientsin Native Customs),1903-1910》(简称SHA/THA),第4部分和第5部分:贸易政策:接管常关;案卷号:Classmark:679(1);Call number:32654。中国第二历史档案馆藏:《中国从帝国到共和国》,网址:tinyurl.galegroup.com/tinyurl/5Gr5m9. Accessed 9 Oct. 2017. — Gale Document Number:GALE/KZOUWB855345210。

哥本哈根市档案馆(Københavns Stadsarkiv,简称KS)

Politiets Registerblade 1890-1923(digitized).

丹麦皇家骑士团分会(Ordenskapitlet)

The Chapter of the Royal Orders of Chivalry.

丹麦移民档案馆(Det Danske Udvandrerarkiv)

Københavns Politis Udvandrerprotokoller(digitized).

尼尔斯·玻尔档案馆(Niels Bohr Archive)

Topsøe Collection.

二、文献及出版物

Aalborg Amtstidende(丹麦报纸,电子版).

Adressebog for Danmark, Sverige, Norge og Finland, almindelig Haandbog i det daglige Forretningsliv. Fabrikanter og Fabriker(丹麦、瑞典、挪威和芬兰通讯录,制造商和工厂日常商用手册), København: O. Prieme 1893-1894(digitized).

AFFLERBACH Holger 1996, Falkenhayn: politisches Denken und Handeln im Kaiserreich(法根海:帝国的政治思想与行动), 2. Aufl. (1994), München: Oldenbourg(Beiträge zur Militärgeschichte 42).

AHLMANN Hans 1914, "Pamassets yngste. Selvbiografier"(帕马塞特传记), Bogvennen 1914: 343-344.

AHVENAINEN Jorma 1981, The Far Eastern telegraphs: the history of telegraphic communications between the Far East, Europe, and America before the First World War(远东的电报:第一次世界大战之前远东与欧美的电报通信史), Helsinki: Suomalainen Tiedeakatemia.

ANDERSEN H. A. 1929, Bao Luang. Ti Aar i Siam(宝隆,暹罗十年), København: Steen Hasselbachs Forlag.

安徽省地方志编纂委员会编:《安徽省志》,合肥:安徽人民出版社,1993年。

BAARK Erik 1997, *Lightning wires: the telegraph and China's technological modernization, 1860-1890*(闪电线:电报与中国技术现代化,1860—1890),Westport CN: Greenwood Press.

BARNES A. A. S. 1902, *On Active Service with the Chinese Regiment: A Record of the Operations of the First Chinese Regiment in North China from March to October 1900*(战时的华勇军团:1900年3月至10月"第一华勇团"华北作战记), Second edition, revised and enlarged, London UK: Grant Richards.

BASTID-BRUGUIÈRE Marianne 2008, "French missionaries, banking and industry in Tianjin: competition and strife for a position in Northern China, 1860-1895"(天津的法国传教士、银行与工业:华北的竞争与冲突,1860—1895), Paper for EACS Conference, Lund 2008-08-07.

BAUR Georg 2005, *China um 1900, Aufzeichnungen eines Krupp-Direktors*(1900年前后的中国:克虏伯董事日记), Herausgegeben und kommentiert von Elisabeth Kaske, Köln: Boehlau.

BAYLY Edward H. 2000, "Journal of Captain Edward H. Bayly, Royal Navy" in SHARE F. A. & P. HARriNGTON, China 1900, *The eyewitnesses speak: The experience of Westerners in China during the Boxer Rebellion, as described by participants in letters, diaries and photographs*, London UK: Greenhill books, pp. 101-123. (pp. 119-123: "General notes by Captain Edward H. Bayly" both printed from unpublished manuscript in the collection of Jean S. and Frederic A.

Sharf, Chestnut Hill, MA, USA).(中译本:[美]沙夫、[英]哈林顿著,顾明译:《1900年:西方人的叙述:义和团运动亲历者的书信、日记和照片》,天津:天津人民出版社,2010年)

Berlingske Tidende(丹麦报纸,电子版).

BERLY J. A. 1910, *The universal electrical directory and advertiser*(通用电气目录及广告商), (J. A. Berly's), 29th edition, London UK: H. Alabaster, Gatehouse & Co.

BERNSTEIN Lewis 1988,"A History of Tientsin in the Early Modern Times 1800-1910"(近代早期天津史,1800—1910),Ph.D. dissertation, University of Kansas.(未出版)

BERNSTEIN Lewis 2007,"After the fall, Tianjin under foreign occupation, 1900-1902"(陷落之后:外国占领下的天津,1900—1902) in BICKERS Robert A. & R. G. TIEDEMANN eds, *The Boxers, China, and the world*(义和团、中国与世界), Lanham MD & Plymouth: Rowan and Littlefield, pp. 133-146.

BIELER Stacey 2004,"*Patriots*" or "*traitors* "?: *a history of American-educated Chinese students*("爱国者"还是"卖国者"?——中国留美学生史), Armonk NY: M.E. Sharpe.

BIGGERSTAFF Knight 1961, *The earliest modem government schools in China*(中国最早的近代官学堂), Ithaca NY: Cornell Univ. Press.

BILLE Steen 1849-1851,*Beretning om Corvetten Galathea's Reise omkring Jorden 1845, 46 og 47*("加拉西娅号"护卫舰环球旅行报告,1845、1846和1847年), vol. 1 (1849), vol. 2 (1850), vol. 3

(1851), Kjöbenhavn: Universitetsboghandler C. A. Reitzel.

BILLE Steen 1865, *Min Reise til China 1864*(我的中国之旅, 1864), Kjøbenhavn: C.A. Reitzels Forlag.

BRAMSEN Christopher Bo 2001, *Open Doors: Vilhelm Meyer and the Establishment of General Electric in China*(敞开大门:伟贺慕·马易尔与通用电气公司在中国的建立), Richmond UK: Curzon / Nordic Institute of Asian Studies.

BRAMSEN Christopher Bo 2008, *Peace and friendship, Denmark's official relations with China, 1674-2008*, Third edition, Hong Kong: Chinese Science Culture Press.(中译本:[丹]白慕申著,林桦译,周海鹰补译:《和平与友谊——丹麦与中国的官方关系,1674—2008》,香港:中国科学文化出版社,2008年)

BRUUN Daniel 1925,"En dansk Foregangsmand i Østen"(东方的丹麦先驱者), i Gads Danske Magasin 1925: 579-592,635-648; reprinted in BRUUN Daniel 1927, *Fra de sidste tredive Aar; Verdensudstilling i Paris; Krigskorrepondent i Østen; Under Sikringsstyrken; Afstemningen i Slesvig: Erindringer med Dagbogsskitser og Fotografier*, København: Gyldendal, pp. 137-153.

BRUUN E. 1876, *Industriforeningens Maanedsskrift for tekniske Meddelelser og Foreningens Anliggender*(工业协会技术交流月报及协会事务),11 årg. Januar pp. 35-37,Kjøbenhavn: Thieles Bogtrykkeri.

步平:《关于中俄电报线路的联接问题》,《黑河学刊》1985年第2期,第46—50页(电子版)。

Chinese Times(《中国时报》,简称 CT)。

周京元(CHOU Chingyuan),柏林自由大学(Freie Universitat Berlin)数据库项目:"1860—1918年在天津的德国人及其家属"(简称CCYDB)。数据库资料使用说明:CCYDB#1表示"1860—1919年在天津生活的外国人"(共13 658件),CCYDB#2表示"1860—1919年天津的外国企业"(共2382件),CCYDB#3表示"1930年以前天津之外的外国人"(共10 269件)。①

Civilingeniørstat 1942 = HANNOVER Aage ed. 1942, *Dansk Civilingeniørstat 1942. Biografiske Oplysninger om pofytekniske Kandidater 1829−1941. Med et Tillæg indeholdende biografiske Oplysninger om 226 af Dansk Ingeniørforenings Medlemmer, der ikke er udgaaetfira Den pofytekniske Læreanstalt*(1942年丹麦国家土木工程师,1829—1941年毕业生简历,附带一份补充资料,其中包含226名丹麦工程师协会中非理工学院毕业的成员信息),Udg. af Den polytekniske Læreanstalt Danmarks tekniske Højskole. København: C. A: Reitzels Forlag.

Civilingeniørstat 1955 = Dansk Ingeniørforening ed. 1956, *Dansk Civilingeniørstat 1955. Biografiske Oplysninger om pofytekniske Kandidater 1829 − 1954. Med et tillæg indeholdende biografiske oplysninger om 287 af Dansk Ingeniørforenings Medlemmer, der ikke er udgaaetfra Polyteknisk Læreanstalt*(1955年丹麦国家土木工程师,

---

① 感谢台北的周京元女士,她慷慨地提供了数据库副本,并亲自挑选了目录、报刊、专著、回忆录等资料。在CCYDB#1中,林德配偶信息有误,Baur 2005:739又重复了这一错误。我与编辑伊丽莎白·卡斯克(Elisabeth Kaske)取得了联系,随后她帮我联系到了周京元女士。

1829—1954 年毕业生简历,附带一份补充资料,其中包含 287 名丹麦工程师协会中非理工学院毕业的成员信息), København: Dansk Ingeniørforening.

Customs Gazette. I. Statistical Series: *Quarterly Returns of Trade 1869-1912*(1869—1912 年海关贸易季报,I. 统计资料), published by order of the Inspector general of Customs. Shanghai: Imperial Maritime Customs Stastitical Department. 可见天津市档案馆藏,档案号: W0001-1-003059 至 003117。

DAHL Svend and Povl ENGELSTOFT 1920, *Dansk biografisk håndleksikon*(丹麦人传记手册), Vol. 1: Aaberg - Søren Hansen, København: Gyldendal(digitized).

Danish Staff of the Chinese Maritime Customs, 1854-1949(中国海关丹籍职员名录,1854—1949,digitized).

Danish Trade Council in China ed. 2005, *The 2005 Report on Danish Companies in China*(2005 年在华丹麦公司报告), *With a view back on Danish-Chinese commercial relations From 1949 to 2005. And before 1949-on the Occasion of the 55th Anniversary of the Establishment of diplomatic Relations between Denmark and the People's Republic of China on 11 May 1950*(丹麦与中国外交关系建立 55 周年纪念), Copenhagen: Udenrigsministeriet Danmarks Eksportråd(digitized).

Dansk biografisk leksikon(Biographical dictionary of Denmark,丹麦人物传记词典) First edition in 19 vols. edited by Carl Frederik Bricka. København 1887-1905. Second edition in 27 vols. edited by Povl ENGELSTOFT et al. København: J. H. Schultz Forlag 1933-1944.

Third edition in 16 vols. edited by Sv. Cedergreen BECH. København 1979-1984(digitized).

Dansk Patenttidende(Danish Patents Journal,丹麦专利杂志).

Danske Tractater efter 1800（19 世纪的丹麦条约）, Anden Samling, Handels-og andre Tractater, Første Bind, 1800 - 1863, Kjøbenhavn: H. Schultz, 1874.

de LINDE A. 1890, *The Rivers of Chihli, and the floods during the summer*(直隶河道与夏季洪水),(de Linde 1900 附录).

de LINDE A., *1900 Report of the Hai-Ho River Improvement*(*after closing the canals*); *and the Rivers of Chihli*([the latter] reprinted from a report of 1890)(1900 年海河改进计划[关闸后]和直隶河道报告[1890 年报告的再版]), Tientsin: The Tientsin Press Ltd., 1900.

de LINDE A., *1902 Improvement of the Taku Bar*(1902 年大沽沙改进计划), by A. de Linde, Engineer-in-Chief to the Hai-ho Conservancy Commission, Tientsin: The Tientsin Press Ltd., Dated January 1902.①

de LINDE A., *1914 Report on the Taku Bar Raking Scheme*(1914 年大沽沙耙疏计划), *London 24th November, 1906*. Tientsin, 1914, p.21, Tōyō Bunko(东洋文库): Morrison Collection P-Ⅲ-a-2154, and in RA Albert de Linde 10630.

Department of State ed. 1926, *Report of the Commission on*

---

① 包括 1901 年 6 月 24 日的测深地图,见 RA Albert de Linde 10630。

extraterritoriality in China(中国治外法权委员会报告), *Peking, September 16, 1926, being the report to the governments of the Commission appointed in pursuance to resolution V of the Conference on the limitation of armaments, together with a brief summary thereof*, Washington DC: Government Printing Office.

Directory(Annual) = *The Chronicle & directory for China, Japan, Corea, Indo-China, Straits Settlements, Malaya States, Siam, Netherlands India, Borneo, the Philippines etc.* / Hongkong, 1863 – 1902 — Continued as: *The Directory chronicle for China, Japan, Corea, Indo-China, Straits Settlements, Malay States, Siam, Netherlands India, Borneo, the Philippines, &c.*(中国、日本、菲律宾等地行名纪事录,逐年发布); *with which are incorporated " The China directory" and "The Hongkong directory and Hong list for the Far East"*... Hongkong: The Hongkong Daily Press Office, 1903 – 1941, Reprint for 1874: *The China directory for 1874*, Taipei: Cheng Wen 1971.

Documents illustrative of the Origin, Development, and Activities of the Chinese Maritime Customs Service(中国海关起源、发展及其活动文件汇编), (Shanghai: Statistical Department of the Inspectorate-General of Customs, 1937 – 1940), Customs careers have been consolidated by the Chinese Maritime Customs Project(digitized).

DUUS Peter 1998, *The abacus and the sword, the Japanese penetration of Korea, 1895 – 1910*(算盘与剑:日本对朝鲜的渗透, 1895—1910), Berkeley CA: University of California Press.

233

FAIRBANK John K., Martha H. COOLIDGE and Richard J. SMITH 1995, *H. B. Morse*: *Customs Commissioner and Historian of China*(马士:中国海关税务司与历史学家), Lexington KY: University of Kansas Press.

FAIRBANK John King, Katherine Frost BRUNER and Elizabeth MacLeod MATHESON editors 1975, *The I. G. in Peking*: *letters of Robert Hart, Chinese Maritime Customs, 1868-1907*(中国海关总税务司赫德书信集,1868—1907), Cambridge MA: Belknap Press of Harvard University Press.

FEUERWERKER Albert 1958, *China's Early Industrialization, Sheng Hsuan-huai（1844-1916）and Mandarin Enterprise*, Cambridge MA: Harvard University Press.(中译本:[美]费维恺著,虞和平译:《中国早期工业化:盛宣怀[1844—1916]和官督商办企业》,北京:中国社会科学出版社,1990年)

FRYER John comp, and ed. 1895, *The educational directory for China*(中国教育指南), *An account of the various schools and colleges connected with Protestant missions, as well as of government and private schools under foreign instruction*, 1st issue, Shanghai: The Educational Association of China, Printed at the American Presbyterian Mission Press(digitized).

GAMBLE Sydney D. and John Stewart BURGESS 1921, *Peking*: *A social survey*, New York NY: George H. Doran Co.(中译本:[美]甘博著,陈愉秉等译:《北京的社会调查》[上、下册],北京:中国书店,2010年)

GLAHN H. E. 1949,*Mindeord om Laurits Andersen*(安德森诞辰百周年纪念), København: Laurits Andersens Fond(pamphlet).

GLAHN Torben 1978,*Slægtebog over familien Glahn*(格莱恩家族史), vol. 1, København.

GRAND JEAN P. Bredo 1907, *Familien Glahns Slægtehog*(格莱恩家谱), København: A. Rosenbergs Bogtrykkeri.

GRAUGAARD Esben 1994, "Christen de Lindes originale adelsbrev fundet – i de franske Alper"(在阿尔卑斯发现的克里斯滕·德·林德信件原件), *FRAM – Fra Ringkøbing Amts Museer*, 1994: 65-79.

GREGORY J. S. 1966, "The transfer of T. T. Meadows from Shanghai to Newchwang in 1861"(1861年密迪乐从上海调往牛庄), *Australian Historical Studies*, 12.47: 435-439.

Haihe 1901: Hai Ho Conservancy Board(HHCB) Memorandum prepared for the plenary meeting of the board on 1901-06-16(海河工程局为1901年6月16日全体董事会议准备的备忘录), reprinted in Rockhill 1901 as Enclosure 15 River Conservancy Board 1901-06, pp. 267-272.[①]

Haihe 1906: Hai Ho Conservancy Board(HHCB) 1906, *Summary of reports in connection with the proposed improvement of the Taku/Dagu Bar to the end of June 1906*(截至1906年6月底大沽沙改进计划报告摘要), compiled by order of the Hai Ho Conservancy Board,

---

① 备忘录副本可见,天津市档案馆藏,档案号:W0001-1-004108; W0001-1-007724; RA Albert de Linde 10630(其中附有一些林德的手稿,但第3—4页遗失了)。

Signed by Percy H. Kent, Acting Secretary, Tianjin: The Tientsin Press Ltd..①

Haihe 1920: Hai-Ho Conservancy Board(HHCB) ed. 1920, *Hai-Ho Conservancy Board 1898-1919: a resumé of conservancy operations on the Hai Ho and Taku Bar*(海河工程局1898—1919:海河及大沽沙治理综述), compiled by order of the Hai Ho Conservancy Board, Tianjin: The Tientsin Press, Ltd..

HALL Peter Arthur 1992, *In the Web*(在网络中), Wirral UK: P. Hall.

Hart's annual army list = *The new annual army list, militia list, and yeomanry cavalry list for 1901*(1901年新年度陆军、民兵及义勇骑兵名册), London UK: John Murray(digitized).

HARMSEN Peter 2020, *Laurits Andersen: China hand, Entrepreneur, Patron*, København: Laurits Andersen Foundation / Lindhardt & Ringhof(also available in Danish).(中译本:[丹]何铭生著,蒋芳芳、周丰译:《劳里茨·安德森:中国通、企业家和赞助者》,上海:上海社会科学院出版社,2023年)

HAUCH-FAUSBØLL Th. and S. NYGÅRD 1930, *Patriciske Slægter*(贵族家谱), Femte Samling, København: Vilhelm Trydes Forlag.

HEILS Axel 1939, *Danmarks Traktater og Aftaler med fremmede Magter efter 1814*(1814年后丹麦与各国签订的条约及协定), vol 5:

---

① 可见RA Albert de Linde 10630,也见天津市档案馆藏,档案号:W0003-1-001523。

1891 – 1900, Paa Udenrigsministeriets Foranstaltning, København: Gyldendalske Boghandci – Nyl Nordisk Forlag.

HEINBERG Aage 1934, *Danske i England, Skotland og Irland* (英格兰、苏格兰和爱尔兰的丹麦人), Med Indledning af Statskonsulent Harald Faber, København: Arthur Jensens Forlag.

HILDEBRAND Albin ed. 1905, *Svenskt porträtgalleri* (瑞典肖像画廊), Stockholm: Hasse W. Tullbergs Förlag.

Hof & Stat = *Kongelig Dansk Hof-og Statskalender, Statshåndbog for Kongeriget Danmark* (Danish Official Handbook, annual, 丹麦官方年度手册), Københavm 1810-1983.

Hong List = *Desk Hong List for Shanghai and Northern Ports 1882, 1884 and 1904 and North China Hong-List with supplements: Harbin, Mukden, Newchwang and Tsingtao 1919*(上海及北方口岸行名录 1882、1884、1904 年;年增补北方行名录:哈尔滨、奉天、牛庄和青岛,1919 年, digitized).

HORNBY Joan 2012, *Chinese lacquerware in The National Museum of Denmark* (丹麦国家博物馆藏中国漆器), Copenhagen: National Museum of Denmark, Publications of the National Museum of Denmark, Ethnographical series #21.

HORSNÆS Helle W. 2000, "Manden bag mønterne. Charles Kliene's kinesiske samling i Den kgl. Mønt-og Medaillesamling" (钱币背后的人:葛麟瑞收藏的中国钱币和勋章藏品), *Nordisk Numismatisk Unions Medlemsblad* 7: 154-157 (also in Nationalmuseet Nyt December 2000-februar 2001: 34-35).

HOSKLÆR V. 1880, *Rejse i China*, *Japan og Indien*(在中国、日本和印度的旅行), København: Wilhelm Priors Hof-Boghandel (digitized).

HSU Immanuel C. Y. 1964,"Gordon in China, 1880"(戈登在中国,1880年), *The Pacific Historical Review* 33.2: 147-166.

黄光域编著:《外国在华工商企业辞典》,成都:四川人民出版社,1995年(电子版)。

JACOBSEN Kurt 2009, "Small nation, international submarine telegraphy, and international politics: the Great Northern Telegraph Company, 1869-1940"(小国、跨国海底电报和国际政治:大北电报公司,1869—1940), in FINN Bernard ed., *Communications under the Seas: The Evolving Cable Network and Its Implications.*, Cambridge MA: MIT Press, pp. 115-157.

JESPERSEN Mikkel Leth 2014, *Kaptajner og kolonier: Sejlstidens oversøiske Aabenraa-Søfart*(船长和殖民地:帆船时代的奥本罗海上航行), Aabenraa: Historisk Samfund for Søndeqylland.

贾熟村:《李鸿章与中国电讯事业》,《安徽史学》1997年第2期,第27—31页。

Jyllandsposten(丹麦报纸,电子版).

JØRGENSEN Carl Th. 1942, "Horsens Hjem og Horsens Huse gennem Sekler"(几个世纪以来的霍森斯故居和住宅), i JØRGENSEN Carl Th. ed. 1942 *Blade af Horsens Historie: Træk af Horsens By-Krønike gennem 500 Aar*. Horsens: Horsens Byråd, pp. 247-274.

KAARSTED Tage 1990, *Admiralen, Andreas de Richelieu, forretningsmand og politiker i Siam og Danmark*(安德烈亚斯·德·黎塞留上将：暹罗和丹麦的商人和政治家), Odense: Odense Universitetsforlag.

KAMP A. 1943, *De rejste ud og gjorde Danmark større*(走出去,让丹麦变得更强大), København: Ejnar Munksgaards Forlag.

KAMP A., Gunnar HANSEN and Aage HEINBERG 1950, *De Danskes Vej. Danske Pionerer og dansk Virke under Alle Himmelstrøg*(丹麦人的方式：在全世界的丹麦先驱者), Odense: Skandinavisk Bogforlag, vol. 2: Danske i Europa; Danske i Asien.

KING Harry Edwin 1911, *The educational system of China as recently reconstructed*(中国教育体系的近世重建), Washington DC: Government Printing Office, United States Bureau of Education, Bulletin 1911. No. 15, Whole number 462.

KIPLING Rudyard 2004, *The letters of Rudyard Kipling*(吉卜林书信集), Ed. by Thomas Pinney. London UK: MacMillan, vol. 5 "1920-1930"(digitized).

KIRKEBAEK Mads 2001, "Denmark's China policy 1845-64: The diplomats enter the scene"(丹麦对华政策,1845—1864:外交官的出现) in BRØDSGAARD Kjeld Erik & Mads KIRKEBAEK eds. 2001, *China and Denmark relations since 1674*, Copenhagen: NIAS pp.48-72(digitized).

Kjøbenhavns Amts-Avis / Lyngby Avis(丹麦报纸,电子版).

KLIENE Charles 1935, "Recollections of sixty years ago"(六十

年前回忆录) in *Saint Francis Xavier's college diamond jubilee souvenir album 1874-1934*, Shanghai = Appendix B in Kliene 2000.

KLIENE Ronald 2000, *Charles Kliene: 1867 - 1952: a short illustrated biography*(葛麟瑞,1867—1952:插图本传记), Pavenham, Bedfordshire.

KLITGAARD C. 1914-1918, *Kjærulfske Studier: Bidrag til en vendsysselsk Bondeæts Historie*(凯鲁夫斯克研究:对文德西塞尔斯克农民家庭的家谱和历史的贡献), Aalborg: i kommission hos Magnus A. Schultz(digitized).

Klokker Ludvig Holger Kruse's Familielegat 1927, *Stamtavle over Simon Carstensen Schiødt's og Anne Kirstine Harboe's efterkommere*(西蒙·卡斯滕森·希厄特和安娜·克斯汀·哈博的后裔谱系), Udgivet af Bestyrelsen for Klokker Ludvig Holger Kruse's Familielegat, København.

KRACK T. udg. 1895, *Vejviser for Kjøbenhavn og Frederiksberg med Omegn*(哥本哈根和弗雷德里克斯堡及周边地区指南), Kjøbenhavn, 1895: 648.

Krak 1915, *Danmarks ældste forretninger*(丹麦历史最悠久的企业), Kjøbenhavn: Kraks Legat(digitized).

Krak 1940, *Danmarks ældste forretninger*(丹麦历史最悠久的企业), Kjøbenhavn: Kraks Legat(digitized).

Kraks Blaa Bog(Who's who,名人录)1910-.

LANGE Ole 1971,"Denmark in China 1839-1865: A Pawn in a British Game"(丹麦人在中国,1839—1865), *Scandinavian Economic*

History Review 19.2:71-117.

LANGE Ole 1980, *Partnere og Rivaler: C. F. Tietgen, Eastern Extension og Store Nordiske: ekspansion i Kina* 1880-1886(合作伙伴和竞争对手:1880—1886年在中国的扩张), København: Gyldendal.

LANGE Ole 1986, *Den hvide elefant: H. N. Andersens eventyr og ØK 1852-1914* (白象:汉斯·安德森东亚历险记 1852—1914), København: Gyldendal.

LEE E. 1908, Plan of the foreign concessions of Tientsin(天津外国租界地图), Issued by E. Lee's Printing Office(digitized).

LEHNER Georg 2002, "Erwin Ritter von Zach in k. u. k. Diensten: Die Jahre in China(1901-1908)"(欧文·冯·扎克:中国十年[1901—1908]), *Oriens Extremus* 43.1/2: 237-260.

LENSEN George Alexander 1968, *Russian diplomatic and consular officials in East Asia: a handbook of the representatives of tsarist Russia and the provisional government in China, Japan and Korea from 1858 to 1924 and of Soviet representatives in Japan from 1925 to 1968 compiled on the basis of Russian, Japanese and Chinese sources with a historical introduction*(俄国在远东的外交和领事官员), Tokyo: Sophia University, *Monumenta nipponica monograph*.

LESSEE Emil von 1981, *Böhmen, Frankreich, China, 1866-1901: Erinnerungen eines preussischen Offiziers*(波希米亚、法国、中国,1866—1901:一位普鲁士军官的回忆), Eingeleitet, erläutert und hrsg. von Walther Hubatsch. Köln: Grote (Studien zur Geschichte Preussens, Bd. 34).

LEUTNER Mechthild and Andreas STEEN 2006, *Deutsch-chinesische Beziehungen 1911 - 1927: Vom Kolonialismus zur "Gleichberechtigung". Eine Quellen-sammlung*(1911—1927年德中关系:从殖民主义到"平等"),Berlin:Walter De Gruyter.

李鸿章著,吴汝纶编录:《李文忠公全集》(全七册),台北:文海出版社,1905年刻,1965年重印。

李绍泌、倪晋均:《天津自来水事业简史》,载《天津文史资料选辑》第21辑。

LINCK Olaf 1927, *En Dansker i Østen: Laurits Andersens Livs Eventyr*(东方的丹麦人:安德森的冒险人生),København:Gyldendalske Boghandel.

LINDHOLM K. H. v. 1930, *I kinesisk tjeneste*(中文服务),København:Nyt Nordisk Forlag, Arnold Busck.

刘海岩:《20世纪前期天津水供给与城市生活的变迁》,《近代史研究》2008年第1期,第52—67页。

Liu Haiyan, "Water Supply and the Reconstruction of Urban Space in Early Twentieth-century Tianjin", *Urban History* 38.3 (2011): 391-412.

LOBINGIER Charles Sumner 1918, "Capitular masonry in Shanghai. A memorable convocation of Keystone Chapter No. 1"(上海的圆顶砖石建筑), *The Builder Magazine* January 4.1.

London Gazette(《伦敦公报》,电子版).

Lovtidende for Kongeriget Danmark for Aaret 1895(1895年丹麦王国立法公报), Kjøbenhavn: Trykt hos J.H. Schulz.(Law gazette).

LØWENSTEIN Theodor 1960, *Afskrift af Memoire-fragmenter af Theodor Løwenstein*（洛温斯坦回忆录节选）, Efter manuskript udarbejdet af hans datter, Manuskriptet lånt efteråret 1960 fra bagerm, Carl Løwenstein, Havnen, Horsens. Ad Horsens. Mus. Nr. 5008. p.10.

Mac MURRAY John V. A. comp and ed. 1921, *Treaties and agreements with and concerning China 1894-1919: a collection of state papers, private agreements, and other documents, in reference to the rights and obligations of the Chinese Government in relation to foreign powers, and in reference to the interrelation of those powers in respect to China, during the period from the Sino-Japanese War to the conclusion of the World War of 1914-1919*（列强对华约章汇编, 1894—1919）, vol. 2. New York, NY: Oxford University Press Publications of the Carnegie Endowment for International Peace, Division of International Law, Washington(digitized).

MADSEN Emil 1909, "De vigtigste af danske foretagne Rejser og Forskninger i Asien"（丹麦人在亚洲的旅行与研究）, *Geografisk Tidsskrift* 20: 111-117; 148-152; 196-202; 231-237; 295-301.

Mara 1922, Et *Krigsoffers Erindringer*（一个战争受害者的回忆录）, København[1](digitized).

McLEISH William 1900, *Tientsin besieged and after the siege: from the 15th of June to the 16th of July 1900, A daily record by the correspondent of the North-China Daily News*（天津被围及解围之后：

---

[1] 文中没有提到作者的姓名,但如皇家图书馆目录所示,作者无疑是弗朗西丝·莱考夫(Frances Leykauff)。

1900年6月15日至7月16日), Shanghai: Printed and published at the "North-China Herald" office.①

MENDE Erling von 1971, *Die wirtschaftlichen und konsulären Beziehungen Norwegens zu China von der Mitte des 19, Jahrhunderts bis zum 1, Weltkrieg*(19世纪中叶至第一次世界大战期间挪威与中国的经济和领事关系), Köln.

MOHR Wolfgang 1976, *Die modems chinesische Tagespresse: ihre Entwicklung in Tafeln und Dokumenten.* (现代中国日报:资料和文献介绍)vol. 3., Wiesbaden: Franz Steiner Verlag.

MORSE Hosea Ballou 1910, *The international relations of the Chinese Empire* 3 vols, London UK: 1910-1918 - New York NY: Paragon Book Gallery(digitized).(中译本:[美]马士著,张汇文等译:《中华帝国对外关系史》[全三卷],上海:上海书店出版社,2000年)

MÜLLER Poul E. 1940, "Johannes Holmberg" *Ingeniøren* (Personalia)(贺乐伯工程师),1940 #2 1940-01-02 pp. B11-B12.

MÜNTER Balthasar 1915, *Nogle erindringer* 2 vols(回忆录,全两册), København: Gyldendalske Boghandel: Nor disk Forlag = Memoirer og breve 24-Genoptryk 1969-1970 udg. af Julius Clausen og P. Fr. Rist København: August Bang(digitized).

Nationaltidende(《国民日报》,丹麦报纸,电子版).

North China Herald &Supreme Court &Consular Gazette(《北华捷报》,简称 NCH,电子版).

---

① 书中没有注明作者,但通常被认为是威廉·马克里希(William McLeish)。

PAINE S. C. M. 2010,"The Chinese Eastern Railway from the First Sino-Japanese War to the Russo-Japanese War"(中东铁路:从中日甲午战争到日俄战争), in ELLEMAN Bruce A. and Stephen KOTKIN eds., *Manchurian Railways and The Opening of China*, Armonk NY: M. E. Sharpe, pp. 13-36.

Peking & Tientsin Times(《京津泰晤士报》,简称 PTT)。

Peking Daily News(《北京日报》[英文],digitized)。

Peking Gazette(《京报》[英文],digitized)。

PETERSEN Lene Agner ed. 2002, *Fra Teilmanns Kursus til CVU Øresund, Fra 1902 til 2002: Basismateriale til Iærebogen Fysioterapeutskolen i København. 100 år i gode hænder – en historisk fortælling*(从泰尔曼课程到厄勒海峡大学:哥本哈根物理治疗师学校教科书), København: Fysioterapeutuddannelsen i København.

Procès-verbaux des séances du Gouvernement Provisoire de Tientsin (简称 PVTPG),天津《中国时报》(China Times Ltd.),首次印刷的时间可能是在1902年秋,哈佛大学图书馆藏有电子版可检索使用。(中译本:《八国联军占领实录:天津临时政府会议纪要》[全2册],天津:天津社会科学院出版社,2004年)①

Banders Amtsavis(丹麦报纸,电子版)。

RASMUSSEN A.Kann 1986, *Danske i Siam 1858-1942*(暹罗的

---

① 同一家印刷厂可能在第一次印刷后不久就进行了第二次印刷,并附有补充部分(*Fascicule complémentaire*)。在第一次印刷版本中,有缺页,如第55页为1900年10月24日第59次会议纪要第5条,后续并未完成,而第56页则以1900年11月28日第75次会议纪要第7条最后一段开始。补充部分似乎有单独页码,参见 Singaravélou 2017:307 注释 2。

丹麦人,1858—1942),København: Dansk Historisk Håndbogsforlag.

RASMUSSEN O.D. 1925, *Tientsin-An Illustrated Outline History*, Tientsin: Tientsin Press.(中译本:[英]雷穆森著,许逸凡、赵地译:《天津租界史》,天津:天津人民出版社,2009年)

RATENHOF Udo 1987, *Die Chinapolitik des deutschen Reiches 1871 bis 1945: Wirtschaft, Rüstung, Militär*(1871—1945年德意志帝国的对华政策:经济、武器、军事),Boppard: Wehrwissenschaftliche Forschungen: Abt. Militärgeschichtliche Studien 34.

Rigsdagstidende, Beretning om Forhandlingeme paa Rigsdagen (议会会议记录报告), København.(Parliamentary debates).

ROCKHILL William W. 1901, *Report of William W. Rockhill, late commissioner to China, with accompanying documents*(前赴华特使柔克义报告及随附文件), United States Senate 57th Congress 1st Session #67, Washington DC: Government Printing Office(digitized).

ROTHE K. 1911, A paper read before the "China Philosophical Society" in Tientsin on telephony. Its past, present and future(在天津"中国哲学学会"宣读的一篇关于电话的论文), p. 16 Tientsin.

Salmonsens konversationsleksikon(萨尔蒙森会话词典), 1926 2. udg, København: J.H. Schultz Forlagsboghandel(digitized).

Samling af Anmeldelser til Handelsregistrene(商业登记审查集), 1889–1989(digitized).

SCHMIDT Vera 1984, *Aufgabe und Einfluss der europdischen Beräter in China: Gustav Detring（1842–1913）im Dienste Li Hung-changs*(欧洲顾问在华的作用与影响——德璀琳与李鸿章),

Wiesbaden: Harrassowitz = Veröffentlichungen des Ostasien-Instituts der Ruhr-Universität Bochum 34.

SCHMITH Tage Wøldike 1989, *Fra Holbergsgade til Tientsin. Erindringer fra mine unge år i ØK*(从霍尔伯格加德到天津:我年轻时的回忆), Privattryk.

SCHMITT-ENGLErt Barbara 2012, *Deutsche in China 1920-1950: Alltagsleben und Veränderungen*, Großgossen: Ostasien Verlag. (中译本:[德]芭芭拉·施密特-恩勒特著,秦俊峰译:《回望百年:那些漂洋而来的德国人》[全2册],福州:福建教育出版社,2021年)

SCHOW K. H. 1864, *Indbydelsesskrift til Afgangsprøven og Aarsprøven i Slagelse Realskole*(斯劳厄尔瑟中学毕业考试和年度考试邀请函), Slagelse.

SCHULTZ Christian Adrian tr. 1873,《电报节略》(An outline of telegraphy),丹国俶尔赐译(the Dane Schultz)(digitized).

尚克强:《九国租界与近代天津》,天津:天津教育出版社,2008年。

Shanghai Mercury 1901, *The Boxer Rising: A History of the Boxer Trouble in China Reprinted from the Shanghai Mercury*(义和团起义:义和团动乱史,《文汇报》[英文]重印), Shanghai: Shanghai Mercury.

《大清德宗景(光绪)皇帝实录》(全8卷),台北:华文书局,1964年(电子版)。

SIMS W. S. 1931, *The Story of Union Lodge No. 1951, E. C., Tientsin, North China Tianjin*(天津共济会的故事), Appendix A.:

247

Chronological List of Members, Fra project: Tianjin under Nine Flags, 1860-1949, University of Bristol(digitized).

SINGARAVÉLOU Pierre 2017, *Tianjin Cosmopolis: une autre histoire de la mondialisation*, Paris: Éditions du Seuil.(中译本:[法]皮埃尔·辛加拉维鲁著,郭可译:《万国天津——全球化历史的另类视角》,北京:商务印书馆,2021年)

SPICQ Delphine 2012, *L'avènement de l'eau courante à Tianjin, Chine 1900 - 1949*(中国天津自来水的诞生,1900—1949), Sarrebruck: éditions universitaires européennes.

SPICQ Delphine 2017, "Compte rendu inédit de Pierre Singaravélou *Tianjin Cosmopolis: une autre histoire de la mondialisation*, Paris: éditions du Seuil, 2017"(书评:皮埃尔·辛加拉维鲁:《万国天津——全球化历史的另类视角》), Carnets du Centre Chine 2017-10-20(digitized).

STANFORD Edward 1908, *Atlas of the Chinese Empire, containing separate maps of the 18 provinces of China proper on the scale of 1:3 000 000 and of the 4 great dependencies on the scale of 1:7 500 000 together with an index to all the names on the maps and a list of all protestant mission stations, etc., specially prepared for the China Inland Mission*(大清帝国地图集), London UK: Morgan & Scott(digitized).

STEWArt Norman 1908, *My service days: India, Afghanistan, Suakin '85, and China*(我在印度、阿富汗、萨瓦金[1885]和中国服役的岁月), London UK: J. Ouseley(digitized).

STROSS Randall E. 1989, *The Stubborn Earth: American*

Agriculturalists on Chinese Soil, 1898-1937(僵硬的大地:美国农学家在中国的土地上,1898—1937), Berkeley CA: University of California Press.

孙藜:《晚清电报及其传播观念(1860—1911)》,上海:上海世纪出版集团,2007年。

孙修福:《中国近代海关高级职员年表》,北京:中国海关出版社,2004年。

TEILMANN Kåre 1916, *Gymnastikdirektør Kåre Teilmanns Kursus i Svensk Sygegymnastik og Massage 1902-1917*(泰尔曼按摩和瑞典物理治疗课程), Anerkendt af den almindelige danske Lægeforening. Åboulevard 50, Købehhavn – Expresstrykkeriet København.

THOMAS SEN Jesper and Knud V. J. JESPERSEN eds. 1997, *Danmarks adels aarbog*(Yearbook of Danish nobility,丹麦贵族年鉴), Udgivet af Dansk Adelsforening, #94 1994-1996, Odense: Odense Universitetsforlag.

天津市档案馆、天津海关编译:《津海关秘档解译:天津近代历史记录》,北京:中国海关出版社,2006年。

TØNSBERG Jeppe 1982, "Pritzel og Binder", *Lyngby-Bogen* ("普里茨尔与宾德"《林比书》),1982: 129-163.

TOPSØE-JENSEN T.A. and Emil MARQUARD 1935, *Officerer i den dansk-norske Søetat 1660-1814 og den danske Søetat 1814-1932* (1660—1814年丹麦-挪威海军和1814—1932年丹麦海军的军官), Vol 2., København: H. Hagerup.

TSAI Weipin(蔡维屏) ed. 2005, Catalogue of Chinese Maritime

Customs Service files in the Tianjin Municipal Archives(天津市档案馆藏中国海关档案目录), Excel file on CD-rom(digitized).

TUCKER D. Gordon 1978, "François van Rysselberghe: Pioneer of Long-Distance Telephony"(弗朗西斯·范·雷塞尔贝格:远程电话先驱者), *Technology and Culture* 19.4: 650-674.

Udenrigsministeriet 1865, *Beretninger om Chinesiske Handelsforhold* (中国贸易关系报告), Trykt paa Udenrigsministeriets Foranstaltning som Manuskript, Kjøbenhavn: Schultz.

VENSILD Henrik 1976, "Nyt fra Bomholms Museum 1975"(博姆霍尔姆斯博物馆 1975 年新藏品), *Bornholmske Samlinger* II. 10: 167-177.

Vore Landsmænd i Udlandet(Our compatriots abroad,我们的海外同胞).

WALIN E. 1898, "L'amenagement et l'utilisation des eaux dans les régions de Pekin, de Tientsin et de Shang-Haï-Hankow"(北京、天津、上海和汉口地区的水资源开发和利用), Annales des travaux publics de Belgique 11.3: 421-452 — also independent publication: Bruxelles: Goemaere 1898 p. 31(digitized).

WANG Ai 2014, "City of the River: The Hai River and the construction of Tianjin, 1897-1948"(河之城:海河与天津建设, 1897—1948), DISS: Washington State University August 2014 (digitized).

王华棠主编,天津市政协文史资料研究委员会编:《天津——一个城市的崛起》,天津:天津人民出版社,1990 年,第 164—186 页

(电子版)。

WANG Yi 2015, *Constantin von Hanneken in China 1879–1925* (汉纳根在中国,1879—1925), St. Ingbert: Röhrig Universitätsverlag. *Transpositionen: australische Studien zur deutschen Litera-tur, Philosophic und Kultur* 8.

WASSERSTEIN Bernard 1998, *Secret war in Shanghai. Treachery, subversion and collaboration in the Second World War*, London UK: Profile Books Ltd.(中译本:[美]华百纳著,周书垚译:《上海秘密战——第二次世界大战期间的谍战、阴谋与背叛》,上海:上海社会科学院出版社,2015 年)

WILSON James Harrison 1888, "China and its progress"(中国与她的进步), *Journal of the American Geographical Society of New York* 20.4: 401–43.

WINKEL R. W. 1930, *Banede Veje: Minder fra et langt Liv*(铺好的道路:漫长一生的回忆), København.

WOLSELEY Joseph Garnet 1862, *Narrative of the war with China in 1860 to which is added the account of a short residence with the Tai-ping rebels of Nankin and a voyage from thence to Hanko*(1860 年战争的叙述), London UK: Longman, Green, Longman & Roberts.

WOLSELEY Joseph Garnet 1903, *The Story of a Soldier's Life*. 2 vols.(一名士兵的生活故事), Westminster UK: Archibald Constable & Co..

WORMSLEV Merete and Hanne Forbech SKALL 2012, "Professionens og fysioterapiuddannelsens historie"(物理治疗行业及其历

史), in LUND Hans, Inger Birthe BJØRNLUND and Nils Erik SJÖBERG eds. 2010, *Basisbog i Fysioterapi*, København: Munksgaard Danmark pp. 21-35.

WriGHT Arnold ed. 1908, *Twentieth century impressions of Hong-Kong, Shanghai, and other Treaty Ports of China. Their history, people, commerce, industries, and resources*(20世纪香港、上海及中国其他商埠志), London UK: Lloyd's Greater Britain Pub. Co. (digitized).

夏维奇:《清季天津电报学堂初探》,《现代大学教育》2009年第1期,第74—77页。

XU Guoqi 2005, *China and the Great War: China's Pursuit of a New National Identity and Internationalization*, Cambridge UK: Cambridge University Press.(中译本:[美]徐国琦著,马建标译:《中国与世界大战:寻求新的国家认同与国际化》,上海:上海三联书店,2013年)

YANG Daqing 2010, *Technology of empire: telecommunications and Japanese expansion in Asia, 1883-1945*(技术帝国:电信与日本在亚洲的扩张,1883—1945), Cambridge MA: Harvard University Press.

YE Shirley(叶文静) 2011, "river Conservancy and State-building in Treaty Port China"(河流治理与中国通商口岸政权建设), Paper presented to "Treaty Ports in Modern China Conference", Bristol University, UK 2011-07-07/08.

YE Shirley（叶文静）2016,"river Conservancy and State-building in Treaty Port China", in BICKERS Robert A. & Isabella JACKSON eds. 2016, *Treaty Ports in Modern China: Law, Land and Power*, Abingdon UK: Routledge, pp. 121-138 (Revised version of Ye 2011).

译后记

大约是 2006 年,在天津做访问学者的丹麦哥本哈根大学李来福(Leif Littrup)教授联系到我。那几年欧洲史学界兴起了一股"天津史研究"热,计划 2008 年召开的欧洲汉学会准备组织一次以 19 世纪后半期天津的"中欧互动"为主题的小组会议(panel)。李教授想研究那个年代在天津生活过的丹麦人。我当时对此几乎一无所知,只是帮助他联系了天津档案馆和图书馆,使他得以查找到一些资料。此后,我们少有联系。十多年过去了,2019 年,他将 *Danes in Tianjin, China, 1860-1912*(生活在天津的丹麦人,1860—1912)书稿通过网络发给了我,2022 年又将刚刚出版的书寄给了我。我们很快商定了将这本书译成中文在中国出版的计划。

本书原著是用英文撰写的。书的部头不大,包括征引文献目录只有 186 页,作者也说"内容只涉猎非常小的领域",但这本书称得上一本"以小见大"的历史著作。

在近代中国,天津是外国租界最多的城市,先后生活在天津的外国人也为数不少。根据天津海关的统计,1900年义和团运动爆发前,生活在天津的外国人有2200人。天津没有丹麦的租界,但根据李教授的研究,清末在天津居住、生活过的丹麦人有大约150人。

他们大都是丹麦的年轻人,有的刚读过大学,有的当过兵,便纷纷来到东方,来到刚刚对外开放的中国城市。他们有的创业,成立商业公司,有的在清政府的机构或军队中供职,有的还在天津结婚成家。

丹麦人擅长从事技术工作,在天津从传统走向近代的历史进程中,举凡现代通信、城市供水、河道治理等领域,都可以看到丹麦人的身影。本书的主要内容就是阐述他们在天津的生活、工作,以及他们在不同领域所做出的开创性贡献。

在研究方法上,本书最大的特点是以原始档案为主要资料来源,尤其是藏于丹麦国家档案馆、丹麦外交部和哥本哈根市档案馆的档案等。

作者是一位学术作风严谨的学者,注重史料的考证和历史细节的记述;而且有一分史料说一分话,在论述某一历史事件或历史人物时,如果某一时段或环节缺乏可信的史料,就直言告知读者,不做任何推论、演义之言。

原书中没有插图,中译本的插图,有的是原书作者或书中记载的历史人物的后代提供的,有的是译者结合书中的内容搜集到的,以便为读者提供更多的形象资料和信息。

原书中有大量注释,中译本大都原文照录,只将解释性内容译为中文。同时,在翻译过程中,译者也加注了少量注释,以利读者阅读。这些均注明"译者注",以示区别。

原书中有大量人名、地名或其他专用名词。在翻译中,译者主要按以下原则处理:一、有的外国人姓名在原档案中就注有中文名字,有的中国人姓名同时注有中文和拼音,本书就直接录用中文名字;二、没有中文名字的,外国人名字采用《译名手册》译出中文名,中国人名字则按拼音译出;三、外国地名除少数无法查到外,大都按通行译法译出;四、所有译名在首次出现时,均在后面用括号加注原文。

非常感谢策伊·德·林德(Zoë de Linde)女士热情地将她保存的其曾祖父母阿尔伯特和玛格丽特·德·林德的资料复印件提供给我们,供我们参考。当然,我们更要感谢原书作者李来福,他不仅在翻译上提供了不少帮助,还帮助我们找到了多幅历史图片,作为译著的插图。

本书的翻译由刘海岩、龚宁合作完成。

我们衷心感谢广西师范大学出版社社科分社的刘隆进社长和王佳睿编辑,他们的大力支持和帮助,使本书得以顺利出版。

刘海岩
2024 年 1 月 28 日